ㅏ尺丹几乙し丹ㅏと
Translated Language Learning

Siddhartha

An Indian Poem
Indická Báseň

Hermann Hesse

English / Slovenčina

Copyright © 2024 Tranzlaty
All rights reserved
Published by Tranzlaty
Siddhartha – Eine Indische Dichtung
ISBN: 978-1-83566-697-5
Original text by Hermann Hesse
First published in German in 1922
www.tranzlaty.com

The Son of the Brahman
Syn Brahmana

In the shade of the house
V tieni domu
in the sunshine of the riverbank
na slnku na brehu rieky
near the boats
v blízkosti člnov
in the shade of the Sal-wood forest
v tieni lesa Sal-wood
in the shade of the fig tree
v tieni figovníka
this is where Siddhartha grew up
tu vyrastal Siddhártha
he was the handsome son of a Brahman, the young falcon
bol to pekný syn brahmana, mladého sokola
he grew up with his friend Govinda
vyrastal so svojím priateľom Govindom
Govinda was also the son of a Brahman
Govinda bol tiež synom Brahmana
by the banks of the river the sun tanned his light shoulders
pri brehoch rieky mu slnko opálilo svetlé ramená
bathing, performing the sacred ablutions, making sacred offerings
kúpanie, vykonávanie posvätných umývaní, prinášanie posvätných obetí
In the mango garden, shade poured into his black eyes
V mangovej záhrade sa mu do čiernych očí nalial tieň
when playing as a boy, when his mother sang
keď sa hral ako chlapec, keď jeho mama spievala
when the sacred offerings were made
keď sa konali posvätné obety
when his father, the scholar, taught him
keď ho učil jeho otec, učenec
when the wise men talked

keď mudrci hovorili
For a long time, Siddhartha had been partaking in the discussions of the wise men
Siddhártha sa dlho zúčastňoval diskusií múdrych mužov
he practiced debating with Govinda
trénoval debatu s Govindom
he practiced the art of reflection with Govinda
cvičil umenie reflexie s Govindom
and he practiced meditation
a praktizoval meditáciu
He already knew how to speak the Om silently
Už vedel, ako potichu hovoriť Óm
he knew the word of words
poznal slovo slov
he spoke it silently into himself while inhaling
hovoril to potichu do seba pri nádychu
he spoke it silently out of himself while exhaling
hovoril to ticho zo seba pri výdychu
he did this with all the concentration of his soul
robil to so všetkou koncentráciou svojej duše
his forehead was surrounded by the glow of the clear-thinking spirit
jeho čelo bolo obklopené žiarou ducha jasného myslenia
He already knew how to feel Atman in the depths of his being
Už vedel cítiť Átman v hĺbke svojej bytosti
he could feel the indestructible
cítil nezničiteľné
he knew what it was to be at one with the universe
vedel, čo to znamená byť v jednote s vesmírom
Joy leapt in his father's heart
V srdci jeho otca poskočila radosť
because his son was quick to learn
pretože jeho syn sa rýchlo učil
he was thirsty for knowledge
bol smädný po poznaní

his father could see him growing up to become a great wise man
jeho otec videl, ako z neho vyrastá veľký múdry muž
he could see him becoming a priest
videl, ako sa stáva kňazom
he could see him becoming a prince among the Brahmans
videl, ako sa stáva princom medzi Brahmanmi
Bliss leapt in his mother's breast when she saw him walking
Blaženosť skočila do matkiných pŕs, keď ho videla kráčať
Bliss leapt in her heart when she saw him sit down and get up
Blaženosť poskočila v jej srdci, keď ho videla sadnúť si a vstať
Siddhartha was strong and handsome
Siddhártha bol silný a pekný
he, who was walking on slender legs
on, ktorý kráčal na štíhlych nohách
he greeted her with perfect respect
pozdravil ju s dokonalou úctou
Love touched the hearts of the Brahmans' young daughters
Láska sa dotkla sŕdc mladých dcér Brahmanov
they were charmed when Siddhartha walked through the lanes of the town
boli očarení, keď sa Siddhártha prechádzal uličkami mesta
his luminous forehead, his eyes of a king, his slim hips
jeho žiarivé čelo, jeho oči kráľa, jeho štíhle boky
But most of all he was loved by Govinda
Najviac ho však miloval Govinda
Govinda, his friend, the son of a Brahman
Govinda, jeho priateľ, syn Brahmana
He loved Siddhartha's eye and sweet voice
Miloval Siddhárthov pohľad a sladký hlas
he loved the way he walked
miloval spôsob, akým kráčal
and he loved the perfect decency of his movements
a miloval dokonalú decentnosť jeho pohybov
he loved everything Siddhartha did and said

miloval všetko, čo Siddhártha urobil a povedal
but what he loved most was his spirit
ale najviac miloval jeho ducha
he loved his transcendent, fiery thoughts
miloval svoje transcendentné, ohnivé myšlienky
he loved his ardent will and high calling
miloval svoju horlivú vôľu a vysoké povolanie
Govinda knew he would not become a common Brahman
Govinda vedel, že sa nestane obyčajným Brahmanom
no, he would not become a lazy official
nie, nestal by sa lenivým úradníkom
no, he would not become a greedy merchant
nie, nestal by sa chamtivým obchodníkom
not a vain, vacuous speaker
nie ješitný rečník
nor a mean, deceitful priest
ani zlý, ľstivý kňaz
and he also would not become a decent, stupid sheep
a tiež by sa z neho nestala slušná, hlúpa ovca
a sheep in the herd of the many
ovca v stáde mnohých
and he did not want to become one of those things
a nechcel sa stať jednou z tých vecí
he did not want to be one of those tens of thousands of Brahmans
nechcel byť jedným z tých desaťtisícov brahmanov
He wanted to follow Siddhartha; the beloved, the splendid
Chcel nasledovať Siddhártha; milovaný, nádherný
in days to come, when Siddhartha would become a god, he would be there
v nadchádzajúcich dňoch, keď sa Siddhártha stane bohom, bude tam
when he would join the glorious, he would be there
keď sa pripojí k slávnym, bude tam
Govinda wanted to follow him as his friend
Govinda ho chcel nasledovať ako svojho priateľa

he was his companion and his servant
bol jeho spoločníkom a služobníkom
he was his spear-carrier and his shadow
bol jeho oštepom a jeho tieňom
Siddhartha was loved by everyone
Siddhártha všetci milovali
He was a source of joy for everybody
Pre každého bol zdrojom radosti
he was a delight for them all
bol pre nich všetkým potešením
But he, Siddhartha, was not a source of joy for himself
Ale on, Siddhártha, nebol pre seba zdrojom radosti
he found no delight in himself
nenašiel v sebe rozkoš
he walked the rosy paths of the fig tree garden
kráčal ružovými chodníčkami figovníkovej záhrady
he sat in the bluish shade in the garden of contemplation
sedel v modrastom tieni v záhrade rozjímania
he washed his limbs daily in the bath of repentance
denne si umýval údy v kúpeli pokánia
he made sacrifices in the dim shade of the mango forest
obetoval v šerom tieni mangového lesa
his gestures were of perfect decency
jeho gestá boli dokonale slušné
he was everyone's love and joy
bol láskou a radosťou všetkých
but he still lacked all joy in his heart
no v srdci mu ešte chýbala všetka radosť
Dreams and restless thoughts came into his mind
Na myseľ mu prišli sny a nepokojné myšlienky
his dreams flowed from the water of the river
jeho sny plynuli z vody rieky
his dreams sparked from the stars of the night
jeho sny iskrili z hviezd noci
his dreams melted from the beams of the sun
jeho sny sa rozplývali z lúčov slnka

dreams came to him, and a restlessness of the soul came to him
prichádzali mu sny a pripadal mu nepokoj duše
his soul was fuming from the sacrifices
jeho duša sa vztekala od obetí
he breathed forth from the verses of the Rig-Veda
vydýchol z veršov Rig-Védy
the verses were infused into him, drop by drop
verše sa do neho vlievali po kvapkách
the verses from the teachings of the old Brahmans
verše z učenia starých brahmanov
Siddhartha had started to nurse discontent in himself
Siddhártha v sebe začal pestovať nespokojnosť
he had started to feel doubt about the love of his father
začal pociťovať pochybnosti o láske svojho otca
he doubted the love of his mother
pochyboval o láske svojej matky
and he doubted the love of his friend, Govinda
a pochyboval o láske svojho priateľa Govindu
he doubted if their love could bring him joy forever and ever
pochyboval, či mu ich láska môže prinášať radosť navždy a navždy
their love could not nurse him
ich láska ho nemohla dojčiť
their love could not feed him
ich láska ho nemohla živiť
their love could not satisfy him
ich láska ho nemohla uspokojiť
he had started to suspect his father's teachings
začal podozrievať z učenia svojho otca
perhaps he had shown him everything he knew
možno mu ukázal všetko, čo vedel
there were his other teachers, the wise Brahmans
tam boli jeho ďalší učitelia, múdri brahmani

perhaps they had already revealed to him the best of their wisdom
možno mu už prezradili to najlepšie zo svojej múdrosti
he feared that they had already filled his expecting vessel
obával sa, že už naplnili jeho očakávanú nádobu
despite the richness of their teachings, the vessel was not full
napriek bohatstvu ich učenia nebola nádoba plná
the spirit was not content
duch nebol spokojný
the soul was not calm
duša nebola pokojná
the heart was not satisfied
srdce nebolo spokojné
the ablutions were good, but they were water
umývanie bolo dobré, ale bola to voda
the ablutions did not wash off the sin
umývanie nezmylo hriech
they did not heal the spirit's thirst
neuzdravili smäd ducha
they did not relieve the fear in his heart
nezbavili strachu v jeho srdci
The sacrifices and the invocation of the gods were excellent
Obety a vzývanie bohov boli vynikajúce
but was that all there was?
ale to bolo všetko?
did the sacrifices give a happy fortune?
dali obete šťastné šťastie?
and what about the gods?
a čo bohovia?
Was it really Prajapati who had created the world?
Bol to naozaj Prajapati, kto stvoril svet?
Was it not the Atman who had created the world?
Nebol to Átman, kto stvoril svet?
Atman, the only one, the singular one
Átman, jediný, jedinečný

Were the gods not creations?
Neboli bohovia výtvory?
were they not created like me and you?
neboli stvorení ako ja a ty?
were the Gods not subject to time?
nepodliehali bohovia času?
were the Gods mortal? Was it good?
boli bohovia smrteľní? bolo to dobre?
was it right? was it meaningful?
bolo to správne? malo to zmysel?
was it the highest occupation to make offerings to the gods?
bolo najvyšším zamestnaním prinášať obety bohom?
For whom else were offerings to be made?
Pre koho iného sa mali obetovať?
who else was to be worshipped?
kto iný mal byť uctievaný?
who else was there, but Him?
kto iný tam bol, ak nie On?
The only one, the Atman
Jediný, Átman
And where was Atman to be found?
A kde sa nachádzal Átman?
where did He reside?
kde sídlil?
where did His eternal heart beat?
kde bilo jeho večné srdce?
where else but in one's own self?
kde inde ako vo vlastnom ja?
in its innermost indestructible part
v jeho najvnútornejšej nezničiteľnej časti
could he be that which everyone had in himself?
mohol byť tým, čo mal každý v sebe?
But where was this self?
Ale kde bolo toto ja?
where was this innermost part?
kde bola táto najvnútornejšia časť?

where was this ultimate part?
kde bola táto posledná časť?
It was not flesh and bone
Nebolo to mäso a kosť
it was neither thought nor consciousness
nebola to ani myšlienka, ani vedomie
this is what the wisest ones taught
toto učili tí najmúdrejší
So where was it?
Tak kde to bolo?
the self, myself, the Atman
ja, ja, Átman
To reach this place, there was another way
Na toto miesto bola iná cesta
was this other way worth looking for?
oplatilo sa hľadať tento iný spôsob?
Alas, nobody showed him this way
Bohužiaľ, nikto mu to neukázal
nobody knew this other way
nikto to inak nevedel
his father did not know it
jeho otec to nevedel
and the teachers and wise men did not know it
a učitelia a mudrci o tom nevedeli
They knew everything, the Brahmans
Vedeli všetko, Brahmani
and their holy books knew everything
a ich sväté knihy vedeli všetko
they had taken care of everything
mali o všetko postarané
they took care of the creation of the world
postarali sa o stvorenie sveta
they described origin of speech, food, inhaling, exhaling
popisovali pôvod reči, jedlo, nádych, výdych
they described the arrangement of the senses
opisovali usporiadanie zmyslov

they described the acts of the gods
opisovali činy bohov
their books knew infinitely much
ich knihy vedeli nekonečne veľa
but was it valuable to know all of this?
ale bolo cenné vedieť toto všetko?
was there not only one thing to be known?
nebolo treba vedieť len jednu vec?
was there still not the most important thing to know?
ešte stále nebolo to najdôležitejšie, čo by ste mali vedieť?
many verses of the holy books spoke of this innermost, ultimate thing
mnohé verše svätých kníh hovorili o tejto najvnútornejšej, najkrajnejšej veci
it was spoken of particularly in the Upanishades of Samaveda
hovorilo sa o tom najmä v Upanishades Samaveda
they were wonderful verses
boli to nádherné verše
"Your soul is the whole world", this was written there
"Tvoja duša je celý svet", bolo tam napísané
and it was written that man in deep sleep would meet with his innermost part
a bolo napísané, že človek v hlbokom spánku sa stretne so svojou najvnútornejšou časťou
and he would reside in the Atman
a bude bývať v Átmane
Marvellous wisdom was in these verses
V týchto veršoch bola úžasná múdrosť
all knowledge of the wisest ones had been collected here in magic words
všetky vedomosti tých najmúdrejších tu boli zhromaždené magickými slovami
it was as pure as honey collected by bees
bol čistý ako med, ktorý zbierali včely
No, the verses were not to be looked down upon

Nie, na verše sa nemalo pozerať zhora
they contained tremendous amounts of enlightenment
obsahovali obrovské množstvo osvietenia
they contained wisdom which lay collected and preserved
obsahovali múdrosť, ktorá bola zozbieraná a uchovaná
wisdom collected by innumerable generations of wise Brahmans
múdrosť zhromaždená nespočetnými generáciami múdrych brahmanov
But where were the Brahmans?
Ale kde boli Brahmani?
where were the priests?
kde boli kňazi?
where the wise men or penitents?
kde sú mudrci alebo kajúcnici?
where were those that had succeeded?
kde boli tí, ktorí uspeli?
where were those who knew more than deepest of all knowledge?
kde boli tí, ktorí vedeli viac než najhlbšie zo všetkých vedomostí?
where were those that also lived out the enlightened wisdom?
kde boli tí, ktorí tiež prežívali osvietenú múdrosť?
Where was the knowledgeable one who brought Atman out of his sleep?
Kde bol ten informovaný, ktorý prebral Átmana zo spánku?
who had brought this knowledge into the day?
kto priniesol toto poznanie do dňa?
who had taken this knowledge into their life?
kto si vzal toto poznanie do svojho života?
who carried this knowledge with every step they took?
kto niesol toto poznanie každým krokom, ktorý urobili?
who had married their words with their deeds?
kto spojil ich slová s ich skutkami?
Siddhartha knew many venerable Brahmans

Siddhártha poznal veľa ctihodných Brahmanov
his father, the pure one
jeho otec, ten čistý
the scholar, the most venerable one
učenec, ten najctihodnejší
His father was worthy of admiration
Jeho otec bol hodný obdivu
quiet and noble were his manners
tiché a vznešené boli jeho spôsoby
pure was his life, wise were his words
čistý bol jeho život, múdre boli jeho slová
delicate and noble thoughts lived behind his brow
za čelom mu žili jemné a vznešené myšlienky
but even though he knew so much, did he live in blissfulness?
ale aj keď toľko vedel, žil v blaženosti?
despite all his knowledge, did he have peace?
napriek všetkým svojim vedomostiam mal pokoj?
was he not also just a searching man?
nebol tiež len hľadajúcim mužom?
was he still not a thirsty man?
ešte stále nebol smädný?
Did he not have to drink from holy sources again and again?
Nemusel znova a znova piť zo svätých zdrojov?
did he not drink from the offerings?
nepil z darov?
did he not drink from the books?
nepil z kníh?
did he not drink from the disputes of the Brahmans?
nepil zo sporov brahmanov?
Why did he have to wash off sins every day?
Prečo musel každý deň zmývať hriechy?
must he strive for a cleansing every day?
musí sa každý deň snažiť o očistu?
over and over again, every day
znova a znova, každý deň

Was Atman not in him?
Nebol v ňom Átman?
did not the pristine source spring from his heart?
nevyvieral ten nepoškvrnený prameň z jeho srdca?
the pristine source had to be found in one's own self
pôvodný zdroj musel byť nájdený vo vlastnom ja
the pristine source had to be possessed!
ten pôvodný zdroj musel byť posadnutý!
doing anything else else was searching
robiť čokoľvek iné bolo hľadanie
taking any other pass is a detour
použiť akýkoľvek iný priechod je obchádzka
going any other way leads to getting lost
ísť iným spôsobom vedie k strate
These were Siddhartha's thoughts
Toto boli Siddhárthove myšlienky
this was his thirst, and this was his suffering
toto bol jeho smäd a toto bolo jeho utrpenie
Often he spoke to himself from a Chandogya-Upanishad:
Často pre seba hovoril z Chandogya-Upanishad:
"Truly, the name of the Brahman is Satyam"
"Naozaj, meno Brahmana je Satyam"
"he who knows such a thing, will enter the heavenly world every day"
"Kto niečo také pozná, každý deň vstúpi do nebeského sveta"
Often the heavenly world seemed near
Často sa zdal nebeský svet blízko
but he had never reached the heavenly world completely
ale nikdy sa úplne nedostal do nebeského sveta
he had never quenched the ultimate thirst
nikdy neuhasil ten najkrajsí smäd
And among all the wise and wisest men, none had reached it
A medzi všetkými múdrymi a najmúdrejšími to nikto nedosiahol
he received instructions from them
dostal od nich pokyny

but they hadn't completely reached the heavenly world
ale nedosiahli úplne nebeský svet
they hadn't completely quenched their thirst
svoj smäd ešte úplne neuhasili
because this thirst is an eternal thirst
pretože tento smäd je večný smäd

"Govinda" Siddhartha spoke to his friend
"Góvinda" Siddhártha hovoril so svojím priateľom
"Govinda, my dear, come with me under the Banyan tree"
"Govinda, drahá, poď so mnou pod strom Banyan."
"let's practise meditation"
"cvičme meditáciu"
They went to the Banyan tree
Išli k Banyanovému stromu
under the Banyan tree they sat down
pod Banyanovým stromom si sadli
Siddhartha was right here
Siddhártha bol práve tu
Govinda was twenty paces away
Govinda bol od neho dvadsať krokov
Siddhartha seated himself and he repeated murmuring the verse
Siddhártha sa posadil a zopakoval mrmlanie verša
Om is the bow, the arrow is the soul
Óm je luk, šíp je duša
The Brahman is the arrow's target
Brahman je cieľom šípu
the target that one should incessantly hit
cieľ, ktorý by mal človek neustále zasahovať
the usual time of the exercise in meditation had passed
zvyčajný čas cvičenia v meditácii uplynul
Govinda got up, the evening had come
Govinda vstal, nastal večer
it was time to perform the evening's ablution
bol čas vykonať večernú očistu

He called Siddhartha's name, but Siddhartha did not answer
Volal Siddhártha, ale Siddhártha neodpovedal
Siddhartha sat there, lost in thought
Siddhártha tam sedel, stratený v myšlienkach
his eyes were rigidly focused towards a very distant target
jeho oči boli strnulo zamerané na veľmi vzdialený cieľ
the tip of his tongue was protruding a little between the teeth
špička jazyka mu trochu vyčnievala medzi zubami
he seemed not to breathe
zdalo sa, že nedýcha
Thus sat he, wrapped up in contemplation
Takto sedel zabalený v kontemplácii
he was deep in thought of the Om
bol hlboko v myšlienkach na Om
his soul sent after the Brahman like an arrow
jeho duša poslala za Brahmanom ako šíp
Once, Samanas had travelled through Siddhartha's town
Raz Samanas cestoval cez Siddhárthovo mesto
they were ascetics on a pilgrimage
boli askéti na púti
three skinny, withered men, neither old nor young
traja chudí, zvädnutí muži, ani starí, ani mladí
dusty and bloody were their shoulders
mali zaprášené a krvavé ramená
almost naked, scorched by the sun, surrounded by loneliness
takmer nahý, spálený slnkom, obklopený osamelosťou
strangers and enemies to the world
cudzinci a nepriatelia sveta
strangers and jackals in the realm of humans
cudzinci a šakali v ríši ľudí
Behind them blew a hot scent of quiet passion
Spoza nich fúkala horúca vôňa tichej vášne
a scent of destructive service
vôňa deštruktívnej služby

a scent of merciless self-denial
vôňa nemilosrdného sebazaprenia
the evening had come
prišiel večer
after the hour of contemplation, Siddhartha spoke to Govinda
po hodine rozjímania prehovoril Siddhártha ku Govindovi
"Early tomorrow morning, my friend, Siddhartha will go to the Samanas"
"Zajtra skoro ráno, môj priateľ, Siddhártha pôjde do Samanas"
"He will become a Samana"
"Stane sa z neho Samana"
Govinda turned pale when he heard these words
Govinda zbledol, keď počul tieto slová
and he read the decision in the motionless face of his friend
a prečítal rozhodnutie v nehybnej tvári svojho priateľa
the determination was unstoppable, like the arrow shot from the bow
odhodlanie bolo nezastaviteľné, ako šíp vystrelený z luku
Govinda realized at first glance; now it is beginning
Govinda si uvedomil na prvý pohľad; teraz to začína
now Siddhartha is taking his own way
teraz si Siddhártha ide svojou vlastnou cestou
now his fate is beginning to sprout
teraz jeho osud začína klíčiť
and because of Siddhartha, Govinda's fate is sprouting too
a kvôli Siddhárthovi klíči aj Govindov osud
he turned pale like a dry banana-skin
zbledol ako suchá banánová šupka
"Oh Siddhartha," he exclaimed
"Ó, Siddhártha," zvolal
"will your father permit you to do that?"
"Dovolí ti to tvoj otec?"
Siddhartha looked over as if he was just waking up
Siddhártha sa obzrel, akoby sa práve prebúdzal
like an Arrow he read Govinda's soul

ako Šíp čítal Govindovu dušu
he could read the fear and the submission in him
vedel v ňom čítať strach a podriadenosť
"Oh Govinda," he spoke quietly, "let's not waste words"
"Ó, Govinda," povedal potichu, "neplytvajme slovami"
"Tomorrow at daybreak I will begin the life of the Samanas"
"Zajtra za úsvitu začnem život Samanas"
"let us speak no more of it"
"nehovorme viac o tom"

Siddhartha entered the chamber where his father was sitting
Siddhártha vošiel do komory, kde sedel jeho otec
his father was was on a mat of bast
jeho otec bol na lykovej podložke
Siddhartha stepped behind his father
Siddhártha vykročil za svojím otcom
and he remained standing behind him
a zostal stáť za ním
he stood until his father felt that someone was standing behind him
stál, kým otec necítil, že za ním niekto stojí
Spoke the Brahman: "Is that you, Siddhartha?"
Prehovoril Brahman: "Si to ty, Siddhártha?"
"Then say what you came to say"
"Potom povedz, čo si prišiel povedať"
Spoke Siddhartha: "With your permission, my father"
Prehovoril Siddhártha: "S tvojím dovolením, môj otec"
"I came to tell you that it is my longing to leave your house tomorrow"
"Prišiel som ti povedať, že je mojou túžbou zajtra opustiť tvoj dom."
"I wish to go to the ascetics"
"Chcem ísť do askétov"
"My desire is to become a Samana"
"Mojou túžbou je stať sa Samanou"
"May my father not oppose this"

"Nech môj otec nie je proti tomu"
The Brahman fell silent, and he remained so for long
Brahman stíchol a zostal tak dlho
the stars in the small window wandered
hviezdy v malom okienku blúdili
and they changed their relative positions
a zmenili svoje relatívne pozície
Silent and motionless stood the son with his arms folded
Syn ticho a nehybne stál so založenými rukami
silent and motionless sat the father on the mat
ticho a nehybne sedel otec na podložke
and the stars traced their paths in the sky
a hviezdy sledovali svoje cesty na oblohe
Then spoke the father
Potom prehovoril otec
"it is not proper for a Brahman to speak harsh and angry words"
"Nie je vhodné, aby Brahman hovoril tvrdé a nahnevané slová"
"But indignation is in my heart"
"Ale v mojom srdci je rozhorčenie"
"I wish not to hear this request for a second time"
"Nechcem počuť túto žiadosť druhýkrát"
Slowly, the Brahman rose
Brahman pomaly vstal
Siddhartha stood silently, his arms folded
Siddhártha mlčky stál so založenými rukami
"What are you waiting for?" asked the father
"Na čo čakáš?" spýtal sa otec
Spoke Siddhartha, "You know what I'm waiting for"
Povedal Siddhártha: "Vieš, na čo čakám"
Indignant, the father left the chamber
Rozhorčený otec odišiel z komory
indignant, he went to his bed and lay down
rozhorčený šiel do svojej postele a ľahol si
an hour passed, but no sleep had come over his eyes

prešla hodina, ale v očiach sa mu nespal
the Brahman stood up and he paced to and fro
Brahman vstal a chodil sem a tam
and he left the house in the night
a v noci odišiel z domu
Through the small window of the chamber he looked back inside
Cez malé okno komory sa pozrel späť dovnútra
and there he saw Siddhartha standing
a tam videl stáť Siddhártha
his arms were folded and he had not moved from his spot
ruky mal založené a nepohol sa z miesta
Pale shimmered his bright robe
Bledý sa trblietal na jeho žiarivom rúchu
With anxiety in his heart, the father returned to his bed
S úzkosťou v srdci sa otec vrátil do svojej postele
another sleepless hour passed
prešla ďalšia bezsenná hodina
since no sleep had come over his eyes, the Brahman stood up again
keďže sa mu do očí nedostal spánok, Brahman opäť vstal
he paced to and fro, and he walked out of the house
chodil sem a tam a vyšiel z domu
and he saw that the moon had risen
a videl, že vyšiel mesiac
Through the window of the chamber he looked back inside
Cez okno komory sa pozrel späť dovnútra
there stood Siddhartha, unmoved from his spot
stál tam Siddhártha, nepohnutý zo svojho miesta
his arms were folded, as they had been
ruky mal zložené, ako predtým
moonlight was reflecting from his bare shins
mesačné svetlo sa odrážalo od jeho holých holení
With worry in his heart, the father went back to bed
S obavami v srdci sa otec vrátil do postele
he came back after an hour

vrátil sa po hodine
and he came back again after two hours
a po dvoch hodinách sa vrátil
he looked through the small window
pozrel cez malé okienko
he saw Siddhartha standing in the moon light
videl Siddhártha stáť v mesačnom svetle
he stood by the light of the stars in the darkness
stál pri svetle hviezd v tme
And he came back hour after hour
A vracal sa hodinu po hodine
silently, he looked into the chamber
mlčky nazrel do komory
he saw him standing in the same place
videl ho stáť na tom istom mieste
it filled his heart with anger
naplnilo jeho srdce hnevom
it filled his heart with unrest
naplnilo jeho srdce nepokojom
it filled his heart with anguish
naplnilo jeho srdce úzkosťou
it filled his heart with sadness
naplnilo jeho srdce smútkom
the night's last hour had come
prišla posledná hodina noci
his father returned and stepped into the room
jeho otec sa vrátil a vošiel do izby
he saw the young man standing there
videl tam stáť mladého muža
he seemed tall and like a stranger to him
zdal sa mu vysoký a ako cudzinec
"Siddhartha," he spoke, "what are you waiting for?"
"Siddhártha," povedal, "na čo čakáš?"
"You know what I'm waiting for"
"Vieš na čo čakám"
"Will you always stand that way and wait?

„Budeš tak vždy stáť a čakať?
"I will always stand and wait"
"Vždy budem stáť a čakať"
"will you wait until it becomes morning, noon, and evening?"
"Počkáš, kým bude ráno, poludnie a večer?"
"I will wait until it become morning, noon, and evening"
"Počkám, kým bude ráno, poludnie a večer"
"You will become tired, Siddhartha"
"Budeš unavený, Siddhártha"
"I will become tired"
"Budem unavený"
"You will fall asleep, Siddhartha"
"Zaspíš, Siddhártha"
"I will not fall asleep"
"Nezaspím"
"You will die, Siddhartha"
"Zomrieš, Siddhártha"
"I will die," answered Siddhartha
"Zomriem," odpovedal Siddhártha
"And would you rather die, than obey your father?"
"A chcel by si radšej zomrieť, ako poslúchnuť svojho otca?"
"Siddhartha has always obeyed his father"
"Siddhártha vždy poslúchal svojho otca"
"So will you abandon your plan?"
"Takže opustíš svoj plán?"
"Siddhartha will do what his father will tell him to do"
"Siddhártha urobí to, čo mu jeho otec povie."
The first light of day shone into the room
Do izby zasvietilo prvé denné svetlo
The Brahman saw that Siddhartha knees were softly trembling
Brahman videl, že kolená Siddhártha sa jemne chvejú
In Siddhartha's face he saw no trembling
V Siddhárthovej tvári nevidel žiadne chvenie
his eyes were fixed on a distant spot

jeho oči boli upreté na vzdialené miesto
This was when his father realized
Vtedy si to jeho otec uvedomil
even now Siddhartha no longer dwelt with him in his home
ani teraz už Siddhárta nebýval s ním v jeho dome
he saw that he had already left him
videl, že ho už opustil
The Father touched Siddhartha's shoulder
Otec sa dotkol Siddhárthovho ramena
"You will," he spoke, "go into the forest and be a Samana"
"Pôjdeš," povedal, "pôjdeš do lesa a staneš sa Samanou"
"When you find blissfulness in the forest, come back"
"Keď nájdeš blaženosť v lese, vráť sa"
"come back and teach me to be blissful"
"vráť sa a nauč ma byť blaženým"
"If you find disappointment, then return"
"Ak nájdeš sklamanie, vráť sa"
"return and let us make offerings to the gods together, again"
"vráťme sa a spoločne obetujme bohom znova"
"Go now and kiss your mother"
"Choď a pobozkaj svoju matku"
"tell her where you are going"
"povedz jej kam ideš"
"But for me it is time to go to the river"
"Ale pre mňa je čas ísť k rieke"
"it is my time to perform the first ablution"
"Je môj čas vykonať prvé umývanie"
He took his hand from the shoulder of his son, and went outside
Vzal ruku z ramena svojho syna a vyšiel von
Siddhartha wavered to the side as he tried to walk
Siddhártha zaváhal na stranu, keď sa pokúšal kráčať
He put his limbs back under control and bowed to his father
Svoje končatiny dostal späť pod kontrolu a poklonil sa otcovi
he went to his mother to do as his father had said
išiel k matke, aby urobil, ako povedal jeho otec

As he slowly left on stiff legs a shadow rose near the last hut
Keď pomaly odchádzal na stuhnutých nohách, pri poslednej chatke sa zdvihol tieň
who had crouched there, and joined the pilgrim?
kto sa tam prikrčil a pridal sa k pútnikovi?
"Govinda, you have come" said Siddhartha and smiled
„Góvinda, prišiel si," povedal Siddhártha a usmial sa
"I have come," said Govinda
"Prišiel som," povedal Govinda

With the Samanas
So Samanas

In the evening of this day they caught up with the ascetics
Večer tohto dňa dostihli askétov
the ascetics; the skinny Samanas
askétov; chudá Samanas
they offered them their companionship and obedience
ponúkli im svoju spoločnosť a poslušnosť
Their companionship and obedience were accepted
Ich spoločnosť a poslušnosť boli akceptované
Siddhartha gave his garments to a poor Brahman in the street
Siddhártha dal svoje šaty chudobnému Brahmanovi na ulici
He wore nothing more than a loincloth and earth-coloured, unsown cloak
Nemal na sebe nič iné ako bedrovú rúšku a nezasiaty plášť zemitej farby
He ate only once a day, and never anything cooked
Jedol len raz denne a nikdy nič varené
He fasted for fifteen days, he fasted for twenty-eight days
Postil sa pätnásť dní, postil sa dvadsaťosem dní
The flesh waned from his thighs and cheeks
Mäso mu ubudlo zo stehien a líc
Feverish dreams flickered from his enlarged eyes
Z jeho zväčšených očí sa mihali horúčkovité sny
long nails grew slowly on his parched fingers
na vyprahnutých prstoch mu pomaly rástli dlhé nechty
and a dry, shaggy beard grew on his chin
a na brade mu narástla suchá strapatá brada
His glance turned to ice when he encountered women
Keď stretol ženy, jeho pohľad sa zmenil na ľad
he walked through a city of nicely dressed people
prechádzal mestom pekne oblečených ľudí
his mouth twitched with contempt for them
ústami sa mu trhalo pohŕdaním nimi

He saw merchants trading and princes hunting
Videl obchodníkov obchodovať a princov loviť
he saw mourners wailing for their dead
videl smútiacich nariekajúcich za svojich mŕtvych
and he saw whores offering themselves
a videl, ako sa ponúkajú dievky
physicians trying to help the sick
lekári, ktorí sa snažia pomáhať chorým
priests determining the most suitable day for seeding
kňazi určujúci najvhodnejší deň na siatie
lovers loving and mothers nursing their children
milujúce milenky a matky dojčiace svoje deti
and all of this was not worthy of one look from his eyes
a toto všetko nebolo hodné jediného pohľadu z jeho očí
it all lied, it all stank, it all stank of lies
všetko to klamalo, všetko to páchlo, všetko to páchlo klamstvami
it all pretended to be meaningful and joyful and beautiful
to všetko predstieralo, že je to zmysluplné, radostné a krásne
and it all was just concealed putrefaction
a všetko to bola len skrytá hniloba
the world tasted bitter; life was torture
svet chutil horko; život bol mučenie

A single goal stood before Siddhartha
Pred Siddharthom stál jediný gól
his goal was to become empty
jeho cieľom bolo vyprázdniť sa
his goal was to be empty of thirst
jeho cieľom bolo zbaviť sa smädu
empty of wishing and empty of dreams
bez túžob a bez snov
empty of joy and sorrow
bez radosti a smútku
his goal was to be dead to himself
jeho cieľom bolo byť pre seba mŕtvy

his goal was not to be a self any more
jeho cieľom už nebolo byť sám sebou
his goal was to find tranquillity with an emptied heart
jeho cieľom bolo nájsť pokoj s vyprázdneným srdcom
his goal was to be open to miracles in unselfish thoughts
jeho cieľom bolo byť otvorený zázrakom v nesebeckých myšlienkach
to achieve this was his goal
dosiahnuť toto bolo jeho cieľom
when all of his self was overcome and had died
keď bolo celé jeho ja premožené a zomrelo
when every desire and every urge was silent in the heart
keď v srdci stíchla každá túžba a každé nutkanie
then the ultimate part of him had to awake
potom sa jeho posledná časť musela prebudiť
the innermost of his being, which is no longer his self
najvnútornejšie z jeho bytia, ktoré už nie je jeho ja
this was the great secret
toto bolo veľké tajomstvo

Silently, Siddhartha exposed himself to the burning rays of the sun
Siddhártha sa potichu vystavil horiacim lúčom slnka
he was glowing with pain and he was glowing with thirst
žiaril bolesťou a žiaril smädom
and he stood there until he neither felt pain nor thirst
a stál tam, kým necítil bolesť ani smäd
Silently, he stood there in the rainy season
Ticho tam stál v období dažďov
from his hair the water was dripping over freezing shoulders
z vlasov mu voda kvapkala cez mrazivé ramená
the water was dripping over his freezing hips and legs
voda mu kvapkala cez mrznúce boky a nohy
and the penitent stood there
a stál tam kajúcnik

he stood there until he could not feel the cold any more
stál tam, kým už necítil chlad
he stood there until his body was silent
stál tam, kým jeho telo nestíchlo
he stood there until his body was quiet
stál tam, kým jeho telo nebolo ticho
Silently, he cowered in the thorny bushes
Ticho sa krčil v tŕnistých kríkoch
blood dripped from the burning skin
z horiacej kože kvapkala krv
blood dripped from festering wounds
krv kvapkala z hnisavých rán
and Siddhartha stayed rigid and motionless
a Siddhártha zostal strnulý a nehybný
he stood until no blood flowed any more
stál, až kým už nepretekala krv
he stood until nothing stung any more
stál, kým ho už nič neštípalo
he stood until nothing burned any more
stál, kým už nič nehorelo
Siddhartha sat upright and learned to breathe sparingly
Siddhártha sedel vzpriamene a naučil sa striedmo dýchať
he learned to get along with few breaths
naučil sa vychádzať s niekoľkými nádychmi
he learned to stop breathing
naučil sa prestať dýchať
He learned, beginning with the breath, to calm the beating of his heart
Naučil sa, počnúc dychom, upokojiť tlkot svojho srdca
he learned to reduce the beats of his heart
naučil sa tlmiť údery srdca
he meditated until his heartbeats were only a few
meditoval, kým jeho srdce nebilo len niekoľko
and then his heartbeats were almost none
a potom jeho srdce nebolo takmer žiadne

Instructed by the oldest of the Samanas, Siddhartha practised self-denial
Siddhártha, poučený najstarším zo Samany, praktizoval sebazaprenie
he practised meditation, according to the new Samana rules
praktizoval meditáciu, podľa nových pravidiel Samany
A heron flew over the bamboo forest
Nad bambusovým lesom preletela volavka
Siddhartha accepted the heron into his soul
Siddhártha prijal volavku do svojej duše
he flew over forest and mountains
letel cez les a hory
he was a heron, he ate fish
bol volavka, jedol ryby
he felt the pangs of a heron's hunger
cítil návaly hladu volavky
he spoke the heron's croak
prehovoril kvákanie volavky
he died a heron's death
zomrel smrťou volavky
A dead jackal was lying on the sandy bank
Na pieskovom brehu ležal mŕtvy šakal
Siddhartha's soul slipped inside the body of the dead jackal
Siddhárthova duša vkĺzla do tela mŕtveho šakala
he was the dead jackal laying on the banks and bloated
bol mŕtvy šakal ležiaci na brehoch a nafúknutý
he stank and decayed and was dismembered by hyenas
zapáchal a kazil sa a roztrhali ho hyeny
he was skinned by vultures and turned into a skeleton
stiahli ho z kože supy a zmenili ho na kostru
he was turned to dust and blown across the fields
bol premenený na prach a rozfúkaný cez polia
And Siddhartha's soul returned
A Siddhárthova duša sa vrátila
it had died, decayed, and was scattered as dust
zomrelo, rozpadlo sa a rozprášilo sa ako prach

it had tasted the gloomy intoxication of the cycle
okúsilo to pochmúrne opojenie kolobehu
it awaited with a new thirst, like a hunter in the gap
čakalo to s novým smädom, ako lovec v medzere
in the gap where he could escape from the cycle
v medzere, kde mohol uniknúť z kolobehu
in the gap where an eternity without suffering began
v medzere, kde sa začala večnosť bez utrpenia
he killed his senses and his memory
zabil svoje zmysly a pamäť
he slipped out of his self into thousands of other forms
vykĺzol zo svojho ja do tisícok iných podôb
he was an animal, a carrion, a stone
bol to zviera, zdochlina, kameň
he was wood and water
bol drevo a voda
and he awoke every time to find his old self again
a zakaždým sa prebudil, aby znovu našiel svoje staré ja
whether sun or moon, he was his self again
či už slnko alebo mesiac, bol opäť sám sebou
he turned round in the cycle
otočil sa v cykle
he felt thirst, overcame the thirst, felt new thirst
pocítil smäd, premohol smäd, pocítil nový smäd

Siddhartha learned a lot when he was with the Samanas
Siddhártha sa veľa naučil, keď bol u Samanas
he learned many ways leading away from the self
naučil sa mnoho spôsobov vedúcich od seba
he learned how to let go
naučil sa pustiť
He went the way of self-denial by means of pain
Išiel cestou sebazaprenia pomocou bolesti
he learned self-denial through voluntarily suffering and overcoming pain

naučil sa sebazapreniu dobrovoľným utrpením a
prekonávaním bolesti
he overcame hunger, thirst, and tiredness
prekonal hlad, smäd a únavu
He went the way of self-denial by means of meditation
Išiel cestou sebazaprenia pomocou meditácie
**he went the way of self-denial through imagining the mind
to be void of all conceptions**
išiel cestou sebazaprenia cez predstavu, že myseľ je prázdna
od všetkých koncepcií
with these and other ways he learned to let go
týmito a inými spôsobmi sa naučil púšťať
a thousand times he left his self
tisíckrát opustil svoje ja
for hours and days he remained in the non-self
hodiny a dni zostával v ne-ja
all these ways led away from the self
všetky tieto cesty viedli preč od seba
but their path always led back to the self
ale ich cesta vždy viedla späť k sebe
Siddhartha fled from the self a thousand times
Siddhártha tisíckrát utiekol pred vlastným ja
but the return to the self was inevitable
ale návrat k sebe bol nevyhnutný
**although he stayed in nothingness, coming back was
inevitable**
hoci zostal v ničote, návrat bol nevyhnutný
**although he stayed in animals and stones, coming back was
inevitable**
hoci zostal vo zvieratách a kameňoch, návrat bol nevyhnutný
he found himself in the sunshine or in the moonlight again
ocitol sa opäť na slnku alebo v mesačnom svite
he found himself in the shade or in the rain again
ocitol sa opäť v tieni alebo v daždi
and he was once again his self; Siddhartha
a bol opäť sám sebou; Siddhártha

and again he felt the agony of the cycle which had been forced upon him
a znova pocítil agóniu kolobehu, ktorý mu bol vnútený

by his side lived Govinda, his shadow
po jeho boku žil Govinda, jeho tieň
Govinda walked the same path and undertook the same efforts
Govinda kráčal rovnakou cestou a vyvíjal rovnaké úsilie
they spoke to one another no more than the exercises required
nehovorili medzi sebou viac, ako si vyžadovali cvičenia
occasionally the two of them went through the villages
občas išli dvaja cez dediny
they went to beg for food for themselves and their teachers
chodili žobrať o jedlo pre seba a svojich učiteľov
"How do you think we have progressed, Govinda" he asked
"Ako sme podľa teba pokročili, Govinda?" spýtal sa
"Did we reach any goals?" Govinda answered
"Dosiahli sme nejaké ciele?" odpovedal Govinda
"We have learned, and we'll continue learning"
"Učili sme sa a budeme sa učiť"
"You'll be a great Samana, Siddhartha"
"Budeš skvelá Samana, Siddhártha"
"Quickly, you've learned every exercise"
"Rýchlo, naučil si sa každé cvičenie"
"often, the old Samanas have admired you"
"Často ťa starí Samanas obdivovali"
"One day, you'll be a holy man, oh Siddhartha"
"Jedného dňa z teba bude svätý muž, ó Siddhártha"
Spoke Siddhartha, "I can't help but feel that it is not like this, my friend"
Siddhártha povedal: "Nemôžem si pomôcť, ale cítim, že to tak nie je, priateľu."
"What I've learned being among the Samanas could have been learned more quickly"

"To, čo som sa naučil byť medzi Samanas, sa mohol naučiť rýchlejšie."
"it could have been learned by simpler means"
"Mohlo sa to naučiť jednoduchším spôsobom"
"it could have been learned in any tavern"
"mohlo sa to naučiť v každej krčme"
"it could have been learned where the whorehouses are"
"Mohlo sa to dozvedieť, kde sú nevestince"
"I could have learned it among carters and gamblers"
"Mohol som sa to naučiť medzi povozníkmi a hazardnými hráčmi"
Spoke Govinda, "Siddhartha is joking with me"
Govinda povedal: „Siddhártha si zo mňa robí srandu"
"How could you have learned meditation among wretched people?"
"Ako si sa mohol naučiť meditovať medzi úbohými ľuďmi?"
"how could whores have taught you about holding your breath?"
"Ako ťa mohli kurvy naučiť zadržiavať dych?"
"how could gamblers have taught you insensitivity against pain?"
"Ako ťa mohli hazardní hráči naučiť necitlivosti voči bolesti?"
Siddhartha spoke quietly, as if he was talking to himself
Siddhártha hovoril potichu, akoby hovoril sám so sebou
"What is meditation?"
"Čo je meditácia?"
"What is leaving one's body?"
"Čo opúšťa telo?"
"What is fasting?"
"Čo je pôst?"
"What is holding one's breath?"
"Čo je to zadržiavanie dychu?"
"It is fleeing from the self"
"Uteká pred sebou samým"
"it is a short escape of the agony of being a self"
"je to krátky únik z agónie byť sám sebou"

"it is a short numbing of the senses against the pain"
"je to krátke otupenie zmyslov proti bolesti"
"it is avoiding the pointlessness of life"
"Je to vyhýbanie sa zbytočnosti života"
"The same numbing is what the driver of an ox-cart finds in the inn"
"Rovnaké otupenie je to, čo nájde vodič volského povozu v hostinci"
"drinking a few bowls of rice-wine or fermented coconut-milk"
"vypitie niekoľkých misiek ryžového vína alebo fermentovaného kokosového mlieka"
"Then he won't feel his self anymore"
"Potom už nebude cítiť seba"
"then he won't feel the pains of life anymore"
"potom už nebude cítiť bolesť života"
"then he finds a short numbing of the senses"
"potom nájde krátke otupenie zmyslov"
"When he falls asleep over his bowl of rice-wine, he'll find the same what we find"
"Keď zaspí nad miskou ryžového vína, nájde to isté, čo my."
"he finds what we find when we escape our bodies through long exercises"
"nájde to, čo nájdeme my, keď unikneme z nášho tela dlhými cvičeniami"
"all of us are staying in the non-self"
"Všetci zostávame v ne-ja"
"This is how it is, oh Govinda"
"Takto to je, ó Govinda"
Spoke Govinda, "You say so, oh friend"
Govinda povedal: "Hovoríš to, priateľu"
"and yet you know that Siddhartha is no driver of an ox-cart"
"a predsa vieš, že Siddhártha nie je vodičom volského záprahu"
"and you know a Samana is no drunkard"
"a vieš, že Samana nie je opilec"

"it's true that a drinker numbs his senses"
"je pravda, že pijan otupuje zmysly"
"it's true that he briefly escapes and rests"
"je pravda, že nakrátko utečie a odpočíva"
"but he'll return from the delusion and finds everything to be unchanged"
"ale vráti sa z klamu a zistí, že všetko je nezmenené"
"he has not become wiser"
"nestal sa múdrejším"
"he has gathered any enlightenment"
"nazbieral akékoľvek osvietenie"
"he has not risen several steps"
"nezdvihol niekoľko krokov"
And Siddhartha spoke with a smile
A Siddhártha hovoril s úsmevom
"I do not know, I've never been a drunkard"
"Neviem, nikdy som nebol opilec"
"I know that I find only a short numbing of the senses"
"Viem, že nachádzam len krátke otupenie zmyslov."
"I find it in my exercises and meditations"
"Nachádzam to vo svojich cvičeniach a meditáciách"
"and I find I am just as far removed from wisdom as a child in the mother's womb"
"a zisťujem, že som rovnako vzdialený od múdrosti ako dieťa v lone matky"
"this I know, oh Govinda"
"to viem, ó Govinda"

And once again, another time, Siddhartha began to speak
A ešte raz, inokedy, Siddhártha začal hovoriť
Siddhartha had left the forest, together with Govinda
Siddhártha opustil les spolu s Govindom
they left to beg for some food in the village
odišli žobrať o nejaké jedlo do dediny
he said, "What now, oh Govinda?"
povedal: "Čo teraz, ó, Govinda?"

"are we on the right path?"
"Sme na správnej ceste?"
"are we getting closer to enlightenment?"
"sme bližšie k osvieteniu?"
"are we getting closer to salvation?"
"sme bližšie k spáse?"
"Or do we perhaps live in a circle?"
"Alebo možno žijeme v kruhu?"
"we, who have thought we were escaping the cycle"
"my, ktorí sme si mysleli, že unikáme z cyklu"
Spoke Govinda, "We have learned a lot"
Govinda povedal: „Veľa sme sa naučili"
"Siddhartha, there is still much to learn"
"Siddhártha, stále sa máme čo učiť"
"We are not going around in circles"
"Nechodíme v kruhoch"
"we are moving up; the circle is a spiral"
"pohybujeme sa hore; kruh je špirála"
"we have already ascended many levels"
"Už sme vystúpili na mnoho úrovní"
Siddhartha answered, "How old would you think our oldest Samana is?"
Siddhártha odpovedal: "Koľko rokov si myslíš, že má naša najstaršia Samana?"
"how old is our venerable teacher?"
"Koľko rokov má náš ctihodný učiteľ?"
Spoke Govinda, "Our oldest one might be about sixty years of age"
Govinda povedal: „Náš najstarší môže mať okolo šesťdesiat rokov"
Spoke Siddhartha, "He has lived for sixty years"
Siddhártha povedal: „Žil šesťdesiat rokov"
"and yet he has not reached the nirvana"
"a predsa nedosiahol nirvánu"
"He'll turn seventy and eighty"
"Bude mať sedemdesiat a osemdesiat"

"you and me, we will grow just as old as him"
"ty a ja, budeme rovnako starí ako on"
"and we will do our exercises"
"a budeme robiť naše cvičenia"
"and we will fast, and we will meditate"
"a budeme sa postiť a budeme meditovať"
"But we will not reach the nirvana"
"Ale nirvánu nedosiahneme"
"he won't reach nirvana and we won't"
"on nedosiahne nirvánu a my nie"
"there are uncountable Samanas out there"
"tam vonku je nespočetné množstvo Samany"
"perhaps not a single one will reach the nirvana"
"možno ani jeden nedosiahne nirvánu"
"We find comfort, we find numbness, we learn feats"
"Nachádzame pohodlie, nachádzame otupenosť, učíme sa výkony"
"we learn these things to deceive others"
"Učíme sa tieto veci, aby sme oklamali ostatných"
"But the most important thing, the path of paths, we will not find"
"Ale najdôležitejšiu vec, cestu ciest, nenájdeme"
Spoke Govinda "If you only wouldn't speak such terrible words, Siddhartha!"
Povedal Govinda: "Keby si len nehovoril také hrozné slová, Siddhártha!"
"there are so many learned men"
"Je toľko učených mužov"
"how could not one of them not find the path of paths?"
"Ako by jeden z nich nemohol nájsť cestu ciest?"
"how can so many Brahmans not find it?"
"Ako to môže tak veľa Brahmanov nájsť?"
"how can so many austere and venerable Samanas not find it?"
"Ako to môže tak veľa strohých a ctihodných Samanas nájsť?"
"how can all those who are searching not find it?"

"Ako to nemôžu nájsť všetci, ktorí hľadajú?"
"how can the holy men not find it?"
"Ako to môžu svätí muži nájsť?"
But Siddhartha spoke with as much sadness as mockery
Ale Siddhártha hovoril s takým smútkom ako s výsmechom
he spoke with a quiet, a slightly sad, a slightly mocking voice
hovoril tichým, trochu smutným, trochu posmešným hlasom
"Soon, Govinda, your friend will leave the path of the Samanas"
"Čoskoro, Govinda, tvoj priateľ opustí cestu Samanas"
"he has walked along your side for so long"
"tak dlho kráčal po tvojom boku"
"I'm suffering of thirst"
"Trpím smädom"
"on this long path of a Samana, my thirst has remained as strong as ever"
"Na tejto dlhej ceste Samany zostal môj smäd taký silný ako kedykoľvek predtým"
"I always thirsted for knowledge"
"Vždy som túžil po poznaní"
"I have always been full of questions"
"Vždy som bol plný otázok"
"I have asked the Brahmans, year after year"
"Pýtal som sa Brahmanov rok čo rok"
"and I have asked the holy Vedas, year after year"
"A ja som sa pýtal sväté Védy, rok čo rok"
"and I have asked the devoted Samanas, year after year"
"a pýtal som sa oddaných Samanas, rok čo rok"
"perhaps I could have learned it from the hornbill bird"
"Možno som sa to mohol naučiť od zoborožca"
"perhaps I should have asked the chimpanzee"
"Možno som sa mal opýtať šimpanza"
"It took me a long time"
"Trvalo mi to dlho"
"and I am not finished learning this yet"

"a to som sa ešte neskončil"
"oh Govinda, I have learned that there is nothing to be learned!"
"Ó, Govinda, naučil som sa, že sa nedá nič naučiť!"
"There is indeed no such thing as learning"
"V skutočnosti neexistuje nič také ako učenie"
"There is just one knowledge"
"Je len jedno poznanie"
"this knowledge is everywhere, this is Atman"
"toto poznanie je všade, toto je Átman"
"this knowledge is within me and within you"
"toto poznanie je vo mne a vo vás"
"and this knowledge is within every creature"
"a toto poznanie je v každom stvorení"
"this knowledge has no worse enemy than the desire to know it"
„Toto poznanie nemá horšieho nepriateľa ako túžba poznať ho"
"that is what I believe"
"to je to, čomu verím"
At this, Govinda stopped on the path
Vtom sa Govinda zastavil na ceste
he rose his hands, and spoke
zdvihol ruky a prehovoril
"If only you would not bother your friend with this kind of talk"
"Keby si svojho priateľa neobťažoval takýmito rečami."
"Truly, your words stir up fear in my heart"
"Naozaj, tvoje slová vzbudzujú strach v mojom srdci"
"consider, what would become of the sanctity of prayer?"
"Uvážte, čo by sa stalo s posvätnosťou modlitby?"
"what would become of the venerability of the Brahmans' caste?"
"Čo by sa stalo s úctou kasty Brahmanov?"
"what would happen to the holiness of the Samanas?
„Čo by sa stalo so svätosťou Samanas?

"What would then become of all of that is holy"
"Čo by sa potom z toho všetkého stalo, je sväté"
"what would still be precious?"
"Čo by bolo ešte vzácne?"
And Govinda mumbled a verse from an Upanishad to himself
A Govinda si pre seba zamrmlal verš z upanišády
"He who ponderingly, of a purified spirit, loses himself in the meditation of Atman"
"Ten, kto hĺbavo, očisteného ducha, sa stráca v meditácii Átmana."
"inexpressible by words is the blissfulness of his heart"
„blaženosť jeho srdca sa nedá vyjadriť slovami"
But Siddhartha remained silent
Ale Siddhártha zostal ticho
He thought about the words which Govinda had said to him
Premýšľal o slovách, ktoré mu povedal Govinda
and he thought the words through to their end
a premýšľal slová až do konca
he thought about what would remain of all that which seemed holy
premýšľal o tom, čo zostane zo všetkého, čo sa zdalo sväté
What remains? What can stand the test?
Čo zostáva? Čo obstojí v skúške?
And he shook his head
A pokrútil hlavou

the two young men had lived among the Samanas for about three years
dvaja mladí muži žili medzi Samanas asi tri roky
some news, a rumour, a myth reached them
dostala sa k nim nejaká novinka, fáma, mýtus
the rumour had been retold many times
povesť bola prerozprávaná mnohokrát
A man had appeared, Gotama by name
Objavil sa muž, menom Gotama

the exalted one, the Buddha
ten vznešený, Budha
he had overcome the suffering of the world in himself
v sebe prekonal utrpenie sveta
and he had halted the cycle of rebirths
a on zastavil kolobeh znovuzrodení
He was said to wander through the land, teaching
Vraj sa túlal po krajine a učil
he was said to be surrounded by disciples
bol vraj obklopený učeníkmi
he was said to be without possession, home, or wife
bol vraj bez majetku, domova či manželky
he was said to be in just the yellow cloak of an ascetic
vraj bol len v žltom plášti askéta
but he was with a cheerful brow
ale bol s veselým obočím
and he was said to be a man of bliss
a hovorilo sa o ňom, že je to muž blaženosti
Brahmans and princes bowed down before him
Brahmani a kniežatá sa pred ním poklonili
and they became his students
a stali sa jeho žiakmi
This myth, this rumour, this legend resounded
Tento mýtus, táto poveseť, táto legenda odznela
its fragrance rose up, here and there, in the towns
jeho vôňa stúpala sem a tam po mestách
the Brahmans spoke of this legend
o tejto legende hovorili Brahmani
and in the forest, the Samanas spoke of it
a v lese o tom hovorili Samany
again and again, the name of Gotama the Buddha reached the ears of the young men
znovu a znovu sa meno Gotama Buddha dostávalo do uší mladých mužov
there was good and bad talk of Gotama
o Gotame sa hovorilo dobré aj zlé

some praised Gotama, others defamed him
niektorí Gotamu chválili, iní ho očierňovali
It was as if the plague had broken out in a country
Akoby v krajine vypukol mor
news had been spreading around that in one or another place there was a man
Okolo sa šírili správy, že na tom či onom mieste je nejaký muž
a wise man, a knowledgeable one
múdry, múdry človek
a man whose word and breath was enough to heal everyone
muž, ktorého slovo a dych stačili na uzdravenie všetkých
his presence could heal anyone who had been infected with the pestilence
jeho prítomnosť mohla uzdraviť každého, kto bol nakazený morom
such news went through the land, and everyone would talk about it
také správy prešli krajinou a každý by o tom hovoril
many believed the rumours, many doubted them
mnohí povestiam verili, mnohí o nich pochybovali
but many got on their way as soon as possible
ale mnohí sa čo najskôr vydali na cestu
they went to seek the wise man, the helper
išli hľadať múdreho muža, pomocníka
the wise man of the family of Sakya
múdry muž z rodiny Sakya
He possessed, so the believers said, the highest enlightenment
Mal, ako hovorili veriaci, najvyššie osvietenie
he remembered his previous lives; he had reached the nirvana
spomenul si na svoje predchádzajúce životy; dosiahol nirvánu
and he never returned into the cycle
a nikdy sa nevrátil do kolobehu
he was never again submerged in the murky river of physical forms

už nikdy nebol ponorený do kalnej rieky fyzických foriem
Many wonderful and unbelievable things were reported of him
Popísalo sa o ňom veľa úžasných a neuveriteľných vecí
he had performed miracles
robil zázraky
he had overcome the devil
premohol diabla
he had spoken to the gods
hovoril s bohmi
But his enemies and disbelievers said Gotama was a vain seducer
Ale jeho nepriatelia a neveriaci tvrdili, že Gotama bol márnivý zvodca
they said he spent his days in luxury
povedali, že trávil dni v luxuse
they said he scorned the offerings
povedali, že opovrhoval ponukami
they said he was without learning
povedali, že je bez učenia
they said he knew neither meditative exercises nor self-castigation
povedali, že nepozná ani meditačné cvičenia, ani sebaobviňovanie
The myth of Buddha sounded sweet
Mýtus o Budhovi znel sladko
The scent of magic flowed from these reports
Z týchto správ prúdila vôňa mágie
After all, the world was sick, and life was hard to bear
Koniec koncov, svet bol chorý a život sa ťažko znášal
and behold, here a source of relief seemed to spring forth
a hľa, tu akoby vyvieral zdroj úľavy
here a messenger seemed to call out
tu akoby sa ozval posol
comforting, mild, full of noble promises
utešujúce, mierne, plné vznešených sľubov

Everywhere where the rumour of Buddha was heard, the young men listened up
Všade, kde bolo počuť povesť o Budhovi, mladí muži počúvali
everywhere in the lands of India they felt a longing
všade v krajinách Indie cítili túžbu
everywhere where the people searched, they felt hope
všade, kde ľudia hľadali, cítili nádej
every pilgrim and stranger was welcome when he brought news of him
každý pútnik a cudzinec bol vítaný, keď o ňom priniesol správy
the exalted one, the Sakyamuni
ten vznešený, Šákjamúni
The myth had also reached the Samanas in the forest
Mýtus sa dostal aj k Samanas v lese
and Siddhartha and Govinda heard the myth too
a Siddhártha a Govinda tiež počuli mýtus
slowly, drop by drop, they heard the myth
pomaly, kvapku po kvapke, počuli mýtus
every drop was laden with hope
každá kvapka bola plná nádeje
every drop was laden with doubt
každá kvapka bola zaťažená pochybnosťami
They rarely talked about it
Zriedka sa o tom rozprávali
because the oldest one of the Samanas did not like this myth
pretože najstarší zo Samanas nemal rád tento mýtus
he had heard that this alleged Buddha used to be an ascetic
počul, že tento údajný Budha býval askétom
he heard he had lived in the forest
počul, že žil v lese
but he had turned back to luxury and worldly pleasures
ale vrátil sa k luxusu a svetským radovánkam
and he had no high opinion of this Gotama
a nemal o tomto Gotame žiadnu vysokú mienku

"Oh Siddhartha," Govinda spoke one day to his friend
"Ó, Siddhártha," povedal Govinda jedného dňa svojmu priateľovi
"Today, I was in the village"
"Dnes som bol v dedine"
"and a Brahman invited me into his house"
"a Brahman ma pozval do svojho domu"
"and in his house, there was the son of a Brahman from Magadha"
"a v jeho dome bol syn brahmana z Magadhy"
"he has seen the Buddha with his own eyes"
"videl Budhu na vlastné oči"
"and he has heard him teach"
"a počul ho učiť"
"Verily, this made my chest ache when I breathed"
"Naozaj ma z toho bolela hruď, keď som dýchal"
"and I thought this to myself:"
"a myslel som si toto:"
"if only we heard the teachings from the mouth of this perfected man!"
"keby sme len počuli učenie z úst tohto dokonalého muža!"
"Speak, friend, wouldn't we want to go there too"
"Hovor kamarát, nechceli by sme tam ísť aj my?"
"wouldn't it be good to listen to the teachings from the Buddha's mouth?"
"Nebolo by dobré počúvať učenie z Budhových úst?"
Spoke Siddhartha, "I had thought you would stay with the Samanas"
Povedal Siddhártha: "Myslel som si, že zostaneš u Samanas"
"I always had believed your goal was to live to be seventy"
"Vždy som veril, že tvojím cieľom je dožiť sa sedemdesiatky."
"I thought you would keep practising those feats and exercises"
"Myslel som, že budeš pokračovať v precvičovaní týchto výkonov a cvičení."
"and I thought you would become a Samana"

"a ja som si myslel, že sa z teba stane Samana"
"But behold, I had not known Govinda well enough"
"Ale hľa, nepoznal som Govindu dosť dobre"
"I knew little of his heart"
"Málo som vedel o jeho srdci"
"So now you want to take a new path"
"Takže teraz chceš ísť novou cestou"
"and you want to go there where the Buddha spreads his teachings"
"a chceš ísť tam, kde Budha šíri svoje učenie"
Spoke Govinda, "You're mocking me"
Govinda povedal: „Vysmievaš sa mi"
"Mock me if you like, Siddhartha!"
"Posmievaj sa mi, ak chceš, Siddhártha!"
"But have you not also developed a desire to hear these teachings?"
"Ale nevyvinul si aj ty túžbu počuť tieto učenia?"
"have you not said you would not walk the path of the Samanas for much longer?"
"Nepovedal si, že už dlho nebudeš kráčať po ceste Samany?"
At this, Siddhartha laughed in his very own manner
Na to sa Siddhártha zasmial svojim spôsobom
the manner in which his voice assumed a touch of sadness
spôsob, akým jeho hlas nadobudol nádych smútku
but it still had that touch of mockery
ale stále to malo ten nádych výsmechu
Spoke Siddhartha, "Govinda, you've spoken well"
Siddhártha povedal: "Góvinda, dobre si hovoril"
"you've remembered correctly what I said"
"Správne si si zapamätal, čo som povedal"
"If only you remembered the other thing you've heard from me"
"Keby si si spomenul na ďalšiu vec, ktorú si odo mňa počul."
"I have grown distrustful and tired against teachings and learning"
"Stal som sa nedôverčivým a unavený voči učeniu a učeniu"

"my faith in words, which are brought to us by teachers, is small"
"Moja viera v slová, ktoré nám prinášajú učitelia, je malá"
"But let's do it, my dear"
"Ale poďme na to, drahá"
"I am willing to listen to these teachings"
"Som ochotný počúvať tieto učenia"
"though in my heart I do not have hope"
"hoci v srdci nemám nádej"
"I believe that we've already tasted the best fruit of these teachings"
"Verím, že sme už ochutnali najlepšie ovocie tohto učenia"
Spoke Govinda, "Your willingness delights my heart"
Govinda povedal: „Vaša ochota teší moje srdce"
"But tell me, how should this be possible?"
"Ale povedz mi, ako by to malo byť možné?"
"How can the Gotama's teachings have already revealed their best fruit to us?"
"Ako nám učenie Gotamy už odhalilo svoje najlepšie ovocie?"
"we have not heard his words yet"
"Ešte sme nepočuli jeho slová"
Spoke Siddhartha, "Let us eat this fruit"
Siddhártha povedal: „Jedzme toto ovocie"
"and let us wait for the rest, oh Govinda!"
"a počkajme na zvyšok, ó, Govinda!"
"But this fruit consists in him calling us away from the Samanas"
"Ale toto ovocie spočíva v tom, že nás odvoláva od Samanas"
"and we have already received it thanks to the Gotama!"
"a už sme to dostali vďaka Gotame!"
"Whether he has more, let us await with calm hearts"
"Či má viac, čakajme s pokojným srdcom"

On this very same day Siddhartha spoke to the oldest Samana
V ten istý deň sa Siddhártha rozprával s najstaršou Samanou

he told him of his decision to leaves the Samanas
povedal mu o svojom rozhodnutí opustiť Samanas
he informed the oldest one with courtesy and modesty
informoval najstaršieho so zdvorilosťou a skromnosťou
but the Samana became angry that the two young men wanted to leave him
ale Samana sa rozhnevala, že ho dvaja mladíci chcú opustiť
and he talked loudly and used crude words
a hovoril nahlas a používal hrubé slová
Govinda was startled and became embarrassed
Govinda sa zľakol a stal sa v rozpakoch
But Siddhartha put his mouth close to Govinda's ear
Ale Siddhártha priložil ústa k Govindovmu uchu
"Now, I want to show the old man what I've learned from him"
"Teraz chcem ukázať starému mužovi, čo som sa od neho naučil."
Siddhartha positioned himself closely in front of the Samana
Siddhártha sa postavil tesne pred Samanu
with a concentrated soul, he captured the old man's glance
so sústredenou dušou zaujal starcov pohľad
he deprived him of his power and made him mute
zbavil ho moci a urobil ho nemým
he took away his free will
vzal mu slobodnú vôľu
he subdued him under his own will, and commanded him
podmanil si ho svojou vôľou a prikázal mu
his eyes became motionless, and his will was paralysed
jeho oči znehybneli a jeho vôľa bola paralyzovaná
his arms were hanging down without power
ruky mu ovisli bez sily
he had fallen victim to Siddhartha's spell
stal sa obeťou Siddhárthovho kúzla
Siddhartha's thoughts brought the Samana under their control

Siddhárthove myšlienky dostali Samana pod svoju kontrolu
he had to carry out what they commanded
musel splniť, čo mu prikázali
And thus, the old man made several bows
A tak sa starec niekoľkokrát poklonil
he performed gestures of blessing
vykonával gestá požehnania
he spoke stammeringly a godly wish for a good journey
hovoril koktavo zbožné želanie dobrej cesty
the young men returned the good wishes with thanks
mládenci opätovali dobré priania s vďakou
they went on their way with salutations
išli svojou cestou s pozdravmi
On the way, Govinda spoke again
Cestou Govinda opäť prehovoril
"Oh Siddhartha, you have learned more from the Samanas than I knew"
"Ó Siddhártha, naučil si sa od Samanas viac, ako som vedel."
"It is very hard to cast a spell on an old Samana"
"Je veľmi ťažké čarovať na starú Samanu."
"Truly, if you had stayed there, you would soon have learned to walk on water"
"Naozaj, keby si tam zostal, čoskoro by si sa naučil chodiť po vode."
"I do not seek to walk on water" said Siddhartha
„Nesnažím sa chodiť po vode," povedal Siddhártha
"Let old Samanas be content with such feats!"
"Nech sa starí Samany uspokoja s takýmito činmi!"

Gotama

In Savathi, every child knew the name of the exalted Buddha
V savathi každé dieťa poznalo meno vznešeného Budhu
every house was prepared for his coming
každý dom bol pripravený na jeho príchod
each house filled the alms-dishes of Gotama's disciples
každý dom naplnil almužny Gotamových učeníkov
Gotama's disciples were the silently begging ones
Gotamovi učeníci boli tí ticho žobrajúci
Near the town was Gotama's favourite place to stay
V blízkosti mesta bolo Gotama obľúbené miesto na pobyt
he stayed in the garden of Jetavana
zostal v záhrade Jetavana
the rich merchant Anathapindika had given the garden to Gotama
bohatý obchodník Anathapindika dal záhradu Gotamovi
he had given it to him as a gift
dal mu to ako dar
he was an obedient worshipper of the exalted one
bol poslušným ctiteľom vznešeného
the two young ascetics had received tales and answers
dvaja mladí askéti dostali príbehy a odpovede
all these tales and answers pointed them to Gotama's abode
všetky tieto príbehy a odpovede ich nasmerovali na Gotamin príbytok
they arrived in the town of Savathi
dorazili do mesta Savathi
they went to the very first door of the town
išli k prvým dverám mesta
and they begged for food at the door
a pri dverách prosili o jedlo
a woman offered them food
jedna žena im ponúkla jedlo
and they accepted the food

a prijali jedlo
Siddhartha asked the woman
spýtal sa Siddhártha ženy
"oh charitable one, where does the Buddha dwell?"
"Ó, charitatívny, kde býva Budha?"
"we are two Samanas from the forest"
"sme dve Samany z lesa"
"we have come to see the perfected one"
"prišli sme sa pozrieť na toho dokonalého"
"we have come to hear the teachings from his mouth"
"prišli sme počuť učenie z jeho úst"
Spoke the woman, "you Samanas from the forest"
Žena prehovorila: "vy Samany z lesa"
"you have truly come to the right place"
"naozaj si prišiel na správne miesto"
"you should know, in Jetavana, there is the garden of Anathapindika"
"Mali by ste vedieť, že v Jetavane je záhrada Anathapindika"
"that is where the exalted one dwells"
"tam prebýva vznešený"
"there you pilgrims shall spend the night"
"tam prenocujete vy pútnici"
"there is enough space for the innumerable, who flock here"
"Je tu dosť miesta pre nespočetné množstvo ľudí, ktorí sa sem hrnú"
"they too come to hear the teachings from his mouth"
"Aj oni prichádzajú, aby počuli učenie z jeho úst"
This made Govinda happy, and full of joy
To urobilo Govindu šťastným a plným radosti
he exclaimed, "we have reached our destination"
zvolal, "dosiahli sme náš cieľ"
"our path has come to an end!"
"Naša cesta sa skončila!"
"But tell us, oh mother of the pilgrims"
"Ale povedz nám, ó matka pútnikov"
"do you know him, the Buddha?"

"Poznáš ho, Budhu?"
"have you seen him with your own eyes?"
"Videl si ho na vlastné oči?"
Spoke the woman, "Many times I have seen him, the exalted one"
Žena povedala: "Mnohokrát som ho videla, toho vznešeného."
"On many days I have seen him"
"Videl som ho veľa dní"
"I have seen him walking through the alleys in silence"
"Videl som ho v tichosti kráčať uličkami."
"I have seen him wearing his yellow cloak"
"Videl som ho mať na sebe žltý plášť"
"I have seen him presenting his alms-dish in silence"
"Videl som ho, ako v tichosti predkladá svoju misku s almužnou"
"I have seen him at the doors of the houses"
"Videl som ho pri dverách domov"
"and I have seen him leaving with a filled dish"
"a videl som ho odchádzať s naplnenou miskou"
Delightedly, Govinda listened to the woman
Govinda s potešením počúval ženu
and he wanted to ask and hear much more
a chcel sa opýtať a počuť oveľa viac
But Siddhartha urged him to walk on
Ale Siddhártha ho vyzval, aby kráčal ďalej
They thanked the woman and left
Poďakovali žene a odišli
they hardly had to ask for directions
sotva sa museli pýtať na cestu
many pilgrims and monks were on their way to the Jetavana
mnoho pútnikov a mníchov bolo na ceste do Jetavany
they reached it at night, so there were constant arrivals
dosiahli to v noci, takže tam boli neustále príchody
and those who sought shelter got it
a tí, ktorí hľadali úkryt, ho dostali
The two Samanas were accustomed to life in the forest

Dve Samany boli na život v lese zvyknuté
so without making any noise they quickly found a place to stay
takže bez akéhokoľvek hluku rýchlo našli miesto na pobyt
and they rested there until the morning
a tam odpočívali až do rána

At sunrise, they saw with astonishment the size of the crowd
Pri východe slnka s úžasom videli veľkosť davu
a great many number of believers had come
prišlo veľké množstvo veriacich
and a great number of curious people had spent the night here
a noc tu strávilo množstvo zvedavcov
On all paths of the marvellous garden, monks walked in yellow robes
Po všetkých cestách nádhernej záhrady kráčali mnísi v žltých rúchach
under the trees they sat here and there, in deep contemplation
pod stromami sedeli tu a tam, v hlbokom rozjímaní
or they were in a conversation about spiritual matters
alebo boli v rozhovore o duchovných veciach
the shady gardens looked like a city
tienisté záhrady vyzerali ako mesto
a city full of people, bustling like bees
mesto plné ľudí, rušných ako včely
The majority of the monks went out with their alms-dish
Väčšina mníchov išla von s almužnou
they went out to collect food for their lunch
vyšli si nazbierať jedlo na obed
this would be their only meal of the day
toto by bolo ich jediné jedlo dňa
The Buddha himself, the enlightened one, also begged in the mornings
Sám Budha, osvietený, tiež ráno prosil

Siddhartha saw him, and he instantly recognised him
Siddhártha ho uvidel a okamžite ho spoznal
he recognised him as if a God had pointed him out
spoznal ho, ako keby naňho upozornil Boh
He saw him, a simple man in a yellow robe
Videl ho, jednoduchého muža v žltom rúchu
he was bearing the alms-dish in his hand, walking silently
v ruke niesol almužnu a ticho kráčal
"Look here!" Siddhartha said quietly to Govinda
"Pozri sa sem!" Povedal potichu Siddhártha Govindovi
"This one is the Buddha"
"Toto je Budha"
Attentively, Govinda looked at the monk in the yellow robe
Govinda pozorne pozrel na mnícha v žltom rúchu
this monk seemed to be in no way different from any of the others
zdalo sa, že tento mních sa nijako nelíši od ostatných
but soon, Govinda also realized that this is the one
ale čoskoro si aj Govinda uvedomil, že toto je ten pravý
And they followed him and observed him
Išli za ním a pozorovali ho
The Buddha went on his way, modestly and deep in his thoughts
Budha išiel svojou cestou, skromne a hlboko vo svojich myšlienkach
his calm face was neither happy nor sad
jeho pokojná tvár nebola ani veselá, ani smutná
his face seemed to smile quietly and inwardly
jeho tvár sa akoby potichu a vnútorne usmievala
his smile was hidden, quiet and calm
jeho úsmev bol skrytý, tichý a pokojný
the way the Buddha walked somewhat resembled a healthy child
spôsob, akým Budha chodil, trochu pripomínal zdravé dieťa
he walked just as all of his monks did
kráčal rovnako ako všetci jeho mnísi

he placed his feet according to a precise rule
položil nohy podľa presného pravidla
his face and his walk, his quietly lowered glance
jeho tvár a jeho chôdza, jeho ticho sklopený pohľad
his quietly dangling hand, every finger of it
jeho ticho visiaca ruka, každý jej prst
all these things expressed peace
všetky tieto veci vyjadrovali pokoj
all these things expressed perfection
všetky tieto veci vyjadrovali dokonalosť
he did not search, nor did he imitate
nehľadal, ani nenapodobňoval
he softly breathed inwardly an unwhithering calm
potichu v duchu dýchal neochvejný pokoj
he shone outwardly an unwhithering light
vyžaroval navonok neochabujúce svetlo
he had about him an untouchable peace
mal okolo seba nedotknuteľný pokoj
the two Samanas recognised him solely by the perfection of his calm
dve Samany ho spoznali iba podľa dokonalosti jeho pokoja
they recognized him by the quietness of his appearance
spoznali ho podľa tichosti jeho vzhľadu
the quietness in his appearance in which there was no searching
ticho v jeho vzhľade, v ktorom nebolo žiadne hľadanie
there was no desire, nor imitation
nebola tam žiadna túžba, ani napodobňovanie
there was no effort to be seen
nebolo vidieť žiadnu snahu
only light and peace was to be seen in his appearance
v jeho výzore bolo vidieť len svetlo a pokoj
"Today, we'll hear the teachings from his mouth" said Govinda
"Dnes budeme počuť učenie z jeho úst," povedal Govinda
Siddhartha did not answer

Siddhártha neodpovedal
He felt little curiosity for the teachings
Mal malú zvedavosť na učenie
he did not believe that they would teach him anything new
neveril, že ho niečo nové naučia
he had heard the contents of this Buddha's teachings again and again
znovu a znovu počul obsah učenia tohto Budhu
but these reports only represented second hand information
ale tieto správy predstavovali iba informácie z druhej ruky
But attentively he looked at Gotama's head
Ale pozorne sa pozrel na Gotamovu hlavu
his shoulders, his feet, his quietly dangling hand
jeho ramená, jeho nohy, jeho ticho visiaca ruka
it was as if every finger of this hand was of these teachings
bolo to, ako keby každý prst tejto ruky bol z týchto učení
his fingers spoke of truth
jeho prsty hovorili pravdu
his fingers breathed and exhaled the fragrance of truth
jeho prsty dýchali a vydychovali vôňu pravdy
his fingers glistened with truth
jeho prsty sa leskli pravdou
this Buddha was truthful down to the gesture of his last finger
tento Budha bol pravdivý až do gesta jeho posledného prsta
Siddhartha could see that this man was holy
Siddhártha videl, že tento muž je svätý
Never before, Siddhartha had venerated a person so much
Nikdy predtým Siddhártha tak veľmi neuctieval človeka
he had never before loved a person as much as this one
nikdy predtým nemiloval človeka tak veľmi ako tento
They both followed the Buddha until they reached the town
Obaja nasledovali Budhu, kým sa nedostali do mesta
and then they returned to their silence
a potom sa vrátili do svojho mlčania
they themselves intended to abstain on this day

sami zamýšľali v tento deň abstinovať
They saw Gotama returning the food that had been given to him
Videli Gotamu, ako vracia jedlo, ktoré mu dali
what he ate could not even have satisfied a bird's appetite
čo jedol, nemohlo uspokojiť ani vtáčí apetít
and they saw him retiring into the shade of the mango-trees
a videli ho, ako sa sťahuje do tieňa mangovníka

in the evening the heat had cooled down
večer sa horúčava ochladila
everyone in the camp started to bustle about and gathered around
všetci v tábore sa začali motať a zhromaždili sa okolo
they heard the Buddha teaching, and his voice
počuli Buddhovo učenie a jeho hlas
and his voice was also perfected
a jeho hlas bol tiež dokonalý
his voice was of perfect calmness
jeho hlas bol úplne pokojný
his voice was full of peace
jeho hlas bol plný pokoja
Gotama taught the teachings of suffering
Gotama učil učenie o utrpení
he taught of the origin of suffering
učil o pôvode utrpenia
he taught of the way to relieve suffering
učil o spôsobe, ako zmierniť utrpenie
Calmly and clearly his quiet speech flowed on
Pokojne a jasne jeho tichá reč plynula ďalej
Suffering was life, and full of suffering was the world
Utrpenie bol život a svet bol plný utrpenia
but salvation from suffering had been found
ale bola nájdená spása z utrpenia
salvation was obtained by him who would walk the path of the Buddha

spásu získal ten, kto kráčal po ceste Budhu
With a soft, yet firm voice the exalted one spoke
Vznešený prehovoril jemným, no pevným hlasom
he taught the four main doctrines
učil štyri hlavné doktríny
he taught the eight-fold path
učil osemnásobnú cestu
patiently he went the usual path of the teachings
trpezlivo išiel obvyklou cestou učenia
his teachings contained the examples
jeho učenie obsahovalo príklady
his teaching made use of the repetitions
jeho vyučovanie využívalo opakovania
brightly and quietly his voice hovered over the listeners
jasne a potichu sa jeho hlas vznášal nad poslucháčmi
his voice was like a light
jeho hlas bol ako svetlo
his voice was like a starry sky
jeho hlas bol ako hviezdna obloha
When the Buddha ended his speech, many pilgrims stepped forward
Keď Budha ukončil svoju reč, mnohí pútnici vykročili vpred
they asked to be accepted into the community
požiadali o prijatie do spoločenstva
they sought refuge in the teachings
hľadali útočisko v učení
And Gotama accepted them by speaking
A Gotama ich prijal hovorením
"You have heard the teachings well"
"Dobre ste počuli učenie"
"join us and walk in holiness"
"pridaj sa k nám a kráčaj vo svätosti"
"put an end to all suffering"
"ukončiť všetko utrpenie"
Behold, then Govinda, the shy one, also stepped forward and spoke

Hľa, potom Govinda, plachý, tiež vystúpil a prehovoril
"I also take my refuge in the exalted one and his teachings"
"Aj ja sa utiekam k Vznešenému a jeho učeniam"
and he asked to be accepted into the community of his disciples
a požiadal o prijatie do spoločenstva svojich učeníkov
and he was accepted into the community of Gotama's disciples
a bol prijatý do komunity Gotamových učeníkov

the Buddha had retired for the night
Buddha odišiel na noc
Govinda turned to Siddhartha and spoke eagerly
Govinda sa obrátil k Siddhárthovi a dychtivo prehovoril
"Siddhartha, it is not my place to scold you"
"Siddhártha, nie je na mne, aby som ti nadával"
"We have both heard the exalted one"
"Obaja sme počuli toho vznešeného"
"we have both perceived the teachings"
"obaja sme vnímali učenie"
"Govinda has heard the teachings"
"Góvinda počul učenie"
"he has taken refuge in the teachings"
"uchýlil sa k učeniu"
"But, my honoured friend, I must ask you"
"Ale, môj ctený priateľ, musím sa ťa opýtať."
"don't you also want to walk the path of salvation?"
"Nechceš aj ty kráčať cestou spásy?"
"Would you want to hesitate?"
"Chceli by ste váhať?"
"do you want to wait any longer?"
"chceš ešte čakať?"
Siddhartha awakened as if he had been asleep
Siddhártha sa prebudil, akoby spal
For a long time, he looked into Govinda's face
Dlho hľadel do Govindovej tváre

Then he spoke quietly, in a voice without mockery
Potom prehovoril potichu, hlasom bez výsmechu
"Govinda, my friend, now you have taken this step"
"Govinda, môj priateľ, teraz si urobil tento krok."
"now you have chosen this path"
"teraz si si vybral túto cestu"
"Always, oh Govinda, you've been my friend"
"Vždy, ó, Govinda, bol si môj priateľ."
"you've always walked one step behind me"
"Vždy si kráčal o krok za mnou"
"Often I have thought about you"
"Často som na teba myslel"
"'Won't Govinda for once also take a step by himself'"
„Neurobí Govinda raz ani krok sám od seba"
"'won't Govinda take a step without me?'"
"'Neurobí Govinda krok bezo mňa?"
"'won't he take a step driven by his own soul?'"
"'neurobí krok poháňaný vlastnou dušou?"
"Behold, now you've turned into a man"
"Hľa, teraz si sa zmenil na muža"
"you are choosing your path for yourself"
"cestu si vyberáš sám"
"I wish that you would go it up to its end"
"Želám si, aby si to dotiahol až do konca"
"oh my friend, I hope that you shall find salvation!"
"Ó, môj priateľ, dúfam, že nájdeš spásu!"
Govinda, did not completely understand it yet
Govinda, tomu ešte celkom nerozumel
he repeated his question in an impatient tone
zopakoval svoju otázku netrpezlivým tónom
"Speak up, I beg you, my dear!"
"Hovor, prosím ťa, moja drahá!"
"Tell me, since it could not be any other way"
"Povedz mi, pretože to nemôže byť inak."
"won't you also take your refuge with the exalted Buddha?"
"nevezmeš si útočisko aj k vznešenému Budhovi?"

Siddhartha placed his hand on Govinda's shoulder
Siddhártha položil ruku na Govindovo rameno
"You failed to hear my good wish for you"
"Nevypočul si moje dobré prianie pre teba"
"I'm repeating my wish for you"
"Opakujem svoje želanie pre teba"
"I wish that you would go this path"
"Želám si, aby si išiel touto cestou"
"I wish that you would go up to this path's end"
"Želám si, aby si išiel až na koniec tejto cesty"
"I wish that you shall find salvation!"
"Želám si, aby si našiel spásu!"
In this moment, Govinda realized that his friend had left him
V tej chvíli si Govinda uvedomil, že ho jeho priateľ opustil
when he realized this he started to weep
keď si to uvedomil, začal plakať
"Siddhartha!" he exclaimed lamentingly
"Siddhártha!" zvolal žalostne
Siddhartha kindly spoke to him
Siddhártha sa s ním láskavo prihovoril
"don't forget, Govinda, who you are"
"nezabudni, Govinda, kto si"
"you are now one of the Samanas of the Buddha"
"Teraz si jeden zo Samány Budhu"
"You have renounced your home and your parents"
"Vzdali ste sa svojho domova a svojich rodičov"
"you have renounced your birth and possessions"
"vzdal si sa svojho narodenia a majetku"
"you have renounced your free will"
"vzdal si sa svojej slobodnej vôle"
"you have renounced all friendship"
"vzdal si sa všetkého priateľstva"
"This is what the teachings require"
"Toto učenie vyžaduje"
"this is what the exalted one wants"

"toto chce vznešený"
"This is what you wanted for yourself"
"Toto si chcel pre seba"
"Tomorrow, oh Govinda, I will leave you"
"Zajtra, ó, Govinda, opustím ťa"
For a long time, the friends continued walking in the garden
Priatelia sa dlho prechádzali po záhrade
for a long time, they lay there and found no sleep
dlho tam ležali a nenašli spánok
And over and over again, Govinda urged his friend
A Govinda znova a znova naliehal na svojho priateľa
"why would you not want to seek refuge in Gotama's teachings?"
"Prečo by si nechcel hľadať útočisko v Gotamovom učení?"
"what fault could you find in these teachings?"
"Akú chybu by si mohol nájsť v tomto učení?"
But Siddhartha turned away from his friend
Ale Siddhártha sa od svojho priateľa odvrátil
every time he said, "Be content, Govinda!"
zakaždým, keď povedal: "Buď spokojný, Govinda!"
"Very good are the teachings of the exalted one"
"Veľmi dobré sú učenia vznešeného"
"how could I find a fault in his teachings?"
"Ako by som mohol nájsť chybu v jeho učení?"

it was very early in the morning
bolo veľmi skoro ráno
one of the oldest monks went through the garden
jeden z najstarších mníchov prešiel záhradou
he called to those who had taken their refuge in the teachings
volal k tým, ktorí našli útočisko v učení
he called them to dress them up in the yellow robe
vyzval ich, aby ich obliekli do žltého rúcha
and he instruct them in the first teachings and duties of their position

a poučil ich o prvom učení a povinnostiach ich postavenia
Govinda once again embraced his childhood friend
Govinda opäť objal svojho priateľa z detstva
and then he left with the novices
a potom odišiel s nováčikmi
But Siddhartha walked through the garden, lost in thought
Ale Siddhártha kráčal záhradou, stratený v myšlienkach
Then he happened to meet Gotama, the exalted one
Potom náhodou stretol Gotamu, toho vznešeného
he greeted him with respect
pozdravil ho s úctou
the Buddha's glance was full of kindness and calm
Budhov pohľad bol plný láskavosti a pokoja
the young man summoned his courage
pozbieral odvahu mladík
he asked the venerable one for the permission to talk to him
požiadal ctihodného o dovolenie hovoriť s ním
Silently, the exalted one nodded his approval
Vznešený mlčky prikývol na súhlas
Spoke Siddhartha, "Yesterday, oh exalted one"
Povedal Siddhártha: "Včera, ó vznešený"
"I had been privileged to hear your wondrous teachings"
"Mal som tú česť počuť tvoje úžasné učenie"
"Together with my friend, I had come from afar, to hear your teachings"
"Spolu s mojím priateľom som prišiel z diaľky, aby som počul tvoje učenie."
"And now my friend is going to stay with your people"
"A teraz môj priateľ zostane s tvojimi ľuďmi"
"he has taken his refuge with you"
"prijal k tebe útočisko"
"But I will again start on my pilgrimage"
"Ale opäť začnem svoju púť"
"As you please," the venerable one spoke politely
„Ako sa vám páči," prehovoril zdvorilo ctihodný
"Too bold is my speech," Siddhartha continued

"Moja reč je príliš odvážna," pokračoval Siddhártha
"but I do not want to leave the exalted on this note"
"ale nechcem nechať vznešených na tejto poznámke"
"I want to share with the most venerable one my honest thoughts"
"Chcem sa s tým najctihodnejším podeliť o svoje úprimné myšlienky"
"Does it please the venerable one to listen for one moment longer?"
"Poteší ctihodného počúvať ešte chvíľu?"
Silently, the Buddha nodded his approval
Buddha ticho prikývol na súhlas
Spoke Siddhartha, "oh most venerable one"
Povedal Siddhártha, "och najctihodnejší"
"there is one thing I have admired in your teachings most of all"
"Je jedna vec, ktorú som na tvojom učení obdivoval zo všetkého najviac"
"Everything in your teachings is perfectly clear"
"Všetko v tvojom učení je úplne jasné"
"what you speak of is proven"
"to o čom hovoríš je dokázané"
"you are presenting the world as a perfect chain"
"Predstavujete svet ako dokonalý reťazec"
"a chain which is never and nowhere broken"
"reťaz, ktorá sa nikdy a nikde nepretrhne"
"an eternal chain the links of which are causes and effects"
"večnú reťaz, ktorej články sú príčiny a následky"
"Never before, has this been seen so clearly"
"Nikdy predtým to nebolo vidieť tak jasne"
"never before, has this been presented so irrefutably"
"nikdy predtým to nebolo prezentované tak nezvratne"
"truly, the heart of every Brahman has to beat stronger with love"
"Naozaj, srdce každého Brahmana musí silnejšie biť láskou"

"he has seen the world through your perfectly connected teachings"
"Videl svet cez tvoje dokonale prepojené učenia"
"without gaps, clear as a crystal"
"bez medzier, čistý ako krištál"
"not depending on chance, not depending on Gods"
"nezávisí od náhody, nezávisí od bohov"
"he has to accept it whether it may be good or bad"
"Musí to prijať, či je to dobré alebo zlé"
"he has to live by it whether it would be suffering or joy"
"musí tým žiť, či to bude utrpenie alebo radosť"
"but I do not wish to discuss the uniformity of the world"
"ale nechcem diskutovať o uniformite sveta"
"it is possible that this is not essential"
"je možné, že to nie je podstatné"
"everything which happens is connected"
"všetko, čo sa deje, je prepojené"
"the great and the small things are all encompassed"
"veľké a malé veci sú zahrnuté"
"they are connected by the same forces of time"
"sú spojené rovnakými silami času"
"they are connected by the same law of causes"
"sú spojené rovnakým zákonom príčin"
"the causes of coming into being and of dying"
"príčiny vzniku a umierania"
"this is what shines brightly out of your exalted teachings"
"toto jasne žiari z tvojho vznešeného učenia"
"But, according to your very own teachings, there is a small gap"
"Ale podľa tvojho vlastného učenia je tu malá medzera"
"this unity and necessary sequence of all things is broken in one place"
"táto jednota a nevyhnutná postupnosť všetkých vecí je narušená na jednom mieste"
"this world of unity is invaded by something alien"
"tento svet jednoty je napadnutý niečím cudzím"

"there is something new, which had not been there before"
"Je tu niečo nové, čo tu ešte nebolo"
"there is something which cannot be demonstrated"
"je niečo, čo sa nedá preukázať"
"there is something which cannot be proven"
"je niečo, čo sa nedá dokázať"
"these are your teachings of overcoming the world"
"toto sú tvoje učenia o prekonaní sveta"
"these are your teachings of salvation"
"toto sú tvoje učenia o spasení"
"But with this small gap, the eternal breaks apart again"
"Ale s touto malou medzerou sa večnosť opäť rozpadne"
"with this small breach, the law of the world becomes void"
"s týmto malým porušením sa zákon sveta stáva neplatným"
"Please forgive me for expressing this objection"
"Prosím, odpusť mi, že som vyjadril túto námietku"
Quietly, Gotama had listened to him, unmoved
Gotama ho potichu bez pohnutia počúvala
Now he spoke, the perfected one, with his kind and polite clear voice
Teraz hovoril, ten dokonalý, svojím milým a zdvorilým jasným hlasom
"You've heard the teachings, oh son of a Brahman"
"Počul si učenie, ó syn Brahmana"
"and good for you that you've thought about it this deeply"
"A dobre pre teba, že si sa nad tým tak hlboko zamyslel"
"You've found a gap in my teachings, an error"
"Našli ste medzeru v mojom učení, chybu"
"You should think about this further"
"Mali by ste o tom premýšľať ďalej"
"But be warned, oh seeker of knowledge, of the thicket of opinions"
"Ale varuj sa, hľadač vedomostí, pred húštinou názorov."
"be warned of arguing about words"
"byť varovaný pred hádkami o slovách"
"There is nothing to opinions"

"Na názoroch nie je nič"
"they may be beautiful or ugly"
"môžu byť krásne alebo škaredé"
"opinions may be smart or foolish"
"Názory môžu byť múdre alebo hlúpe"
"everyone can support opinions, or discard them"
"každý môže podporiť názory, alebo ich zahodiť"
"But the teachings, you've heard from me, are no opinion"
"Ale učenie, čo si odo mňa počul, nie je žiadny názor."
"their goal is not to explain the world to those who seek knowledge"
"ich cieľom nie je vysvetľovať svet tým, ktorí hľadajú poznanie"
"They have a different goal"
"Majú iný cieľ"
"their goal is salvation from suffering"
"ich cieľom je spasenie z utrpenia"
"This is what Gotama teaches, nothing else"
"Toto učí Gotama, nič iné"
"I wish that you, oh exalted one, would not be angry with me" said the young man
„Prial by som si, aby si sa na mňa, vznešený, nehneval,"
povedal mladý muž
"I have not spoken to you like this to argue with you"
"Nehovoril som s tebou takto, aby som sa s tebou hádal."
"I do not wish to argue about words"
"Nechcem sa hádať o slovách"
"You are truly right, there is little to opinions"
"Máš naozaj pravdu, na názory je málo"
"But let me say one more thing"
"Ale dovoľte mi povedať ešte jednu vec"
"I have not doubted in you for a single moment"
"Ani na chvíľu som o tebe nepochyboval"
"I have not doubted for a single moment that you are Buddha"
"Ani na chvíľu som nepochyboval, že si Budha."

"I have not doubted that you have reached the highest goal"
"Nepochyboval som, že si dosiahol najvyšší cieľ."
"the highest goal towards which so many Brahmans are on their way"
"Najvyšší cieľ, ku ktorému smeruje toľko Brahmanov"
"You have found salvation from death"
"Našli ste spásu pred smrťou"
"It has come to you in the course of your own search"
"Prišlo k tebe v priebehu tvojho vlastného hľadania"
"it has come to you on your own path"
"prišlo k tebe tvojou vlastnou cestou"
"it has come to you through thoughts and meditation"
"prišlo k vám prostredníctvom myšlienok a meditácie"
"it has come to you through realizations and enlightenment"
"prišlo k vám prostredníctvom uvedomení a osvietenia"
"but it has not come to you by means of teachings!"
"ale neprišlo k tebe prostredníctvom učenia!"
"And this is my thought"
"A toto je moja myšlienka"
"nobody will obtain salvation by means of teachings!"
"Nikto nezíska spasenie prostredníctvom učenia!"
"You will not be able to convey your hour of enlightenment"
"Nebudeš schopný sprostredkovať svoju hodinu osvietenia"
"words of what has happened to you won't convey the moment!"
"Slová o tom, čo sa ti stalo, neprezradia moment!"
"The teachings of the enlightened Buddha contain much"
"Učenie osvieteného Budhu obsahuje veľa"
"it teaches many to live righteously"
"mnohých učí žiť spravodlivo"
"it teaches many to avoid evil"
"mnohých učí vyhýbať sa zlu"
"But there is one thing which these teachings do not contain"
"Ale je tu jedna vec, ktorú tieto učenia neobsahujú"
"they are clear and venerable, but the teachings miss something"

"sú jasné a ctihodné, ale učeniu niečo uniká"
"the teachings do not contain the mystery"
"učenie neobsahuje tajomstvo"
"the mystery of what the exalted one has experienced for himself"
"záhada toho, čo vznešený zažil na vlastnej koži"
"among hundreds of thousands, only he experienced it"
"medzi státisícmi to zažil len on"
"This is what I have thought and realized, when I heard the teachings"
"To je to, čo som si myslel a uvedomil, keď som počul učenie"
"This is why I am continuing my travels"
"To je dôvod, prečo pokračujem vo svojich cestách"
"this is why I do not to seek other, better teachings"
"To je dôvod, prečo nechcem hľadať iné, lepšie učenia"
"I know there are no better teachings"
"Viem, že neexistujú lepšie učenia"
"I leave to depart from all teachings and all teachers"
"Odchádzam od všetkých učení a všetkých učiteľov"
"I leave to reach my goal by myself, or to die"
"Odchádzam, aby som dosiahol svoj cieľ sám, alebo zomriem"
"But often, I'll think of this day, oh exalted one"
"Ale často budem myslieť na tento deň, ó vznešený"
"and I'll think of this hour, when my eyes beheld a holy man"
"A budem myslieť na túto hodinu, keď moje oči uvidia svätého muža"
The Buddha's eyes quietly looked to the ground
Budhove oči sa ticho pozerali do zeme
quietly, in perfect equanimity, his inscrutable face was smiling
potichu, v dokonalej vyrovnanosti sa jeho nevyspytateľná tvár usmievala
the venerable one spoke slowly
hovoril pomaly ctihodný
"I wish that your thoughts shall not be in error"

"Želám si, aby sa tvoje myšlienky nemýlili"
"I wish that you shall reach the goal!"
"Želám si, aby si dosiahol cieľ!"
"But there is something I ask you to tell me"
"Ale je tu niečo, čo ťa žiadam, aby si mi povedal"
"Have you seen the multitude of my Samanas?"
"Videl si množstvo mojich Samán?"
"they have taken refuge in the teachings"
"uchýlili sa k učeniu"
"do you believe it would be better for them to abandon the teachings?"
"Veríš, že by bolo pre nich lepšie opustiť učenie?"
"should they to return into the world of desires?"
"mali by sa vrátiť do sveta túžob?"
"Far is such a thought from my mind" exclaimed Siddhartha
"Ďaleko je taká myšlienka z mojej mysle," zvolal Siddhártha
"I wish that they shall all stay with the teachings"
"Želám si, aby všetci zostali s učením"
"I wish that they shall reach their goal!"
"Želám si, aby dosiahli svoj cieľ!"
"It is not my place to judge another person's life"
"Neprináleží mi súdiť život iného človeka"
"I can only judge my own life "
"Môžem súdiť len svoj vlastný život"
"I must decide, I must chose, I must refuse"
"Musím sa rozhodnúť, musím si vybrať, musím odmietnuť"
"Salvation from the self is what we Samanas search for"
"Spása od seba je to, čo my Samany hľadáme"
"oh exalted one, if only I were one of your disciples"
"Ó, vznešený, keby som bol len jedným z tvojich učeníkov"
"I'd fear that it might happen to me"
"Bál by som sa, že sa to môže stať mne"
"only seemingly, would my self be calm and be redeemed"
"Len zdanlivo by bolo moje ja pokojné a vykúpené"
"but in truth it would live on and grow"
"ale v skutočnosti by to žilo a rástlo"

"because then I would replace my self with the teachings"
"pretože potom by som sám seba nahradil učením"
"my self would be my duty to follow you"
"Moje ja by bolo mojou povinnosťou nasledovať ťa"
"my self would be my love for you"
"Moje ja by bolo mojou láskou k tebe"
"and my self would be the community of the monks!"
"a moje ja by bolo spoločenstvom mníchov!"
With half of a smile Gotama looked into the stranger's eyes
Gotama sa s polovičným úsmevom pozrel cudzincovi do očí
his eyes were unwaveringly open and kind
jeho oči boli neochvejne otvorené a láskavé
he bid him to leave with a hardly noticeable gesture
sotva znateľným gestom ho vyzval, aby odišiel
"You are wise, oh Samana" the venerable one spoke
"Si múdra, ó Samana," povedal ctihodný
"You know how to talk wisely, my friend"
"Vieš hovoriť múdro, môj priateľ."
"Be aware of too much wisdom!"
"Uvedomte si príliš veľa múdrosti!"
The Buddha turned away
Buddha sa odvrátil
Siddhartha would never forget his glance
Siddhártha nikdy nezabudne na jeho pohľad
his half smile remained forever etched in Siddhartha's memory
jeho polovičný úsmev zostal navždy vrytý v Siddhárthovej pamäti
Siddhartha thought to himself
pomyslel si Siddhártha
"I have never before seen a person glance and smile this way"
"Nikdy predtým som nevidel nikoho, kto by sa takto pozrel a usmieval sa"
"no one else sits and walks like he does"
"nikto nesedí a nechodí ako on"

"truly, I wish to be able to glance and smile this way"
"Naozaj, chcem sa takto pozerať a usmievať sa"
"I wish to be able to sit and walk this way, too"
"Tiež by som chcel sedieť a chodiť touto cestou"
"liberated, venerable, concealed, open, childlike and mysterious"
"oslobodený, ctihodný, skrytý, otvorený, detský a tajomný"
"he must have succeeded in reaching the innermost part of his self"
"muselo sa mu podariť dostať sa do najvnútornejšej časti svojho ja"
"only then can someone glance and walk this way"
"Len potom sa niekto môže pozrieť a ísť touto cestou"
"I will also seek to reach the innermost part of my self"
"Budem sa tiež snažiť dosiahnuť najvnútornejšiu časť môjho ja."
"I saw a man" Siddhartha thought
"Videl som muža," pomyslel si Siddhártha
"a single man, before whom I would have to lower my glance"
"jediný muž, pred ktorým by som musel sklopiť pohľad"
"I do not want to lower my glance before anyone else"
"Nechcem sklopiť pohľad pred nikým iným"
"No teachings will entice me more anymore"
"Žiadne učenie ma už nebude viac lákať"
"because this man's teachings have not enticed me"
"pretože učenie tohto muža ma nezlákalo"
"I am deprived by the Buddha" thought Siddhartha
"Zbavil ma Budha," pomyslel si Siddhártha
"I am deprived, although he has given so much"
"Som zbavený, hoci mi dal tak veľa"
"he has deprived me of my friend"
"pripravil ma o môjho priateľa"
"my friend who had believed in me"
"môj priateľ, ktorý vo mňa veril"
"my friend who now believes in him"

"môj priateľ, ktorý v neho teraz verí"
"my friend who had been my shadow"
"môj priateľ, ktorý bol mojím tieňom"
"and now he is Gotama's shadow"
"a teraz je Gotamovým tieňom"
"but he has given me Siddhartha"
"ale dal mi Siddhártha"
"he has given me myself"
"dal mi seba"

Awakening
Prebudenie

Siddhartha left the mango grove behind him
Siddhártha nechal za sebou mangový háj
but he felt his past life also stayed behind
ale cítil, že aj jeho minulý život zostal pozadu
the Buddha, the perfected one, stayed behind
Buddha, ten dokonalý, zostal pozadu
and Govinda stayed behind too
a Govinda tiež zostal pozadu
and his past life had parted from him
a jeho minulý život sa s ním rozišiel
he pondered as he was walking slowly
premýšľal, keď kráčal pomaly
he pondered about this sensation, which filled him completely
premýšľal o tomto pocite, ktorý ho úplne naplnil
He pondered deeply, like diving into a deep water
Hlboko premýšľal, akoby sa ponoril do hlbokej vody
he let himself sink down to the ground of the sensation
nechal sa klesnúť na zem senzácie
he let himself sink down to the place where the causes lie
nechal sa klesnúť na miesto, kde sú príčiny
to identify the causes is the very essence of thinking
identifikovať príčiny je samotnou podstatou myslenia
this was how it seemed to him
takto sa mu to zdalo
and by this alone, sensations turn into realizations
a len týmto sa vnemy menia na realizácie
and these sensations are not lost
a tieto pocity sa nestrácajú
but the sensations become entities
ale vnemy sa stávajú entitami
and the sensations start to emit what is inside of them
a pocity začnú vyžarovať to, čo je v nich

they show their truths like rays of light
ukazujú svoje pravdy ako lúče svetla
Slowly walking along, Siddhartha pondered
Siddhártha pomaly kráčal a premýšľal
He realized that he was no youth any more
Uvedomil si, že už nie je mladý
he realized that he had turned into a man
uvedomil si, že sa zmenil na muža
He realized that something had left him
Uvedomil si, že ho niečo opustilo
the same way a snake is left by its old skin
rovnakým spôsobom hada zanecháva jeho stará koža
what he had throughout his youth no longer existed in him
to, čo mal počas celej mladosti, v ňom už neexistovalo
it used to be a part of him; the wish to have teachers
bývala jeho súčasťou; želanie mať učiteľov
the wish to listen to teachings
túžba počúvať učenie
He had also left the last teacher who had appeared on his path
Opustil aj posledného učiteľa, ktorý sa mu objavil na ceste
he had even left the highest and wisest teacher
dokonca opustil najvyššieho a najmúdrejšieho učiteľa
he had left the most holy one, Buddha
opustil najsvätejšieho, Budhu
he had to part with him, unable to accept his teachings
musel sa s ním rozlúčiť, neschopný prijať jeho učenie
Slower, he walked along in his thoughts
Pomalšie kráčal v myšlienkach
and he asked himself, "But what is this?"
a pýtal sa sám seba: "Ale čo je toto?"
"what have you sought to learn from teachings and from teachers?"
"Čo si sa snažil naučiť z učenia a od učiteľov?"
"and what were they, who have taught you so much?"
"A čo boli oni, ktorí ťa toľko naučili?"

"what are they if they have been unable to teach you?"
"Čo sú zač, ak ťa nedokázali naučiť?"
And he found, "It was the self"
A zistil: "Bolo to ja"
"it was the purpose and essence of which I sought to learn"
"to bol účel a podstata, ktorú som sa snažil naučiť"
"It was the self I wanted to free myself from"
"Bolo to ja, od ktorého som sa chcel oslobodiť"
"the self which I sought to overcome"
"ja, ktoré som sa snažil prekonať"
"But I was not able to overcome it"
"Ale nedokázal som to prekonať"
"I could only deceive it"
"Mohol som to len oklamať"
"I could only flee from it"
"Mohol som pred tým len utiecť"
"I could only hide from it"
"Mohol som sa pred tým iba skryť"
"Truly, no thing in this world has kept my thoughts so busy"
"Naozaj, žiadna vec na tomto svete nezamestnávala moje myšlienky."
"I have been kept busy by the mystery of me being alive"
"Zamestnáva ma záhada, že som nažive"
"the mystery of me being one"
"záhada toho, že som jeden"
"the mystery if being separated and isolated from all others"
"záhada, ak je oddelený a izolovaný od všetkých ostatných"
"the mystery of me being Siddhartha!"
"záhada toho, že som Siddhártha!"
"And there is no thing in this world I know less about"
"A nie je žiadna vec na tomto svete, o ktorej viem menej"
he had been pondering while slowly walking along
uvažoval pri pomalom kráčaní
he stopped as these thoughts caught hold of him
zastavil sa, keď ho tieto myšlienky chytili

and right away another thought sprang forth from these thoughts
a hneď sa z týchto myšlienok vynorila ďalšia myšlienka
"there's one reason why I know nothing about myself"
"Existuje jeden dôvod, prečo o sebe nič neviem"
"there's one reason why Siddhartha has remained alien to me"
"Je tu jeden dôvod, prečo mi Siddhártha zostal cudzí"
"all of this stems from one cause"
"toto všetko pramení z jednej príčiny"
"I was afraid of myself, and I was fleeing"
"Bál som sa o seba a utekal som"
"I have searched for both Atman and Brahman"
"Hľadal som Átmana aj Brahmana"
"for this I was willing to dissect my self"
"Preto som bol ochotný rozobrať seba"
"and I was willing to peel off all of its layers"
"a bol som ochotný zlúpnuť všetky jeho vrstvy"
"I wanted to find the core of all peels in its unknown interior"
"Chcel som nájsť jadro všetkých šupiek v ich neznámom vnútri"
"the Atman, life, the divine part, the ultimate part"
"Átman, život, božská časť, posledná časť"
"But I have lost myself in the process"
"Ale stratil som sa v tomto procese"
Siddhartha opened his eyes and looked around
Siddhártha otvoril oči a rozhliadol sa
looking around, a smile filled his face
pri pohľade okolo sa mu tvár naplnil úsmev
a feeling of awakening from long dreams flowed through him
prúdil ním pocit prebudenia z dlhých snov
the feeling flowed from his head down to his toes
ten pocit mu prešiel od hlavy až po prsty na nohách
And it was not long before he walked again

A netrvalo dlho a opäť kráčal
he walked quickly, like a man who knows what he has got to do
kráčal rýchlo, ako človek, ktorý vie, čo má robiť
"now I will not let Siddhartha escape from me again!"
"Teraz už nedovolím, aby mi Siddhártha unikol!"
"I no longer want to begin my thoughts and my life with Atman"
"Už nechcem začať svoje myšlienky a svoj život s Átmanom"
"nor do I want to begin my thoughts with the suffering of the world"
"ani nechcem začať svoje myšlienky utrpením sveta"
"I do not want to kill and dissect myself any longer"
"Už sa nechcem viac zabíjať a pitvať"
"Yoga-Veda shall not teach me anymore"
"Joga-Veda ma už nebude učiť"
"nor Atharva-Veda, nor the ascetics"
"ani Atharva-Veda, ani askéti"
"there will not be any kind of teachings"
"nebudú žiadne učenia"
"I want to learn from myself and be my student"
"Chcem sa učiť sám od seba a byť mojím študentom"
"I want to get to know myself; the secret of Siddhartha"
"Chcem spoznať sám seba; tajomstvo Siddhártha"

He looked around, as if he was seeing the world for the first time
Poobzeral sa okolo seba, akoby videl svet prvýkrát
Beautiful and colourful was the world
Krásny a farebný bol svet
strange and mysterious was the world
svet bol zvláštny a tajomný
Here was blue, there was yellow, here was green
Tu bola modrá, tu žltá, tu zelená
the sky and the river flowed
obloha a rieka tiekli

the forest and the mountains were rigid
les a hory boli strnulé
all of the world was beautiful
celý svet bol krásny
all of it was mysterious and magical
všetko to bolo tajomné a magické
and in its midst was he, Siddhartha, the awakening one
a v jeho strede bol on, Siddhártha, ten, ktorý sa prebudil
and he was on the path to himself
a bol na ceste k sebe
all this yellow and blue and river and forest entered Siddhartha
všetko toto žlté a modré, rieka a les vstúpili do Siddhárthy
for the first time it entered through the eyes
prvýkrát vstúpil cez oči
it was no longer a spell of Mara
už to nebolo kúzlo Mary
it was no longer the veil of Maya
už to nebol Mayský závoj
it was no longer a pointless and coincidental
už to nebolo zbytočné a náhodné
things were not just a diversity of mere appearances
veci neboli len rozmanitosťou obyčajného vzhľadu
appearances despicable to the deeply thinking Brahman
zdanie opovrhnutiahodné pre hlboko premýšľajúceho Brahmana
the thinking Brahman scorns diversity, and seeks unity
Mysliaci Brahman pohŕda rozmanitosťou a hľadá jednotu
Blue was blue and river was river
Modrá bola modrá a rieka bola rieka
the singular and divine lived hidden in Siddhartha
jedinečné a božské žilo skryté v Siddhárthe
divinity's way and purpose was to be yellow here, and blue there
Božím spôsobom a účelom bolo byť žlté tu a modré tam
there sky, there forest, and here Siddhartha

tam obloha, tam les a tu Siddhártha
The purpose and essential properties was not somewhere behind the things
Niekde za vecami nebol účel a podstatné vlastnosti
the purpose and essential properties was inside of everything
účel a podstatné vlastnosti boli vo vnútri všetkého
"How deaf and stupid have I been!" he thought
"Aký som bol hluchý a hlúpy!" pomyslel si
and he walked swiftly along
a kráčal rýchlo
"When someone reads a text he will not scorn the symbols and letters"
"Keď niekto číta text, nebude opovrhovať symbolmi a písmenami."
"he will not call the symbols deceptions or coincidences"
"nenazve symboly klamstvom alebo náhodami"
"but he will read them as they were written"
"ale bude ich čítať tak, ako boli napísané"
"he will study and love them, letter by letter"
"Bude ich študovať a milovať, písmeno po písmene"
"I wanted to read the book of the world and scorned the letters"
"Chcel som čítať knihu sveta a opovrhoval som písmenami"
"I wanted to read the book of myself and scorned the symbols"
"Chcel som si prečítať knihu seba a pohŕdal som symbolmi"
"I called my eyes and my tongue coincidental"
"Nazval som svoje oči a môj jazyk náhodou"
"I said they were worthless forms without substance"
"Povedal som, že sú to bezcenné formy bez podstaty"
"No, this is over, I have awakened"
"Nie, toto je koniec, zobudil som sa"
"I have indeed awakened"
"Naozaj som sa zobudil"
"I had not been born before this very day"

"Nenarodil som sa pred týmto dňom"
In thinking these thoughts, Siddhartha suddenly stopped once again
Pri premýšľaní nad týmito myšlienkami sa Siddhártha opäť raz zastavil
he stopped as if there was a snake lying in front of him
zastavil sa, akoby pred ním ležal had
suddenly, he had also become aware of something else
zrazu si tiež uvedomil niečo iné
He was indeed like someone who had just woken up
Bol naozaj ako niekto, kto sa práve prebudil
he was like a new-born baby starting life anew
bol ako novonarodené dieťa, ktoré začína život odznova
and he had to start again at the very beginning
a musel začať odznova od úplného začiatku
in the morning he had had very different intentions
ráno mal úplne iné úmysly
he had thought to return to his home and his father
myslel, že sa vráti do svojho domu a k otcovi
But now he stopped as if a snake was lying on his path
Teraz sa však zastavil, akoby mu na ceste ležal had
he made a realization of where he was
uvedomil si, kde je
"I am no longer the one I was"
"Už nie som ten, kým som bol"
"I am no ascetic anymore"
"Už nie som asketický"
"I am not a priest anymore"
"Už nie som kňaz"
"I am no Brahman anymore"
"Už nie som Brahman"
"Whatever should I do at my father's place?"
"Čo mám robiť u otca?"
"Study? Make offerings? Practise meditation?"
"Študovať? Robiť ponuky? Praktizovať meditáciu?"
"But all this is over for me"

"Ale toto všetko pre mňa skončilo"
"all of this is no longer on my path"
"toto všetko už nie je na mojej ceste"
Motionless, Siddhartha remained standing there
Siddhártha tam zostal stáť bez pohybu
and for the time of one moment and breath, his heart felt cold
a na jedinú chvíľu a dych mu srdce ochladlo
he felt a coldness in his chest
pocítil chlad v hrudi
the same feeling a small animal feels when it sees how alone it is
ten istý pocit cíti malé zviera, keď vidí, aké je samo
For many years, he had been without home and had felt nothing
Dlhé roky bol bez domova a nič necítil
Now, he felt he had been without a home
Teraz mal pocit, že bol bez domova
Still, even in the deepest meditation, he had been his father's son
Napriek tomu, dokonca aj v najhlbšej meditácii, bol synom svojho otca
he had been a Brahman, of a high caste
bol Brahman z vysokej kasty
he had been a cleric
bol klerikom
Now, he was nothing but Siddhartha, the awoken one
Teraz nebol nič iné ako Siddhártha, ten prebudený
nothing else was left of him
nič iné z neho nezostalo
Deeply, he inhaled and felt cold
Zhlboka sa nadýchol a pocítil chlad
a shiver ran through his body
telom mu prebehla triaška
Nobody was as alone as he was
Nikto nebol taký sám ako on

There was no nobleman who did not belong to the noblemen
Nebolo šľachtica, ktorý by nepatril k šľachticom
there was no worker that did not belong to the workers
nebolo robotníka, ktorý by nepatril k robotníkom
they had all found refuge among themselves
všetci našli útočisko medzi sebou
they shared their lives and spoke their languages
zdieľali svoje životy a hovorili svojimi jazykmi
there are no Brahman who would not be regarded as Brahmans
neexistuje Brahman, ktorý by nebol považovaný za Brahmanov
and there are no Brahmans that didn't live as Brahmans
a nie sú žiadni Brahmani, ktorí nežili ako Brahmani
there are no ascetic who could not find refuge with the Samanas
neexistujú askéti, ktorí by nemohli nájsť útočisko u Samanas
and even the most forlorn hermit in the forest was not alone
a ani ten najopustený pustovník v lese nebol sám
he was also surrounded by a place he belonged to
bol tiež obklopený miestom, ku ktorému patril
he also belonged to a caste in which he was at home
aj on patril do kasty, v ktorej bol doma
Govinda had left him and became a monk
Govinda ho opustil a stal sa mníchom
and a thousand monks were his brothers
a tisíc mníchov boli jeho bratmi
they wore the same robe as him
mali na sebe rovnaké rúcho ako on
they believed in his faith and spoke his language
verili v jeho vieru a hovorili jeho jazykom
But he, Siddhartha, where did he belong to?
Ale on, Siddhártha, kam patril?
With whom would he share his life?
S kým by zdieľal svoj život?

Whose language would he speak?
Koho jazykom by hovoril?
the world melted away all around him
svet sa roztopil všade okolo neho
he stood alone like a star in the sky
stál sám ako hviezda na oblohe
cold and despair surrounded him
obklopil ho chlad a zúfalstvo
but Siddhartha emerged out of this moment
ale z tejto chvíle sa vynoril Siddhártha
Siddhartha emerged more his true self than before
Siddhártha sa objavil viac ako predtým
he was more firmly concentrated than he had ever been
bol pevnejšie koncentrovaný ako kedykoľvek predtým
He felt; "this had been the last tremor of the awakening"
Cítil; "toto bolo posledné chvenie prebudenia"
"the last struggle of this birth"
"posledný zápas tohto narodenia"
And it was not long until he walked again in long strides
A netrvalo dlho a opäť kráčal dlhými krokmi
he started to proceed swiftly and impatiently
začal postupovať rýchlo a netrpezlivo
he was no longer going home
už nešiel domov
he was no longer going to his father
k otcovi už nešiel

Part Two
Časť druhá

***

Kamala

Siddhartha learned something new on every step of his path
Siddhártha sa na každom kroku svojej cesty naučil niečo nové
because the world was transformed and his heart was enchanted
pretože svet sa zmenil a jeho srdce bolo očarené
He saw the sun rising over the mountains
Videl, ako slnko vychádza nad horami
and he saw the sun setting over the distant beach
a videl zapadať slnko nad vzdialenou plážou
At night, he saw the stars in the sky in their fixed positions
V noci videl hviezdy na oblohe v ich pevných polohách
and he saw the crescent of the moon floating like a boat in the blue
a videl, ako sa polmesiac vznáša ako loďka v modrom
He saw trees, stars, animals, and clouds
Videl stromy, hviezdy, zvieratá a oblaky
rainbows, rocks, herbs, flowers, streams and rivers
dúhy, skaly, bylinky, kvety, potoky a rieky
he saw the glistening dew in the bushes in the morning
ráno videl lesknúcu sa rosu v kríkoch
he saw distant high mountains which were blue
videl vzdialené vysoké hory, ktoré boli modré
wind blew through the rice-field
vietor fúkal cez ryžové pole
all of this, a thousand-fold and colourful, had always been there
toto všetko, tisíckrát a farebné, tu vždy bolo
the sun and the moon had always shone
slnko a mesiac vždy svietili

rivers had always roared and bees had always buzzed
rieky vždy hučali a včely vždy bzučali
but in former times all of this had been a deceptive veil
ale v predchádzajúcich časoch to všetko bol klamlivý závoj
to him it had been nothing more than fleeting
pre neho to nebolo nič iné ako prchavé
it was supposed to be looked upon in distrust
malo sa na to pozerať s nedôverou
it was destined to be penetrated and destroyed by thought
bola určená na to, aby bola preniknutá a zničená myšlienkou
since it was not the essence of existence
keďže to nebolo podstatou existencie
since this essence lay beyond, on the other side of, the visible
keďže táto podstata ležala za, na druhej strane viditeľného
But now, his liberated eyes stayed on this side
Ale teraz jeho oslobodené oči zostali na tejto strane
he saw and became aware of the visible
videl a uvedomil si viditeľné
he sought to be at home in this world
snažil sa byť doma v tomto svete
he did not search for the true essence
nehľadal pravú podstatu
he did not aim at a world beyond
nezameriaval sa na svet za ním
this world was beautiful enough for him
tento svet bol pre neho dosť krásny
looking at it like this made everything childlike
pri pohľade na to takto bolo všetko detské
Beautiful were the moon and the stars
Krásne boli mesiac a hviezdy
beautiful was the stream and the banks
krásny bol potok a brehy
the forest and the rocks, the goat and the gold-beetle
les a skaly, koza a zlatý chrobák
the flower and the butterfly; beautiful and lovely it was

kvet a motýľ; krásne a krásne to bolo
to walk through the world was childlike again
chodiť po svete bolo opäť detské
this way he was awoken
takto bol prebudený
this way he was open to what is near
takto bol otvorený tomu, čo je blízko
this way he was without distrust
takto bol bez nedôvery
differently the sun burnt the head
inak slnko pálilo hlavu
differently the shade of the forest cooled him down
inak ho ochladzoval tieň lesa
differently the pumpkin and the banana tasted
inak chutila tekvica a banán
Short were the days, short were the nights
Krátke boli dni, krátke noci
every hour sped swiftly away like a sail on the sea
každá hodina sa rýchlo rozbehla ako plachta na mori
and under the sail was a ship full of treasures, full of joy
a pod plachtou bola loď plná pokladov, plná radosti
Siddhartha saw a group of apes moving through the high canopy
Siddhártha videl skupinu ľudoopov pohybovať sa cez vysoký baldachýn
they were high in the branches of the trees
boli vysoko vo vetvách stromov
and he heard their savage, greedy song
a počul ich divokú, chamtivú pieseň
Siddhartha saw a male sheep following a female one and mating with her
Siddhártha videl samca ovce, ktorý nasledoval samicu a páril sa s ňou
In a lake of reeds, he saw the pike hungrily hunting for its dinner
V jazere tŕstia videl, ako šťuka hladne loví večeru

young fish were propelling themselves away from the pike
mladé ryby sa odháňali od šťuky
they were scared, wiggling and sparkling
boli vystrašení, vrteli sa a iskrili
the young fish jumped in droves out of the water
mladé ryby húfne vyskakovali z vody
the scent of strength and passion came forcefully out of the water
vôňa sily a vášne silne vychádzala z vody
and the pike stirred up the scent
a šťuka rozprúdila vôňu
All of this had always existed
Toto všetko vždy existovalo
and he had not seen it, nor had he been with it
a on to nevidel, ani s tým nebol
Now he was with it and he was part of it
Teraz bol pri tom a bol toho súčasťou
Light and shadow ran through his eyes
Očami mu prebehlo svetlo a tieň
stars and moon ran through his heart
hviezdy a mesiac mu prebehli srdcom

Siddhartha remembered everything he had experienced in the Garden Jetavana
Siddhártha si spomenul na všetko, čo zažil v Garden Jetavana
he remembered the teaching he had heard there from the divine Buddha
spomenul si na učenie, ktoré tam počul od božského Budhu
he remembered the farewell from Govinda
spomenul si na rozlúčku z Govindu
he remembered the conversation with the exalted one
spomenul si na rozhovor s vznešeným
Again he remembered his own words that he had spoken to the exalted one
Opäť si spomenul na svoje slová, ktoré hovoril s vznešeným
he remembered every word

pamätal si každé slovo
he realized he had said things which he had not really known
uvedomil si, že povedal veci, ktoré v skutočnosti nevedel
he astonished himself with what he had said to Gotama
udivil sám seba tým, čo povedal Gotame
the Buddha's treasure and secret was not the teachings
Budhov poklad a tajomstvo nebolo učenie
but the secret was the inexpressible and not teachable
ale tajomstvo bolo nevysloviteľné a nepoučiteľné
the secret which he had experienced in the hour of his enlightenment
tajomstvo, ktoré zažil v hodine svojho osvietenia
the secret was nothing but this very thing which he had now gone to experience
tajomstvo nebolo nič iné ako práve toto, čo teraz išiel zažiť
the secret was what he now began to experience
tajomstvom bolo to, čo teraz začal zažívať
Now he had to experience his self
Teraz musel zažiť svoje ja
he had already known for a long time that his self was Atman
už dávno vedel, že jeho ja je Átman
he knew Atman bore the same eternal characteristics as Brahman
vedel, že átman má rovnaké večné vlastnosti ako brahman
But he had never really found this self
Ale toto ja v skutočnosti nikdy nenašiel
because he had wanted to capture the self in the net of thought
pretože chcel zachytiť seba v sieti myšlienok
but the body was not part of the self
ale telo nebolo súčasťou ja
it was not the spectacle of the senses
nebolo to predstavenie zmyslov
so it also was not the thought, nor the rational mind

tak to tiež nebola myšlienka, ani racionálna myseľ
it was not the learned wisdom, nor the learned ability
nebola to naučená múdrosť, ani naučená schopnosť
from these things no conclusions could be drawn
z týchto vecí sa nedali vyvodiť žiadne závery
No, the world of thought was also still on this side
Nie, myšlienkový svet bol tiež stále na tejto strane
Both, the thoughts as well as the senses, were pretty things
Oboje, myšlienky aj zmysly, boli pekné veci
but the ultimate meaning was hidden behind both of them
ale konečný význam bol skrytý za oboma
both had to be listened to and played with
oboje bolo treba počúvať a hrať
neither had to be scorned nor overestimated
nebolo treba opovrhovať ani preceňovať
there were secret voices of the innermost truth
ozývali sa tajné hlasy najvnútornejšej pravdy
these voices had to be attentively perceived
tieto hlasy bolo treba pozorne vnímať
He wanted to strive for nothing else
Nechcel sa snažiť o nič iné
he would do what the voice commanded him to do
urobí to, čo mu hlas prikázal
he would dwell where the voices advised him to
bude bývať tam, kde mu hlasy radia
Why had Gotama sat down under the Bodhi tree?
Prečo si Gotama sadol pod strom Bodhi?
He had heard a voice in his own heart
Vo svojom srdci počul hlas
a voice which had commanded him to seek rest under this tree
hlas, ktorý mu prikázal hľadať odpočinok pod týmto stromom
he could have gone on to make offerings
mohol pokračovať v obetovaní
he could have performed his ablutions
mohol vykonať svoje umývanie

he could have spent that moment in prayer
mohol tú chvíľu stráviť v modlitbe
he had chosen not to eat or drink
rozhodol sa nejesť ani nepiť
he had chosen not to sleep or dream
rozhodol sa nespať ani snívať
instead, he had obeyed the voice
namiesto toho poslúchol hlas
To obey like this was good
Takto poslúchať bolo dobré
it was good not to obey to an external command
bolo dobré neposlúchnuť vonkajší príkaz
it was good to obey only the voice
bolo dobré poslúchať iba hlas
to be ready like this was good and necessary
byť takto pripravený bolo dobré a potrebné
there was nothing else that was necessary
nič iné nebolo potrebné

in the night Siddhartha got to a river
v noci sa Siddhártha dostal k rieke
he slept in the straw hut of a ferryman
spal v slamenej chatrči prievozníka
this night Siddhartha had a dream
túto noc mal Siddhártha sen
Govinda was standing in front of him
Govinda stál pred ním
he was dressed in the yellow robe of an ascetic
bol oblečený v žltom rúchu askéta
Sad was how Govinda looked
Smutné bolo, ako Govinda vyzeral
sadly he asked, "Why have you forsaken me?"
smutne sa spýtal: "Prečo si ma opustil?"
Siddhartha embraced Govinda, and wrapped his arms around him
Siddhártha objal Govindu a objal ho rukami

he pulled him close to his chest and kissed him
pritiahol si ho k hrudi a pobozkal
but it was not Govinda anymore, but a woman
ale už to nebol Govinda, ale žena
a full breast popped out of the woman's dress
zo šiat ženy vykukol plný prsník
Siddhartha lay and drank from the breast
Siddhártha ležal a pil z pŕs
sweetly and strongly tasted the milk from this breast
sladko a silno chutilo mlieko z tohto prsníka
It tasted of woman and man
Chutilo to žene a mužovi
it tasted of sun and forest
chutilo to slnkom a lesom
it tasted of animal and flower
chutilo zvieraťu a kvetu
it tasted of every fruit and every joyful desire
chutilo z každého ovocia a z každej radostnej túžby
It intoxicated him and rendered him unconscious
Opilo ho to a priviedlo ho do bezvedomia
Siddhartha woke up from the dream
Siddhártha sa prebudil zo sna
the pale river shimmered through the door of the hut
bledá rieka sa trblietala cez dvere chatrče
a dark call of an owl resounded deeply through the forest
temné volanie sovy sa hlboko ozývalo lesom
Siddhartha asked the ferryman to get him across the river
Siddhártha požiadal prievozníka, aby ho previezol cez rieku
The ferryman got him across the river on his bamboo-raft
Prievozník ho dostal cez rieku na svojej bambusovej plti
the water shimmered reddish in the light of the morning
voda sa v rannom svetle trblietala načerveno
"This is a beautiful river," he said to his companion
„Toto je nádherná rieka," povedal svojmu spoločníkovi
"Yes," said the ferryman, "a very beautiful river"
"Áno," povedal prievozník, "veľmi krásna rieka"

"I love it more than anything"
"Milujem to viac ako čokoľvek iné"
"Often I have listened to it"
"Často som to počúval"
"often I have looked into its eyes"
"často som sa mu pozeral do očí"
"and I have always learned from it"
"a vždy som sa z toho poučil"
"Much can be learned from a river"
"Veľa sa dá naučiť z rieky"
"I thank you, my benefactor" spoke Siddhartha
"Ďakujem ti, môj dobrodinec," povedal Siddhártha
he disembarked on the other side of the river
vystúpil na druhej strane rieky
"I have no gift I could give you for your hospitality, my dear"
"Nemám žiadny darček, ktorý by som ti mohol dať za tvoju pohostinnosť, drahá."
"and I also have no payment for your work"
"a tiež nemám žiadnu platbu za tvoju prácu"
"I am a man without a home"
"Som muž bez domova"
"I am the son of a Brahman and a Samana"
"Som syn Brahmana a Samany"
"I did see it," spoke the ferryman
"Videl som to," povedal prievozník
"I did not expect any payment from you"
"Nečakal som od teba žiadnu platbu"
"it is custom for guests to bear a gift"
"Je zvykom, že hostia nosia darček"
"but I did not expect this from you either"
"ale toto som nečakal ani od teba"
"You will give me the gift another time"
"Dar mi dáš inokedy"
"Do you think so?" asked Siddhartha, bemusedly
"Myslíš?" spýtal sa zmätene Siddhártha

"I am sure of it," replied the ferryman
"Som si tým istý," odpovedal prievozník
"This too, I have learned from the river"
"Aj toto som sa naučil od rieky"
"everything that goes comes back!"
"Všetko, čo ide, sa vracia!"
"You too, Samana, will come back"
"Aj ty, Samana, vrátiš sa"
"Now farewell! Let your friendship be my reward"
"Teraz zbohom! Tvoje priateľstvo nech je mojou odmenou."
"Commemorate me, when you make offerings to the gods"
"Pamätajte ma, keď budete obetovať bohom"
Smiling, they parted from each other
S úsmevom sa od seba oddelili
Smiling, Siddhartha was happy about the friendship
Siddhártha sa usmieval a tešil sa z priateľstva
and he was happy about the kindness of the ferryman
a tešil sa z dobroty prievozníka
"He is like Govinda," he thought with a smile
„Je ako Govinda," pomyslel si s úsmevom
"all I meet on my path are like Govinda"
"všetko, čo stretnem na svojej ceste, je ako Govinda"
"All are thankful for what they have"
"Všetci sú vďační za to, čo majú"
"but they are the ones who would have a right to receive thanks"
"ale oni sú tí, ktorí by mali právo dostať vďaku"
"all are submissive and would like to be friends"
"všetci sú poddajní a chceli by byť priatelia"
"all like to obey and think little"
"všetci radi poslúchajú a málo myslia"
"all people are like children"
"všetci ľudia sú ako deti"

At about noon, he came through a village
Okolo poludnia prišiel cez dedinu

In front of the mud cottages, children were rolling about in the street
Pred hlinenými chalúpkami sa po ulici váľali deti
they were playing with pumpkin-seeds and sea-shells
hrali sa s tokvicovými semienkami a mušľami
they screamed and wrestled with each other
kričali a zápasili medzi sebou
but they all timidly fled from the unknown Samana
ale všetci nesmelo utiekli pred neznámou Samanou
In the end of the village, the path led through a stream
Na konci dediny viedla cesta cez potok
by the side of the stream, a young woman was kneeling
pri potoku kľačala mladá žena
she was washing clothes in the stream
prala bielizeň v potoku
When Siddhartha greeted her, she lifted her head
Keď ju Siddhártha pozdravil, zdvihla hlavu
and she looked up to him with a smile
a pozrela sa na neho s úsmevom
he could see the white in her eyes glistening
videl, ako sa jej lesklo bielko v očiach
He called out a blessing to her
Zvolal na ňu požehnanie
this was the custom among travellers
toto bolo zvykom medzi cestujúcimi
and he asked how far it was to the large city
a spýtal sa, ako ďaleko je to do veľkého mesta
Then she got up and came to him
Potom vstala a prišla k nemu
beautifully her wet mouth was shimmering in her young face
krásne sa jej vlhké ústa trblietali v mladej tvári
She exchanged humorous banter with him
Vymenila si s ním vtipné žarty
she asked whether he had eaten already
spýtala sa, či už jedol

and she asked curious questions
a kládla zvedavé otázky
"is it true that the Samanas slept alone in the forest at night?"
"Je pravda, že Samanas spali v noci sami v lese?"
"is it true Samanas are not allowed to have women with them"
"je pravda, že Samanas nesmie mať so sebou ženy?"
While talking, she put her left foot on his right one
Počas rozprávania položila ľavú nohu na jeho pravú
the movement of a woman who would want to initiate sexual pleasure
pohyb ženy, ktorá by chcela iniciovať sexuálne potešenie
the textbooks call this "climbing a tree"
v učebniciach sa tomu hovorí "lezenie na strom"
Siddhartha felt his blood heating up
Siddhártha cítil, ako sa mu zohrieva krv
he had to think of his dream again
musel znova myslieť na svoj sen
he bend slightly down to the woman
mierne sa sklonil k žene
and he kissed with his lips the brown nipple of her breast
a perami pobozkal hnedú bradavku jej prsníka
Looking up, he saw her face smiling
Zdvihol zrak a videl, ako sa usmieva
and her eyes were full of lust
a jej oči boli plné žiadostivosti
Siddhartha also felt desire for her
Aj Siddhártha po nej cítil túžbu
he felt the source of his sexuality moving
cítil, ako sa zdroj jeho sexuality hýbe
but he had never touched a woman before
ale nikdy predtým sa nedotkol ženy
so he hesitated for a moment
tak na chvíľu zaváhal
his hands were already prepared to reach out for her
jeho ruky už boli pripravené natiahnuť sa po nej

but then he heard the voice of his innermost self
ale potom začul hlas svojho najvnútornejšieho ja
he shuddered with awe at his voice
triasol sa od úžasu nad svojím hlasom
and this voice told him no
a tento hlas mu povedal nie
all charms disappeared from the young woman's smiling face
z usmiatej tváre mladej ženy zmizli všetky kúzla
he no longer saw anything else but a damp glance
už nevidel nič iné, len vlhký pohľad
all he could see was female animal in heat
všetko, čo videl, bola samica v ruji
Politely, he petted her cheek
Zdvorilo ju pohladkal po líci
he turned away from her and disappeared away
odvrátil sa od nej a zmizol
he left from the disappointed woman with light steps
odišiel od sklamanej ženy ľahkými krokmi
and he disappeared into the bamboo-wood
a zmizol v bambusovom dreve

he reached the large city before the evening
došiel do veľkého mesta pred večerom
and he was happy to have reached the city
a bol šťastný, že sa dostal do mesta
because he felt the need to be among people
pretože cítil potrebu byť medzi ľuďmi
or a long time, he had lived in the forests
alebo dlho žil v lesoch
for first time in a long time he slept under a roof
prvý raz po dlhom čase spal pod strechou
Before the city was a beautifully fenced garden
Pred mestom bola krásne oplotená záhrada
the traveller came across a small group of servants
cestovateľ narazil na malú skupinku sluhov

the servants were carrying baskets of fruit
sluhovia niesli košíky s ovocím
four servants were carrying an ornamental sedan-chair
štyria sluhovia niesli ozdobnú sedanovú stoličku
on this chair sat a woman, the mistress
na tejto stoličke sedela žena, milenka
she was on red pillows under a colourful canopy
bola na červených vankúšoch pod farebným baldachýnom
Siddhartha stopped at the entrance to the pleasure-garden
Siddhártha sa zastavil pri vchode do záhrady potešenia
and he watched the parade go by
a sledoval, ako sa sprievod míňa
he saw saw the servants and the maids
videl videl sluhov a slúžky
he saw the baskets and the sedan-chair
videl koše a sedanovú stoličku
and he saw the lady on the chair
a videl pani na stoličke
Under her black hair he saw a very delicate face
Pod jej čiernymi vlasmi videl veľmi jemnú tvár
a bright red mouth, like a freshly cracked fig
jasne červené ústa, ako čerstvo prasknutá figa
eyebrows which were well tended and painted in a high arch
obočie, ktoré bolo dobre upravené a namaľované do vysokého oblúka
they were smart and watchful dark eyes
boli to chytré a pozorné tmavé oči
a clear, tall neck rose from a green and golden garment
zo zeleného a zlatého odevu sa zdvihol jasný vysoký krk
her hands were resting, long and thin
jej ruky boli oddýchnuté, dlhé a tenké
she had wide golden bracelets over her wrists
cez zápästia mala široké zlaté náramky
Siddhartha saw how beautiful she was, and his heart rejoiced

Siddhártha videl, aká je krásna, a jeho srdce sa radovalo
He bowed deeply, when the sedan-chair came closer
Keď sa sedanská stolička priblížila, hlboko sa uklonil
straightening up again, he looked at the fair, charming face
znova sa narovnal a pozrel na krásnu, očarujúcu tvár
he read her smart eyes with the high arcs
čítal jej bystré oči s vysokými oblúkmi
he breathed in a fragrance of something he did not know
vdýchol vôňu niečoho, čo nepoznal
With a smile, the beautiful woman nodded for a moment
Krásna žena s úsmevom na chvíľu prikývla
then she disappeared into the garden
potom zmizla v záhrade
and then the servants disappeared as well
a potom zmizli aj sluhovia
"I am entering this city with a charming omen" Siddhartha thought
"Do tohto mesta vstupujem s očarujúcim znamením," pomyslel si Siddhártha
He instantly felt drawn into the garden
Okamžite sa cítil vtiahnutý do záhrady
but he thought about his situation
ale premýšľal o svojej situácii
he became aware of how the servants and maids had looked at him
uvedomil si, ako sa naňho sluhovia a slúžky pozerali
they thought him despicable, distrustful, and rejected him
považovali ho za opovrhnutiahodného, nedôverčivého a odmietali ho
"I am still a Samana" he thought
"Stále som Samana," pomyslel si
"I am still an ascetic and beggar"
"Stále som askéta a žobrák"
"I must not remain like this"
"Nesmiem zostať takto"
"I will not be able to enter the garden like this," he laughed

„Takto sa do záhrady nedostanem," zasmial sa
he asked the next person who came along the path about the garden
spýtal sa ďalšej osoby, ktorá prišla po ceste, na záhradu
and he asked for the name of the woman
a spýtal sa na meno tej ženy
he was told that this was the garden of Kamala, the famous courtesan
povedali mu, že toto je záhrada Kamaly, slávnej kurtizány
and he was told that she also owned a house in the city
a bolo mu povedané, že aj ona vlastní dom v meste
Then, he entered the city with a goal
Potom vstúpil do mesta s cieľom
Pursuing his goal, he allowed the city to suck him in
Išiel za svojím cieľom, dovolil mestu, aby ho vcuclo
he drifted through the flow of the streets
unášal sa prúdom ulíc
he stood still on the squares in the city
stál na námestiach v meste
he rested on the stairs of stone by the river
odpočíval na kamenných schodoch pri rieke
When the evening came, he made friends with a barber's assistant
Keď prišiel večer, skamarátil sa s holičským pomocníkom
he had seen him working in the shade of an arch
videl ho pracovať v tieni oblúka
and he found him again praying in a temple of Vishnu
a opäť ho našiel modliť sa v chráme Višnua
he told about stories of Vishnu and the Lakshmi
rozprával o príbehoch Višnua a Lakšmí
Among the boats by the river, he slept this night
Túto noc spal medzi člnmi pri rieke
Siddhartha came to him before the first customers came into his shop
Siddhártha k nemu prišiel skôr, ako do jeho obchodu prišli prví zákazníci

he had the barber's assistant shave his beard and cut his hair
dal holičskému pomocníkovi oholiť fúzy a ostrihať vlasy
he combed his hair and anointed it with fine oil
česal si vlasy a namazal ich jemným olejom
Then he went to take his bath in the river
Potom sa išiel okúpať do rieky

late in the afternoon, beautiful Kamala approached her garden
neskoro popoludní sa k svojej záhrade priblížila krásna Kamala
Siddhartha was standing at the entrance again
Siddhártha opäť stál pri vchode
he made a bow and received the courtesan's greeting
urobil poklonu a prijal pozdrav od kurtizány
he got the attention of one of the servant
upútal pozornosť jedného zo sluhov
he asked him to inform his mistress
požiadal ho, aby informoval svoju milenku
"a young Brahman wishes to talk to her"
"Mladý Brahman s ňou chce hovoriť"
After a while, the servant returned
Po chvíli sa sluha vrátil
the servant asked Siddhartha to follow him
sluha požiadal Siddhártha, aby ho nasledoval
Siddhartha followed the servant into a pavilion
Siddhártha nasledoval sluhu do pavilónu
here Kamala was lying on a couch
tu ležala Kamala na gauči
and the servant left him alone with her
a sluha ho nechal s ňou samého
"Weren't you also standing out there yesterday, greeting me?" asked Kamala
"Nestál si tam včera tiež a nezdravil ma?" spýtala sa Kamala
"It's true that I've already seen and greeted you yesterday"
"Je pravda, že som ťa už včera videl a pozdravil"

"But didn't you yesterday wear a beard, and long hair?"
"Ale nemal si včera bradu a dlhé vlasy?"
"and was there not dust in your hair?"
"a nemal si prach vo vlasoch?"
"You have observed well, you have seen everything"
"Dobre si pozoroval, všetko si videl"
"You have seen Siddhartha, the son of a Brahman"
"Videli ste Siddhártha, syna Brahmana"
"the Brahman who has left his home to become a Samana"
"Brahman, ktorý opustil svoj domov, aby sa stal Samanom"
"the Brahman who has been a Samana for three years"
"Brahman, ktorý je Samana tri roky"
"But now, I have left that path and came into this city"
"Ale teraz som opustil túto cestu a prišiel som do tohto mesta"
"and the first one I met, even before I had entered the city, was you"
"A prvý, koho som stretol, ešte predtým, ako som vošiel do mesta, si bol ty"
"To say this, I have come to you, oh Kamala!"
"Prišiel som k tebe, aby som ti to povedal, ó Kamala!"
"before, Siddhartha addressed all woman with his eyes to the ground"
"Predtým Siddhártha oslovil všetky ženy s očami k zemi"
"You are the first woman whom I address otherwise"
"Si prvá žena, ktorú oslovujem inak"
"Never again do I want to turn my eyes to the ground"
"Už nikdy nechcem obrátiť oči k zemi"
"I won't turn when I'm coming across a beautiful woman"
"Neotočím sa, keď natrafím na krásnu ženu"
Kamala smiled and played with her fan of peacocks' feathers
Kamala sa usmiala a hrala sa s vejárom z pávích pier
"And only to tell me this, Siddhartha has come to me?"
"A len aby mi to povedal, Siddhártha prišiel ku mne?"
"To tell you this and to thank you for being so beautiful"
"Povedať ti to a poďakovať ti za to, že si taká krásna"

"I would like to ask you to be my friend and teacher"
"Chcel by som ťa požiadať, aby si bol mojím priateľom a učiteľom."
"for I know nothing yet of that art which you have mastered"
"lebo ešte neviem nič o tom umení, ktoré si ovládal"
At this, Kamala laughed aloud
Kamala sa nahlas zasmiala
"Never before this has happened to me, my friend"
"Nikdy predtým sa mi to nestalo, priateľ môj"
"a Samana from the forest came to me and wanted to learn from me!"
"Prišla za mnou Samana z lesa a chcela sa odo mňa učiť!"
"Never before this has happened to me"
"Toto sa mi ešte nikdy nestalo"
"a Samana came to me with long hair and an old, torn loincloth!"
"Prišla ku mne Samana s dlhými vlasmi a starou, roztrhanou bedrovou rúškou!"
"Many young men come to me"
"Prichádza ku mne veľa mladých mužov"
"and there are also sons of Brahmans among them"
"a sú medzi nimi aj synovia Brahmanov"
"but they come in beautiful clothes"
"ale prichádzajú v krásnych šatách"
"they come in fine shoes"
"prichádzajú v dobrých topánkach"
"they have perfume in their hair"
„Vo vlasoch majú parfum
"and they have money in their pouches"
"a majú peniaze vo vreckách"
"This is how the young men are like, who come to me"
"Takto sú mladí muži, ktorí prichádzajú ku mne"
Spoke Siddhartha, "Already I am starting to learn from you"
Siddhártha povedal: "Už sa od teba začínam učiť"
"Even yesterday, I was already learning"
"Aj včera som sa už učil"

"I have already taken off my beard"
"Už som si dal dole bradu"
"I have combed the hair"
"Česal som vlasy"
"and I have oil in my hair"
"a mám olej vo vlasoch"
"There is little which is still missing in me"
"Je toho málo, čo mi stále chýba"
"oh excellent one, fine clothes, fine shoes, money in my pouch"
"Och, skvelé, pekné oblečenie, skvelé topánky, peniaze v mojom vrecku"
"You shall know Siddhartha has set harder goals for himself"
"Budete vedieť, že Siddhártha si stanovil ťažšie ciele."
"and he has reached these goals"
"a dosiahol tieto ciele"
"How shouldn't I reach that goal?"
"Ako by som ten cieľ nemal dosiahnuť?"
"the goal which I have set for myself yesterday"
"Cieľ, ktorý som si včera stanovil"
"to be your friend and to learn the joys of love from you"
"byť tvojím priateľom a učiť sa od teba radosti lásky"
"You'll see that I'll learn quickly, Kamala"
"Uvidíš, že sa to rýchlo naučím, Kamala."
"I have already learned harder things than what you're supposed to teach me"
"Už som sa naučil ťažšie veci ako to, čo ma máš naučiť."
"And now let's get to it"
"A teraz poďme na to"
"You aren't satisfied with Siddhartha as he is?"
"Nie si spokojný so Siddhárthom ako je on?"
"with oil in his hair, but without clothes"
"s olejom vo vlasoch, ale bez oblečenia"
"Siddhartha without shoes, without money"
"Siddhártha bez topánok, bez peňazí"

Laughing, Kamala exclaimed, "No, my dear"
Kamala so smiechom zvolala: "Nie, moja drahá"
"he doesn't satisfy me, yet"
"zatiaľ ma neuspokojuje"
"Clothes are what he must have"
"Oblečenie je to, čo musí mať"
"pretty clothes, and shoes is what he needs"
"pekné oblečenie a topánky sú to, čo potrebuje"
"pretty shoes, and lots of money in his pouch"
"pekné topánky a veľa peňazí vo vrecku"
"and he must have gifts for Kamala"
"a musí mať darčeky pre Kamalu"
"Do you know it now, Samana from the forest?"
"Už to vieš, Samana z lesa?"
"Did you mark my words?"
"Poznačil si moje slová?"
"Yes, I have marked your words," Siddhartha exclaimed
"Áno, označil som tvoje slová," zvolal Siddhártha
"How should I not mark words which are coming from such a mouth!"
"Ako by som nemal označiť slová, ktoré vychádzajú z takýchto úst!"
"Your mouth is like a freshly cracked fig, Kamala"
"Tvoje ústa sú ako čerstvo prasknutá figa, Kamala."
"My mouth is red and fresh as well"
"Moje ústa sú tiež červené a svieže"
"it will be a suitable match for yours, you'll see"
"bude to vhodný zápas pre teba, uvidíš"
"But tell me, beautiful Kamala"
"Ale povedz mi, krásna Kamala"
"aren't you at all afraid of the Samana from the forest""
"Vôbec sa nebojíš Samany z lesa"
"the Samana who has come to learn how to make love"
"Samana, ktorá sa prišla naučiť milovať"
"Whatever for should I be afraid of a Samana?"
"Prečo by som sa mal báť Samany?"

"a stupid Samana from the forest"
"hlúpa Samana z lesa"
"a Samana who is coming from the jackals"
"Samana, ktorá prichádza od šakalov"
"a Samana who doesn't even know yet what women are?"
"Samana, ktorá ešte ani nevie, čo sú ženy?"
"Oh, he's strong, the Samana"
"Ach, on je silný, Samana"
"and he isn't afraid of anything"
"a nebojí sa ničoho"
"He could force you, beautiful girl"
"Mohol by ťa prinútiť, krásne dievča"
"He could kidnap you and hurt you"
"Mohol by ťa uniesť a ublížiť ti"
"No, Samana, I am not afraid of this"
"Nie, Samana, toho sa nebojím."
"Did any Samana or Brahman ever fear someone might come and grab him?"
"Bál sa niekedy nejaký Samana alebo Brahman, že by ho niekto mohol prísť chytiť?"
"could he fear someone steals his learning?
„Mohol by sa báť, že mu niekto ukradne učenie?
"could anyone take his religious devotion"
"Mohol by niekto vziať jeho náboženskú oddanosť"
"is it possible to take his depth of thought?
„Je možné zachytiť jeho hĺbku myšlienok?
"No, because these things are his very own"
"Nie, pretože tieto veci sú jeho vlastné"
"he would only give away the knowledge he is willing to give"
"rozdal by len vedomosti, ktoré je ochotný dať"
"he would only give to those he is willing to give to"
"dal by len tým, ktorým je ochotný dať"
"precisely like this it is also with Kamala"
"presne takto je to aj s Kamalou"
"and it is the same way with the pleasures of love"

"a rovnako je to aj s rozkošami lásky"
"Beautiful and red is Kamala's mouth," answered Siddhartha
"Krásne a červené sú ústa Kamaly," odpovedal Siddhártha
"but don't try to kiss it against Kamala's will"
"ale nepokúšaj sa to pobozkať proti Kamalinej vôli"
"because you will not obtain a single drop of sweetness from it"
"pretože z toho nedostanete ani kvapku sladkosti"
"You are learning easily, Siddhartha"
"Učíš sa ľahko, Siddhártha"
"you should also learn this"
"toto by si sa mal naučiť aj ty"
"love can be obtained by begging, buying"
"lásku možno získať žobraním, kupovaním"
"you can receive it as a gift"
"môžete to dostať ako darček"
"or you can find it in the street"
"alebo to nájdeš na ulici"
"but love cannot be stolen"
"ale láska sa nedá ukradnúť"
"In this, you have come up with the wrong path"
"V tomto ste prišli na nesprávnu cestu"
"it would be a pity if you would want to tackle love in such a wrong manner"
"Bola by škoda, keby si chcel riešiť lásku takým zlým spôsobom"
Siddhartha bowed with a smile
Siddhártha sa s úsmevom uklonil
"It would be a pity, Kamala, you are so right"
"Bola by to škoda, Kamala, máš takú pravdu."
"It would be such a great pity"
"Bola by to veľká škoda"
"No, I shall not lose a single drop of sweetness from your mouth"
"Nie, nestratím ani kvapku sladkosti z tvojich úst."
"nor shall you lose sweetness from my mouth"

"ani nestratíš sladkosť z mojich úst"
"So it is agreed. Siddhartha will return"
"Takže je to dohodnuté. Siddhártha sa vráti."
"Siddhartha will return once he has what he still lacks"
"Siddhártha sa vráti, keď bude mať to, čo mu ešte chýba."
"he will come back with clothes, shoes, and money"
"Vráti sa s oblečením, topánkami a peniazmi"
"But speak, lovely Kamala, couldn't you still give me one small advice?"
"Ale hovor, milá Kamala, nemohla by si mi ešte dať jednu malú radu?"
"Give you an advice? Why not?"
"Dať ti radu? Prečo nie?"
"Who wouldn't like to give advice to a poor, ignorant Samana?"
"Kto by nechcel poradiť úbohej, ignorantskej Samane?"
"Dear Kamala, where I should go to find these three things most quickly?"
"Drahá Kamala, kam by som mal ísť najrýchlejšie nájsť tieto tri veci?"
"Friend, many would like to know this"
"Priateľ, mnohí by to chceli vedieť"
"You must do what you've learned and ask for money"
"Musíte robiť to, čo ste sa naučili, a pýtať si peniaze"
"There is no other way for a poor man to obtain money"
"Chudobný človek nemá iný spôsob, ako získať peniaze"
"What might you be able to do?"
"Čo by si mohol robiť?"
"I can think. I can wait. I can fast" said Siddhartha
"Môžem myslieť. Môžem počkať. Môžem sa postiť," povedal Siddhártha
"Nothing else?" asked Kamala
"Nič iné?" spýtala sa Kamala
"yes, I can also write poetry"
"Áno, viem písať aj poéziu"
"Would you like to give me a kiss for a poem?"

"Chcel by si mi dať pusu za básničku?"
"I would like to, if I like your poem"
"Chcel by som, ak sa mi páči tvoja báseň"
"What would be its title?"
"Aký by bol názov?"
Siddhartha spoke, after he had thought about it for a moment
Siddhártha prehovoril, keď o tom chvíľu premýšľal
"Into her shady garden stepped the pretty Kamala"
"Do jej tienistej záhrady vstúpila pekná Kamala"
"At the garden's entrance stood the brown Samana"
"Pri vchode do záhrady stála hnedá Samana"
"Deeply, seeing the lotus's blossom, Bowed that man"
"Hlboko, keď som videl kvitnutie lotosu, sklonil som sa ten muž"
"and smiling, Kamala thanked him"
"a s úsmevom mu Kamala poďakovala"
"More lovely, thought the young man, than offerings for gods"
"Krásnejšie, pomyslel si mladý muž, ako obety pre bohov."
Kamala clapped her hands so loud that the golden bracelets clanged
Kamala tlieskala rukami tak hlasno, že zlaté náramky cinkali
"Beautiful are your verses, oh brown Samana"
"Krásne sú tvoje verše, oh hnedá Samana"
"and truly, I'm losing nothing when I'm giving you a kiss for them"
"A naozaj, nič nestrácam, keď ti za nich dávam pusu"
She beckoned him with her eyes
Očami ho kývla
he tilted his head so that his face touched hers
naklonil hlavu tak, že sa jeho tvár dotkla jej
and he placed his mouth on her mouth
a priložil svoje ústa na jej ústa
the mouth which was like a freshly cracked fig
ústa, ktoré boli ako čerstvo prasknutá figa

For a long time, Kamala kissed him
Kamala ho dlho bozkávala
and with a deep astonishment Siddhartha felt how she taught him
as hlbokým úžasom Siddhártha cítil, ako ho učila
he felt how wise she was
cítil, aká je múdra
he felt how she controlled him
cítil, ako ho ovláda
he felt how she rejected him
cítil, ako ho odmietla
he felt how she lured him
cítil, ako ho vábi
and he felt how there were to be more kisses
a cítil, ako by malo byť viac bozkov
every kiss was different from the others
každý bozk bol iný ako ostatné
he was still, when he received the kisses
bol ešte, keď prijímal bozky
Breathing deeply, he remained standing where he was
Zhlboka sa nadýchol a zostal stáť na mieste
he was astonished like a child about the things worth learning
bol užasnutý ako dieťa tým, čo sa oplatí naučiť
the knowledge revealed itself before his eyes
poznanie sa mu zjavilo pred očami
"Very beautiful are your verses" exclaimed Kamala
"Veľmi krásne sú tvoje verše," zvolala Kamala
"if I were rich, I would give you pieces of gold for them"
"Keby som bol bohatý, dal by som ti za ne kúsky zlata"
"But it will be difficult for you to earn enough money with verses"
"Ale bude pre teba ťažké zarobiť dosť peňazí s veršami."
"because you need a lot of money, if you want to be Kamala's friend"

"pretože potrebuješ veľa peňazí, ak chceš byť kamarát Kamaly"
"The way you're able to kiss, Kamala!" stammered Siddhartha
"Spôsob, akým sa dokážeš bozkávať, Kamala!" koktal Siddhártha
"Yes, this I am able to do"
"Áno, to dokážem"
"therefore I do not lack clothes, shoes, bracelets"
"preto mi nechýba oblečenie, topánky, náramky"
"I have all the beautiful things"
"Mám všetky krásne veci"
"But what will become of you?"
"Ale čo bude s tebou?"
"Aren't you able to do anything else?"
"Nič iné nevieš?"
"can you do more than think, fast, and make poetry?"
"Dokážeš viac než len myslieť, ponáhľať sa a robiť poéziu?"
"I also know the sacrificial songs" said Siddhartha
"Poznám aj obetné piesne," povedal Siddhártha
"but I do not want to sing those songs anymore"
"ale ja už tie piesne nechcem spievať"
"I also know how to make magic spells"
"Viem tiež robiť magické kúzla"
"but I do not want to speak them anymore"
"ale už ich nechcem hovoriť"
"I have read the scriptures"
"Čítal som písma"
"Stop!" Kamala interrupted him
"Prestaň!" Kamala ho prerušila
"You're able to read and write?"
"Vieš čítať a písať?"
"Certainly, I can do this, many people can"
"Iste, môžem to urobiť, veľa ľudí to dokáže"
"Most people can't," Kamala replied
"Väčšina ľudí nemôže," odpovedala Kamala

"I am also one of those who can't do it"
"Aj ja som jeden z tých, ktorí to nedokážu"
"It is very good that you're able to read and write"
"Je veľmi dobré, že vieš čítať a písať"
"you will also find use for the magic spells"
"nájdete využitie aj pre kúzla"
In this moment, a maid came running in
V tej chvíli pribehla chyžná
she whispered a message into her mistress's ear
zašepkala do ucha svojej pani
"There's a visitor for me" exclaimed Kamala
"Je tu pre mňa návšteva," zvolala Kamala
"Hurry and get yourself away, Siddhartha"
"Ponáhľaj sa a choď preč, Siddhártha"
"nobody may see you in here, remember this!"
"Nikto ťa tu nesmie vidieť, zapamätaj si to!"
"Tomorrow, I'll see you again"
"Zajtra sa znova uvidíme"
Kamala ordered her maid to give Siddhartha white garments
Kamala nariadila svojej slúžke, aby dala Siddhárthovi biele šaty
and then Siddhartha found himself being dragged away by the maid
a potom Siddhártha zistil, že ho slúžka odvliekla preč
he was brought into a garden-house out of sight of any paths
bol privedený do záhradného domčeka mimo dohľadu akýchkoľvek ciest
then he was led into the bushes of the garden
potom ho zaviedli do kríkov záhrady
he was urged to get himself out of the garden as soon as possible
vyzvali ho, aby sa čo najskôr dostal zo záhrady
and he was told he must not be seen
a bolo mu povedané, že ho nesmie vidieť
he did as he had been told
urobil, ako mu bolo povedané

he was accustomed to the forest
bol zvyknutý na les
so he managed to get out without making a sound
tak sa mu podarilo dostať von bez toho, aby vydal zvuk

he returned to the city carrying the rolled up garments under his arm
vrátil sa do mesta s vyhrnutými šatami pod pazuchou
At the inn, where travellers stay, he positioned himself by the door
V hostinci, kde bývajú cestujúci, sa postavil k dverám
without words he asked for food
bez slov požiadal o jedlo
without a word he accepted a piece of rice-cake
bez slova prijal kúsok ryžového koláča
he thought about how he had always begged
myslel na to, ako vždy prosil
"Perhaps as soon as tomorrow I will ask no one for food anymore"
"Možno hneď zajtra už nikoho nebudem žiadať o jedlo."
Suddenly, pride flared up in him
Zrazu v ňom vzplanula hrdosť
He was no Samana any more
Už nebol Samanou
it was no longer appropriate for him to beg for food
už nebolo vhodné, aby žobral o jedlo
he gave the rice-cake to a dog
dal ryžový koláč psovi
and that night he remained without food
a tú noc zostal bez jedla
Siddhartha thought to himself about the city
Siddhártha premýšľal o meste
"Simple is the life which people lead in this world"
"Jednoduchý je život, ktorý ľudia vedú na tomto svete"
"this life presents no difficulties"
"tento život nepredstavuje žiadne ťažkosti"

"Everything was difficult and toilsome when I was a Samana"
"Všetko bolo ťažké a namáhavé, keď som bol Samana"
"as a Samana everything was hopeless"
"ako Samana bolo všetko beznádejné"
"but now everything is easy"
"ale teraz je všetko ľahké"
"it is easy like the lesson in kissing from Kamala"
"Je to ľahké ako lekcia bozkávania od Kamaly"
"I need clothes and money, nothing else"
"Potrebujem oblečenie a peniaze, nič iné"
"these goals are small and achievable"
"tieto ciele sú malé a dosiahnuteľné"
"such goals won't make a person lose any sleep"
"Takéto ciele nespôsobia, že človek stratí spánok"

the next day he returned to Kamala's house
na druhý deň sa vrátil do domu Kamaly
"Things are working out well" she called out to him
"Veci idú dobre," zavolala na neho
"They are expecting you at Kamaswami's"
"Očakávajú ťa u Kamaswamiho"
"he is the richest merchant of the city"
"je najbohatším obchodníkom v meste"
"If he likes you, he'll accept you into his service"
"Ak ťa má rád, prijme ťa do svojich služieb."
"but you must be smart, brown Samana"
"ale ty musíš byť múdra, hnedá Samana"
"I had others tell him about you"
"Požiadal som iných, aby mu o tebe povedali"
"Be polite towards him, he is very powerful"
"Buďte k nemu zdvorilí, je veľmi mocný."
"But I warn you, don't be too modest!"
"Ale varujem ťa, nebuď príliš skromný!"
"I do not want you to become his servant"
"Nechcem, aby si sa stal jeho služobníkom"

"you shall become his equal"
"Stanete sa mu rovným"
"or else I won't be satisfied with you"
"inak s tebou nebudem spokojný"
"Kamaswami is starting to get old and lazy"
"Kamaswami začína byť starý a lenivý"
"If he likes you, he'll entrust you with a lot"
"Ak ťa má rád, zverí ti toho veľa."
Siddhartha thanked her and laughed
Siddhártha jej poďakoval a zasmial sa
she found out that he had not eaten
zistila, že nejedol
so she sent him bread and fruits
tak mu poslala chlieb a ovocie
"You've been lucky" she said when they parted
"Mal si šťastie," povedala, keď sa rozišli
"I'm opening one door after another for you"
"Otváram ti jedny dvere za druhými"
"How come? Do you have a spell?"
"Ako to? Máš kúzlo?"
"I told you I knew how to think, to wait, and to fast"
"Povedal som ti, že viem myslieť, čakať a postiť sa"
"but you thought this was of no use"
"ale myslel si si, že to nemá zmysel"
"But it is useful for many things"
"Ale je to užitočné pre veľa vecí"
"Kamala, you'll see that the stupid Samanas are good at learning"
"Kamala, uvidíš, že tie hlúpe Samany sa vedia dobre učiť."
"you'll see they are able to do many pretty things in the forest"
"uvidíte, že v lese dokážu robiť veľa pekných vecí"
"things which the likes of you aren't capable of"
"veci, ktorých takí ako vy nie sú schopní"
"The day before yesterday, I was still a shaggy beggar"
"Predvčerom som bol ešte huňatý žobrák"

"as recently as yesterday I have kissed Kamala"
"Ešte nedávno som pobozkal Kamalu"
"and soon I'll be a merchant and have money"
"a čoskoro budem obchodník a budem mať peniaze"
"and I'll have all those things you insist upon"
"a budem mať všetky tie veci, na ktorých trváš"
"Well yes," she admitted, "but where would you be without me?"
"No áno," priznala, "ale kde by si bol bezo mňa?"
"What would you be, if Kamala wasn't helping you?"
"Čím by si bol, keby ti Kamala nepomáhala?"
"Dear Kamala" said Siddhartha
"Drahá Kamala," povedal Siddhártha
and he straightened up to his full height
a narovnal sa do plnej výšky
"when I came to you into your garden, I did the first step"
"Keď som prišiel k tebe do tvojej záhrady, urobil som prvý krok"
"It was my resolution to learn love from this most beautiful woman"
"Bolo to moje predsavzatie naučiť sa láske od tejto najkrajšej ženy."
"that moment I had made this resolution"
"v tej chvíli som urobil toto rozhodnutie"
"and I knew I would carry it out"
"a vedel som, že to urobím"
"I knew that you would help me"
"Vedel som, že mi pomôžeš"
"at your first glance at the entrance of the garden I already knew it"
"Už pri tvojom prvom pohľade na vchod do záhrady som to vedel"
"But what if I hadn't been willing?" asked Kamala
"Ale čo keby som nebol ochotný?" spýtala sa Kamala
"You were willing" replied Siddhartha
"Bol si ochotný," odpovedal Siddhártha

"When you throw a rock into water, it takes the fastest course to the bottom"
"Keď hodíš kameň do vody, naberie najrýchlejší kurz ku dnu"
"This is how it is when Siddhartha has a goal"
"Takto to býva, keď má Siddhártha cieľ"
"Siddhartha does nothing; he waits, he thinks, he fasts"
"Siddhártha nič nerobí, čaká, premýšľa, postí sa"
"but he passes through the things of the world like a rock through water"
"ale prechádza vecami sveta ako skala cez vodu"
"he passed through the water without doing anything"
"prešiel cez vodu bez toho, aby niečo urobil"
"he is drawn to the bottom of the water"
"je priťahovaný na dno vody"
"he lets himself fall to the bottom of the water"
"nechá sa spadnúť na dno vody"
"His goal attracts him towards it"
"Jeho cieľ ho k tomu priťahuje"
"he doesn't let anything enter his soul which might oppose the goal"
"nenechá vstúpiť do svojej duše nič, čo by mohlo byť proti cieľu"
"This is what Siddhartha has learned among the Samanas"
"Toto sa Siddhártha naučil medzi Samanami"
"This is what fools call magic"
"Toto blázni nazývajú mágiou"
"they think it is done by daemons"
"myslia si, že to robia démoni"
"but nothing is done by daemons"
"ale nič nerobia démoni"
"there are no daemons in this world"
"na tomto svete nie sú žiadni démoni"
"Everyone can perform magic, should they choose to"
"Každý môže vykonávať mágiu, ak sa tak rozhodne"
"everyone can reach his goals if he is able to think"
"každý môže dosiahnuť svoje ciele, ak je schopný myslieť"

"everyone can reach his goals if he is able to wait"
"každý môže dosiahnuť svoje ciele, ak je schopný čakať"
"everyone can reach his goals if he is able to fast"
"každý môže dosiahnuť svoje ciele, ak je schopný postiť sa"
Kamala listened to him; she loved his voice
Kamala ho počúvala; milovala jeho hlas
she loved the look from his eyes
milovala pohľad z jeho očí
"Perhaps it is as you say, friend"
"Možno je to tak, ako hovoríš, priateľ."
"But perhaps there is another explanation"
"Ale možno existuje iné vysvetlenie"
"Siddhartha is a handsome man"
"Siddhártha je pekný muž"
"his glance pleases the women"
"jeho pohľad poteší ženy"
"good fortune comes towards him because of this"
"Príde k nemu šťastie kvôli tomu"
With one kiss, Siddhartha bid his farewell
Jedným bozkom sa Siddhártha rozlúčil
"I wish that it should be this way, my teacher"
"Želám si, aby to tak bolo, môj učiteľ"
"I wish that my glance shall please you"
"Želám si, aby ťa môj pohľad potešil."
"I wish that that you always bring me good fortune"
"Želám si, aby si mi vždy priniesol šťastie"

With the Childlike People
S Detskými ľuďmi

Siddhartha went to Kamaswami the merchant
Siddhártha išiel za obchodníkom Kamaswamim
he was directed into a rich house
bol nasmerovaný do bohatého domu
servants led him between precious carpets into a chamber
sluhovia ho viedli pomedzi vzácne koberce do komory
in the chamber was where he awaited the master of the house
v komore čakal na pána domu
Kamaswami entered swiftly into the room
Kamaswami rýchlo vstúpil do miestnosti
he was a smoothly moving man
bol to hladko sa pohybujúci muž
he had very gray hair and very intelligent, cautious eyes
mal veľmi šedivé vlasy a veľmi inteligentné, opatrné oči
and he had a greedy mouth
a mal hltavé ústa
Politely, the host and the guest greeted one another
Hostiteľ a hosť sa zdvorilo pozdravili
"I have been told that you were a Brahman" the merchant began
„Povedali mi, že ste Brahman," začal obchodník
"I have been told that you are a learned man"
"Povedali mi, že si učený muž."
"and I have also been told something else"
"A tiež mi bolo povedané niečo iné"
"you seek to be in the service of a merchant"
"chcete byť v službách obchodníka"
"Might you have become destitute, Brahman, so that you seek to serve?"
"Mohol si sa stať chudobným, Brahman, takže sa snažíš slúžiť?"
"No," said Siddhartha, "I have not become destitute"

"Nie," povedal Siddhártha, "neostal som chudobný"
"nor have I ever been destitute" added Siddhartha
"Ani som nikdy nebol chudobný," dodal Siddhártha
"You should know that I'm coming from the Samanas"
"Mali by ste vedieť, že prichádzam zo Samanas"
"I have lived with them for a long time"
"Žil som s nimi dlho"
"you are coming from the Samanas"
"prichádzaš zo Samanas"
"how could you be anything but destitute?"
"Ako môžeš byť niečo iné ako chudobný?"
"Aren't the Samanas entirely without possessions?"
"Nie sú Samany úplne bez majetku?"
"I am without possessions, if that is what you mean" said Siddhartha
"Som bez majetku, ak to myslíš," povedal Siddhártha
"But I am without possessions voluntarily"
"Ale ja som bez majetku dobrovoľne"
"and therefore I am not destitute"
"a preto nie som chudobný"
"But what are you planning to live from, being without possessions?"
"Ale z čoho plánuješ žiť, byť bez majetku?"
"I haven't thought of this yet, sir"
"Na to som ešte nepomyslel, pane."
"For more than three years, I have been without possessions"
"Už viac ako tri roky som bez majetku"
"and I have never thought about of what I should live"
"a nikdy som nepremýšľal o tom, čo by som mal žiť"
"So you've lived of the possessions of others"
"Takže si žil z majetku iných"
"Presumable, this is how it is?"
"Pravdepodobne, takto to je?"
"Well, merchants also live of what other people own"
"No, obchodníci tiež žijú z toho, čo vlastnia iní ľudia"
"Well said," granted the merchant

"Dobre povedané," priznal obchodník
"But he wouldn't take anything from another person for nothing"
"Ale od inej osoby by si nič nezobral ani za nič"
"he would give his merchandise in return" said Kamaswami
"Na oplátku by dal svoj tovar," povedal Kamaswami
"So it seems to be indeed"
"Tak sa zdá, že je to naozaj"
"Everyone takes, everyone gives, such is life"
"Každý berie, každý dáva, taký je život"
"But if you don't mind me asking, I have a question"
"Ale ak ti nevadí, že sa pýtam, mám otázku."
"being without possessions, what would you like to give?"
"Byť bez majetku, čo by si chcel dať?"
"Everyone gives what he has"
"Každý dáva to, čo má"
"The warrior gives strength"
"Bojovník dáva silu"
"the merchant gives merchandise"
"obchodník dáva tovar"
"the teacher gives teachings"
"učiteľ učí"
"the farmer gives rice"
"farmár dáva ryžu"
"the fisher gives fish"
"rybár dáva rybu"
"Yes indeed. And what is it that you've got to give?"
"Áno, naozaj. A čo je to, čo musíš dať?"
"What is it that you've learned?"
"Čo si sa naučil?"
"what you're able to do?"
"čo dokážeš?"
"I can think. I can wait. I can fast"
"Môžem myslieť. Môžem počkať. Môžem sa postiť."
"That's everything?" asked Kamaswami
"To je všetko?" spýtal sa Kamaswami

"I believe that is everything there is!"
"Verím, že to je všetko, čo existuje!"
"And what's the use of that?"
"A načo to je?"
"For example; fasting. What is it good for?"
"Napríklad; pôst. Na čo je to dobré?"
"It is very good, sir"
"Je to veľmi dobré, pane"
"there are times a person has nothing to eat"
"Sú chvíle, keď človek nemá čo jesť"
"then fasting is the smartest thing he can do"
"potom je pôst to najmúdrejšie, čo môže urobiť"
"there was a time where Siddhartha hadn't learned to fast"
"Boli časy, keď sa Siddhártha nenaučil postiť"
"in this time he had to accept any kind of service"
"v tomto čase musel prijať akúkoľvek službu"
"because hunger would force him to accept the service"
"lebo hlad by ho prinútil prijať službu"
"But like this, Siddhartha can wait calmly"
"Ale takto, Siddhártha môže pokojne čakať."
"he knows no impatience, he knows no emergency"
"Nepozná netrpezlivosť, nepozná núdzu"
"for a long time he can allow hunger to besiege him"
"dlho môže dovoliť hladu, aby ho obliehal"
"and he can laugh about the hunger"
"a vie sa smiať z hladu"
"This, sir, is what fasting is good for"
"Na toto, pane, je dobrý pôst"
"You're right, Samana" acknowledged Kamaswami
"Máš pravdu, Samana," uznal Kamaswami
"Wait for a moment" he asked of his guest
"Počkaj chvíľu," požiadal svojho hosťa
Kamaswami left the room and returned with a scroll
Kamaswami opustil miestnosť a vrátil sa so zvitkom
he handed Siddhartha the scroll and asked him to read it
podal Siddhárthovi zvitok a požiadal ho, aby si ho prečítal

Siddhartha looked at the scroll handed to him
Siddhártha pozrel na zvitok, ktorý mu podal
on the scroll a sales-contract had been written
na zvitku bola napísaná kúpno-predajná zmluva
he began to read out the scroll's contents
začal čítať obsah zvitku
Kamaswami was very pleased with Siddhartha
Kamaswami bol so Siddharthom veľmi spokojný
"would you write something for me on this piece of paper?"
"napísal by si mi niečo na tento papier?"
He handed him a piece of paper and a pen
Podal mu kus papiera a pero
Siddhartha wrote, and returned the paper
Siddhártha napísal a vrátil papier
Kamaswami read, "Writing is good, thinking is better"
Kamaswami čítal: „Písanie je dobré, myslenie je lepšie"
"Being smart is good, being patient is better"
"Byť chytrý je dobré, byť trpezlivý je lepšie"
"It is excellent how you're able to write" the merchant praised him
"Je skvelé, ako vieš písať," pochválil ho obchodník
"Many a thing we will still have to discuss with one another"
"Veľa vecí si budeme musieť ešte navzájom prediskutovať"
"For today, I'm asking you to be my guest"
"Na dnes ťa žiadam, aby si bol mojím hosťom."
"please come to live in this house"
"prosím, príď bývať do tohto domu"
Siddhartha thanked Kamaswami and accepted his offer
Siddhártha poďakoval Kamaswamimu a prijal jeho ponuku
he lived in the dealer's house from now on
odteraz býval v dome dílera
Clothes were brought to him, and shoes
Priniesli mu šaty a topánky
and every day, a servant prepared a bath for him
a každý deň mu sluha pripravoval kúpeľ

Twice a day, a plentiful meal was served
Dvakrát denne sa podávalo bohaté jedlo
but Siddhartha only ate once a day
ale Siddhártha jedol len raz denne
and he ate neither meat, nor did he drink wine
a nejedol ani mäso, ani nepil víno
Kamaswami told him about his trade
Kamaswami mu povedal o svojom obchode
he showed him the merchandise and storage-rooms
ukázal mu tovar a sklady
he showed him how the calculations were done
ukázal mu, ako sa robia výpočty
Siddhartha got to know many new things
Siddhártha spoznal veľa nových vecí
he heard a lot and spoke little
veľa počul a málo hovoril
but he did not forget Kamala's words
ale nezabudol na slová Kamaly
so he was never subservient to the merchant
takže nikdy nebol podriadený obchodníkovi
he forced him to treat him as an equal
prinútil ho, aby s ním zaobchádzal ako s rovným
perhaps he forced him to treat him as even more than an equal
možno ho prinútil, aby s ním zaobchádzal ešte viac ako s rovným
Kamaswami conducted his business with care
Kamaswami viedol svoje podnikanie opatrne
and he was very passionate about his business
a bol veľmi zanietený pre svoje podnikanie
but Siddhartha looked upon all of this as if it was a game
ale Siddhártha sa na to všetko pozeral, akoby to bola hra
he tried hard to learn the rules of the game precisely
snažil sa presne naučiť pravidlá hry
but the contents of the game did not touch his heart
ale obsah hry mu neprirástol k srdcu

He had not been in Kamaswami's house for long
Nebol v Kamaswamiho dome dlho
but soon he took part in his landlord's business
ale čoskoro sa zúčastnil na obchode svojho gazdu

every day he visited beautiful Kamala
každý deň navštívil krásnu Kamalu
Kamala had an hour appointed for their meetings
Kamala mala na ich stretnutia určenú hodinu
she was wearing pretty clothes and fine shoes
mala na sebe pekné šaty a pekné topánky
and soon he brought her gifts as well
a čoskoro jej priniesol aj dary
Much he learned from her red, smart mouth
Veľa sa naučil z jej červených, šikovných úst
Much he learned from her tender, supple hand
Veľa sa naučil z jej nežnej, pružnej ruky
regarding love, Siddhartha was still a boy
čo sa týka lásky, Siddhártha bol ešte chlapec
and he had a tendency to plunge into love blindly
a mal sklony slepo sa vrhať do lásky
he fell into lust like into a bottomless pit
upadol do žiadostivosti ako do bezodnej jamy
she taught him thoroughly, starting with the basics
učila ho dôkladne, počnúc základmi
pleasure cannot be taken without giving pleasure
potešenie nemožno prijať bez poskytovania potešenia
every gesture, every caress, every touch, every look
každé gesto, každé pohladenie, každý dotyk, každý pohľad
every spot of the body, however small it was, had its secret
každé miesto na tele, akokoľvek bolo malé, malo svoje tajomstvo
the secrets would bring happiness to those who know them
tajomstvá by priniesli šťastie tým, ktorí ich poznajú
lovers must not part from one another after celebrating love
milenci sa po oslave lásky nesmú od seba odlúčiť

they must not part without one admiring the other
nesmú sa rozísť bez toho, aby jeden obdivoval druhého
they must be as defeated as they have been victorious
musia byť rovnako porazení, ako boli víťazní
neither lover should start feeling fed up or bored
ani jeden milenec by sa nemal začať cítiť unavený alebo nudný
they should not get the evil feeling of having been abusive
nemali by mať zlý pocit, že boli urážliví
and they should not feel like they have been abused
a nemali by mať pocit, že boli zneužití
Wonderful hours he spent with the beautiful and smart artist
Nádherné hodiny strávené s krásnou a šikovnou umelkyňou
he became her student, her lover, her friend
stal sa jej žiakom, milencom, priateľom
Here with Kamala was the worth and purpose of his present life
Tu s Kamalou bola hodnota a účel jeho súčasného života
his purpose was not with the business of Kamaswami
jeho účelom nebolo podnikanie Kamaswamiho

Siddhartha received important letters and contracts
Siddhártha dostával dôležité listy a zmluvy
Kamaswami began discussing all important affairs with him
Kamaswami s ním začal diskutovať o všetkých dôležitých záležitostiach
He soon saw that Siddhartha knew little about rice and wool
Čoskoro videl, že Siddhártha vie o ryži a vlne málo
but he saw that he acted in a fortunate manner
ale videl, že konal šťastným spôsobom
and Siddhartha surpassed him in calmness and equanimity
a Siddhártha ho prekonal v pokoji a vyrovnanosti
he surpassed him in the art of understanding previously unknown people
prekonal ho v umení porozumieť dovtedy neznámym ľuďom
Kamaswami spoke about Siddhartha to a friend

Kamaswami hovoril o Siddhárthovi priateľovi
"This Brahman is no proper merchant"
"Tento Brahman nie je správny obchodník"
"he will never be a merchant"
"nikdy z neho nebude obchodník"
"for business there is never any passion in his soul"
"V jeho duši nikdy nie je vášeň pre podnikanie"
"But he has a mysterious quality about him"
"Ale má v sebe tajomnú vlastnosť"
"this quality brings success about all by itself"
„táto kvalita prináša úspech sama o sebe"
"it could be from a good Star of his birth"
"môže to byť od dobrej hviezdy jeho narodenia"
"or it could be something he has learned among Samanas"
"alebo by to mohlo byť niečo, čo sa naučil medzi Samanas"
"He always seems to be merely playing with our business-affairs"
"Vždy sa zdá, že sa len zahráva s našimi obchodnými záležitosťami."
"his business never fully becomes a part of him"
"jeho podnikanie sa nikdy úplne nestane jeho súčasťou"
"his business never rules over him"
"jeho biznis nad ním nikdy nevládne"
"he is never afraid of failure"
"nikdy sa nebojí zlyhania"
"he is never upset by a loss"
"nikdy nie je rozrušený stratou"
The friend advised the merchant
Priateľ poradil obchodníkovi
"Give him a third of the profits he makes for you"
"Dajte mu tretinu zisku, ktorý zarobí pre vás"
"but let him also be liable when there are losses"
"ale nech je tiež zodpovedný, keď dôjde k strate"
"Then, he'll become more zealous"
"Potom bude horlivejší"
Kamaswami was curious, and followed the advice

Kamaswami bol zvedavý a nasledoval radu
But Siddhartha cared little about loses or profits
Ale Siddhártha sa málo staral o straty alebo zisky
When he made a profit, he accepted it with equanimity
Keď dosiahol zisk, prijal to s vyrovnanosťou
when he made losses, he laughed it off
keď robil straty, smial sa
It seemed indeed, as if he did not care about the business
Naozaj sa zdalo, akoby sa o obchod nestaral
At one time, he travelled to a village
Raz cestoval do dediny
he went there to buy a large harvest of rice
išiel tam kúpiť veľkú úrodu ryže
But when he got there, the rice had already been sold
Ale keď tam prišiel, ryža už bola predaná
another merchant had gotten to the village before him
pred ním sa do dediny dostal ďalší obchodník
Nevertheless, Siddhartha stayed for several days in that village
Napriek tomu Siddhártha zostal v tejto dedine niekoľko dní
he treated the farmers for a drink
pohostil farmárov drinkom
he gave copper-coins to their children
ich deťom dal medené mince
he joined in the celebration of a wedding
pridal sa k oslave svadby
and he returned extremely satisfied from his trip
a z výletu sa vrátil maximálne spokojný
Kamaswami was angry that Siddhartha had wasted time and money
Kamaswami bol nahnevaný, že Siddhártha premárnil čas a peniaze
Siddhartha answered "Stop scolding, dear friend!"
Siddhártha odpovedal: "Prestaň nadávať, drahý priateľ!"
"Nothing was ever achieved by scolding"
"Nadávaním sa nikdy nič nedosiahlo"

"If a loss has occurred, let me bear that loss"
"Ak došlo k strate, dovoľte mi znášať túto stratu"
"I am very satisfied with this trip"
„S týmto zájazdom som veľmi spokojný"
"I have gotten to know many kinds of people"
"Spoznal som veľa druhov ľudí"
"a Brahman has become my friend"
"Brahman sa stal mojím priateľom"
"children have sat on my knees"
"deti mi sedeli na kolenách"
"farmers have shown me their fields"
"farmári mi ukázali svoje polia"
"nobody knew that I was a merchant"
"nikto nevedel, že som obchodník"
"That's all very nice," exclaimed Kamaswami indignantly
"To je všetko veľmi pekné," zvolal Kamaswami rozhorčene
"but in fact, you are a merchant after all"
"ale v skutočnosti ste predsa obchodník"
"Or did you have only travel for your amusement?"
"Alebo ste cestovali len pre zábavu?"
"of course I have travelled for my amusement" Siddhartha laughed
"Samozrejme, že som cestoval pre svoju zábavu," zasmial sa Siddhártha
"For what else would I have travelled?"
"Prečo iné by som cestoval?"
"I have gotten to know people and places"
"Spoznal som ľudí a miesta"
"I have received kindness and trust"
"Dostal som láskavosť a dôveru"
"I have found friendships in this village"
"V tejto dedine som našiel priateľstvo"
"if I had been Kamaswami, I would have travelled back annoyed"
"Keby som bol Kamaswami, cestoval by som späť naštvaný"
"I would have been in hurry as soon as my purchase failed"

„Ponáhľal by som sa hneď, ako sa mi nákup nepodaril"
"and time and money would indeed have been lost"
"a čas a peniaze by sa skutočne stratili"
"But like this, I've had a few good days"
"Ale takto, mal som pár dobrých dní"
"I've learned from my time there"
"Poučil som sa z času, ktorý som tam strávil"
"and I have had joy from the experience"
"a mal som radosť zo zážitku"
"I've neither harmed myself nor others by annoyance and hastiness"
"Neublížil som sebe ani iným mrzutosťou a unáhlenosťou"
"if I ever return friendly people will welcome me"
"Ak sa niekedy vrátim, priateľskí ľudia ma privítajú"
"if I return to do business friendly people will welcome me too"
"Ak sa vrátim podnikať, privítajú ma aj priateľskí ľudia"
"I praise myself for not showing any hurry or displeasure"
"Chválim sa za to, že som neprejavil žiadny zhon alebo nespokojnosť"
"So, leave it as it is, my friend"
"Tak to nechaj tak, priateľ môj."
"and don't harm yourself by scolding"
"a neubližuj si napomínaním"
"If you see Siddhartha harming himself, then speak with me"
"Ak uvidíš, že si Siddhártha ubližuje, porozprávaj sa so mnou."
"and Siddhartha will go on his own path"
"a Siddhártha pôjde svojou vlastnou cestou"
"But until then, let's be satisfied with one another"
"Ale dovtedy buďme spokojní jeden s druhým"
the merchant's attempts to convince Siddhartha were futile
obchodníkove pokusy presvedčiť Siddhártha boli márne
he could not make Siddhartha eat his bread
nemohol prinútiť Siddhártha jesť jeho chlieb

Siddhartha ate his own bread
Siddhártha jedol svoj vlastný chlieb
or rather, they both ate other people's bread
alebo lepšie povedané, obaja jedli cudzí chlieb
Siddhartha never listened to Kamaswami's worries
Siddhártha nikdy nepočúval Kamaswamiho obavy
and Kamaswami had many worries he wanted to share
a Kamaswami mal veľa starostí, o ktoré sa chcel podeliť
there were business-deals going on in danger of failing
prebiehali obchodné dohody, ktorým hrozilo zlyhanie
shipments of merchandise seemed to have been lost
zásielky tovaru sa zdali byť stratené
debtors seemed to be unable to pay
zdalo sa, že dlžníci nie sú schopní splácať
Kamaswami could never convince Siddhartha to utter words of worry
Kamaswami nikdy nedokázal presvedčiť Siddhártha, aby vyslovil slová obáv
Kamaswami could not make Siddhartha feel anger towards business
Kamaswami nedokázal prinútiť Siddhártha cítiť hnev voči podnikaniu
he could not get him to to have wrinkles on the forehead
nemohol ho prinútiť mať vrásky na čele
he could not make Siddhartha sleep badly
nemohol prinútiť Siddhártha zle spať

one day, Kamaswami tried to speak with Siddhartha
jedného dňa sa Kamaswami pokúsil hovoriť so Siddhárthom
"Siddhartha, you have failed to learn anything new"
"Siddhártha, nedokázal si sa naučiť nič nové"
but again, Siddhartha laughed at this
ale opäť sa tomu Siddhártha zasmial
"Would you please not kid me with such jokes"
"Nerob si zo mňa srandu s takýmito vtipmi?"

"What I've learned from you is how much a basket of fish costs"
"To, čo som sa od vás naučil, je, koľko stojí košík rýb."
"and I learned how much interest may be charged on loaned money"
"a dozvedel som sa, koľko úrokov sa môže účtovať za požičané peniaze"
"These are your areas of expertise"
"Toto sú oblasti vašej odbornosti"
"I haven't learned to think from you, my dear Kamaswami"
"Od teba som sa nenaučil myslieť, môj drahý Kamaswami."
"you ought to be the one seeking to learn from me"
"Ty by si mal byť ten, kto sa chce odo mňa učiť"
Indeed his soul was not with the trade
Vskutku, jeho duša nebola s obchodom
The business was good enough to provide him with money for Kamala
Obchod bol dosť dobrý na to, aby mu zabezpečil peniaze pre Kamalu
and it earned him much more than he needed
a zarobilo mu to oveľa viac, ako potreboval
Besides Kamala, Siddhartha's curiosity was with the people
Okrem Kamaly sa Siddhártha zaujímala o ľudí
their businesses, crafts, worries, and pleasures
ich podnikanie, remeslá, starosti a radosti
all these things used to be alien to him
všetky tieto veci mu boli cudzie
their acts of foolishness used to be as distant as the moon
ich hlúposti bývali vzdialené ako mesiac
he easily succeeded in talking to all of them
ľahko uspel v rozhovore so všetkými
he could live with all of them
mohol žiť so všetkými
and he could continue to learn from all of them
a od všetkých sa mohol ďalej učiť
but there was something which separated him from them

ale bolo tu niečo, čo ho od nich delilo
he could feel a divide between him and the people
cítil priepasť medzi ním a ľuďmi
this separating factor was him being a Samana
tento oddeľujúci faktor bol, že bol Samana
He saw mankind going through life in a childlike manner
Videl, ako ľudstvo prechádza životom detským spôsobom
in many ways they were living the way animals live
v mnohých ohľadoch žili tak, ako žijú zvieratá
he loved and also despised their way of life
miloval a tiež opovrhoval ich spôsobom života
He saw them toiling and suffering
Videl, ako sa namáhajú a trpia
they were becoming gray for things unworthy of this price
stávali sa šedými pre veci nehodné tejto ceny
they did things for money and little pleasures
robili veci pre peniaze a malé radosti
they did things for being slightly honoured
robili veci za to, že boli mierne poctení
he saw them scolding and insulting each other
videl, ako sa navzájom nadávajú a urážajú
he saw them complaining about pain
videl, ako sa sťažujú na bolesť
pains at which a Samana would only smile
bolesti, nad ktorými by sa Samana len usmievala
and he saw them suffering from deprivations
a videl ich trpieť nedostatkom
deprivations which a Samana would not feel
deprivácie, ktoré by Samana necítila
He was open to everything these people brought his way
Bol otvorený všetkému, čo mu títo ľudia priniesli
welcome was the merchant who offered him linen for sale
vítaný bol obchodník, ktorý mu ponúkal bielizeň na predaj
welcome was the debtor who sought another loan
vítaný bol dlžník, ktorý hľadal ďalší úver

welcome was the beggar who told him the story of his poverty
vítaný bol žobrák, ktorý mu rozprával príbeh o jeho chudobe
the beggar who was not half as poor as any Samana
žobrák, ktorý nebol ani z polovice taký chudobný ako ktorákoľvek Samana
He did not treat the rich merchant and his servant different
K bohatému obchodníkovi a jeho sluhovi sa nesprával inak
he let street-vendor cheat him when buying bananas
nechal sa pouličným predavačom podviesť pri kúpe banánov
Kamaswami would often complain to him about his worries
Kamaswami sa mu často sťažoval na jeho starosti
or he would reproach him about his business
alebo by mu vyčítal jeho podnikanie
he listened curiously and happily
počúval zvedavo a rád
but he was puzzled by his friend
ale bol zmätený svojim priateľom
he tried to understand him
snažil sa mu porozumieť
and he admitted he was right, up to a certain point
a priznal, že do určitého bodu mal pravdu
there were many who asked for Siddhartha
bolo veľa tých, ktorí žiadali Siddhártha
many wanted to do business with him
mnohí s ním chceli obchodovať
there were many who wanted to cheat him
mnohí ho chceli podviesť
many wanted to draw some secret out of him
mnohí chceli z neho vytiahnuť nejaké tajomstvo
many wanted to appeal to his sympathy
mnohí chceli apelovať na jeho sympatie
many wanted to get his advice
mnohí chceli získať jeho radu
He gave advice to those who wanted it
Dával rady tým, ktorí to chceli

he pitied those who needed pity
ľutoval tých, ktorí potrebovali súcit
he made gifts to those who liked presents
dával darčeky tým, ktorí mali radi darčeky
he let some cheat him a bit
nechal sa niektorými trochu podviesť
this game which all people played occupied his thoughts
táto hra, ktorú hrali všetci ľudia, zamestnávala jeho myšlienky
he thought about this game just as much as he had about the Gods
premýšľal o tejto hre rovnako ako o Bohoch
deep in his chest he felt a dying voice
hlboko v hrudi cítil umierajúci hlas
this voice admonished him quietly
tento hlas ho potichu napomenul
and he hardly perceived the voice inside of himself
a ten hlas vo svojom vnútri takmer nevnímal
And then, for an hour, he became aware of something
A potom si na hodinu niečo uvedomil
he became aware of the strange life he was leading
uvedomil si zvláštny život, ktorý viedol
he realized this life was only a game
uvedomil si, že tento život je len hra
at times he would feel happiness and joy
občas cítil šťastie a radosť
but real life was still passing him by
ale skutočný život ho stále míňal
and it was passing by without touching him
a prešlo to okolo bez toho, aby sa ho dotklo
Siddhartha played with his business-deals
Siddhártha sa pohrával so svojimi obchodnými dohodami
Siddhartha found amusement in the people around him
Siddhártha našiel zábavu v ľuďoch okolo seba
but regarding his heart, he was not with them
ale čo sa týka jeho srdca, nebol s nimi
The source ran somewhere, far away from him

Zdroj utiekol niekam ďaleko od neho
it ran and ran invisibly
bežalo a bežalo neviditeľne
it had nothing to do with his life any more
už to nemalo nič spoločné s jeho životom
at several times he became scared on account of such thoughts
niekoľkokrát dostal strach z takýchto myšlienok
he wished he could participate in all of these childlike games
prial si, aby sa mohol zúčastniť všetkých týchto detských hier
he wanted to really live
chcel naozaj žiť
he wanted to really act in their theatre
chcel skutočne hrať v ich divadle
he wanted to really enjoy their pleasures
chcel si naozaj užiť ich radovánky
and he wanted to live, instead of just standing by as a spectator
a chcel žiť, namiesto toho, aby len stál bokom ako divák

But again and again, he came back to beautiful Kamala
Ale znova a znova sa vracal do krásnej Kamaly
he learned the art of love
naučil sa umeniu lásky
and he practised the cult of lust
a praktizoval kult žiadostivosti
lust, in which giving and taking becomes one
žiadostivosť, v ktorej dávanie a branie sa stáva jedným
he chatted with her and learned from her
rozprával sa s ňou a učil sa od nej
he gave her advice, and he received her advice
dával jej rady a dostával jej rady
She understood him better than Govinda used to understand him
Rozumela mu lepšie, ako mu kedysi rozumela Govinda

she was more similar to him than Govinda had been
bola mu podobná viac ako Govinda
"You are like me," he said to her
„Si ako ja," povedal jej
"you are different from most people"
"si iný ako väčšina ľudí".
"You are Kamala, nothing else"
"Ty si Kamala, nič iné"
"and inside of you, there is a peace and refuge"
"a vo vás je pokoj a útočisko"
"a refuge to which you can go at every hour of the day"
"útočisko, do ktorého môžete ísť v každú hodinu dňa"
"you can be at home with yourself"
"môžeš byť sám so sebou"
"I can do this too"
"Aj ja to dokážem"
"Few people have this place"
"Málo ľudí má toto miesto"
"and yet all of them could have it"
"a predsa to mohli mať všetci"
"Not all people are smart" said Kamala
"Nie všetci ľudia sú inteligentní," povedala Kamala
"No," said Siddhartha, "that's not the reason why"
"Nie," povedal Siddhártha, "to nie je dôvod, prečo"
"Kamaswami is just as smart as I am"
"Kamaswami je rovnako šikovný ako ja"
"but he has no refuge in himself"
"ale nemá v sebe útočisko"
"Others have it, although they have the minds of children"
"Iní to majú, hoci majú myseľ detí"
"Most people, Kamala, are like a falling leaf"
"Väčšina ľudí, Kamala, je ako padajúci list."
"a leaf which is blown and is turning around through the air"
"list, ktorý je fúkaný a otáča sa vzduchom"
"a leaf which wavers, and tumbles to the ground"

"list, ktorý sa chveje a padá na zem"
"But others, a few, are like stars"
"Ale iní, zopár, sú ako hviezdy"
"they go on a fixed course"
"chodia po pevnom kurze"
"no wind reaches them"
"žiadny vietor k nim nedosahuje"
"in themselves they have their law and their course"
"sami v sebe majú svoj zákon a svoj smer"
"Among all the learned men I have met, there was one of this kind"
"Medzi všetkými učenými mužmi, ktorých som stretol, bol jeden tohto druhu."
"he was a truly perfected one"
"bol skutočne dokonalý"
"I'll never be able to forget him"
"Nikdy naňho nebudem môcť zabudnúť"
"It is that Gotama, the exalted one"
"To je ten Gotama, ten vznešený"
"Thousands of followers are listening to his teachings every day"
"Tisíce nasledovníkov počúvajú jeho učenie každý deň"
"they follow his instructions every hour"
"riadia sa jeho pokynmi každú hodinu"
"but they are all falling leaves"
"ale všetko sú to padajúce listy"
"not in themselves they have teachings and a law"
"nie sami o sebe majú učenie a zákon"
Kamala looked at him with a smile
Kamala sa naňho s úsmevom pozrela
"Again, you're talking about him," she said
"Opäť hovoríš o ňom," povedala
"again, you're having a Samana's thoughts"
"Opäť máš myšlienky Samany"
Siddhartha said nothing, and they played the game of love
Siddhártha nič nepovedal a hrali hru lásky

one of the thirty or forty different games Kamala knew
jedna z tridsiatich alebo štyridsiatich rôznych hier, ktoré Kamala poznala
Her body was flexible like that of a jaguar
Jej telo bolo pružné ako telo jaguára
flexible like the bow of a hunter
flexibilný ako luk lovca
he who had learned from her how to make love
ktorý sa od nej naučil milovať
he was knowledgeable of many forms of lust
vedel o mnohých formách žiadostivosti
he that learned from her knew many secrets
ten, kto sa od nej naučil, poznal mnohé tajomstvá
For a long time, she played with Siddhartha
Dlho hrala so Siddharthom
she enticed him and rejected him
zlákala ho a odmietla
she forced him and embraced him
prinútila ho a objala
she enjoyed his masterful skills
tešila sa z jeho majstrovských schopností
until he was defeated and rested exhausted by her side
kým nebol porazený a vyčerpaný odpočíval po jej boku
The courtesan bent over him
Kurtizána sa nad ním sklonila
she took a long look at his face
dlho sa mu pozrela do tváre
she looked at his eyes, which had grown tired
pozrela sa mu do očí, ktoré boli unavené
"You are the best lover I have ever seen" she said thoughtfully
„Si ten najlepší milenec, akého som kedy videla," povedala zamyslene
"You're stronger than others, more supple, more willing"
"Si silnejší ako ostatní, pružnejší, ochotnejší"
"You've learned my art well, Siddhartha"

"Dobre si sa naučil moje umenie, Siddhártha"
"At some time, when I'll be older, I'd want to bear your child"
"Niekedy, keď budem starší, budem chcieť porodiť tvoje dieťa."
"And yet, my dear, you've remained a Samana"
"A napriek tomu, moja drahá, si zostal Samana."
"and despite this, you do not love me"
"a napriek tomu ma nemiluješ"
"there is nobody that you love"
"nie je nikto koho miluješ"
"Isn't it so?" asked Kamala
"Nie je to tak?" spýtala sa Kamala
"It might very well be so," Siddhartha said tiredly
"Mohlo by to tak byť," povedal Siddhártha unavene
"I am like you, because you also do not love"
"Som ako ty, pretože tiež nemiluješ"
"how else could you practise love as a craft?"
"Ako inak by si mohol praktizovať lásku ako remeslo?"
"Perhaps, people of our kind can't love"
"Možno ľudia nášho druhu nedokážu milovať"
"The childlike people can love, that's their secret"
"Detskí ľudia môžu milovať, to je ich tajomstvo"

Sansara

For a long time, Siddhartha had lived in the world and lust
Siddhártha dlho žil vo svete a žiadostivosti
he lived this way though, without being a part of it
žil však týmto spôsobom bez toho, aby bol toho súčasťou
he had killed this off when he had been a Samana
zabil to, keď bol Samana
but now they had awoken again
ale teraz sa znova prebudili
he had tasted riches, lust, and power
okúsil bohatstvo, žiadostivosť a moc
for a long time he had remained a Samana in his heart
po dlhú dobu zostal vo svojom srdci Samanou
Kamala, being smart, had realized this quite right
Kamala, ktorá bola bystrá, si to celkom správne uvedomila
thinking, waiting, and fasting still guided his life
myslenie, čakanie a pôst stále viedli jeho život
the childlike people remained alien to him
detskí ľudia mu zostali cudzí
and he remained alien to the childlike people
a zostal cudzí pre detinských ľudí
Years passed by; surrounded by the good life
Prešli roky; obklopený dobrým životom
Siddhartha hardly felt the years fading away
Siddhártha sotva cítil, ako roky ubúdajú
He had become rich and possessed a house of his own
Zbohatol a vlastnil vlastný dom
he even had his own servants
mal dokonca aj vlastných sluhov
he had a garden before the city, by the river
mal záhradu pred mestom, pri rieke
The people liked him and came to him for money or advice
Ľudia ho mali radi a chodili za ním po peniaze alebo radu
but there was nobody close to him, except Kamala
ale nikto pri ňom nebol, okrem Kamaly

the bright state of being awake
jasný stav bdelosti
the feeling which he had experienced at the height of his youth
pocit, ktorý zažil na vrchole svojej mladosti
in those days after Gotama's sermon
v tých dňoch po Gotamovej kázni
after the separation from Govinda
po oddelení od Govindy
the tense expectation of life
napäté očakávanie života
the proud state of standing alone
hrdý stav stáť sám
being without teachings or teachers
byť bez učenia alebo učiteľov
the supple willingness to listen to the divine voice in his own heart
pružná ochota počúvať božský hlas vo svojom vlastnom srdci
all these things had slowly become a memory
všetky tieto veci sa pomaly stali spomienkou
the memory had been fleeting, distant, and quiet
spomienka bola prchavá, vzdialená a tichá
the holy source, which used to be near, now only murmured
svätý prameň, ktorý býval blízko, teraz len šomral
the holy source, which used to murmur within himself
svätý zdroj, ktorý v sebe mrmlal
Nevertheless, many things he had learned from the Samanas
Napriek tomu sa veľa vecí naučil od Samanas
he had learned from Gotama
naučil sa od Gotamy
he had learned from his father the Brahman
naučil sa od svojho otca Brahman
his father had remained within his being for a long time
jeho otec zostal v jeho bytí na dlhý čas
moderate living, the joy of thinking, hours of meditation
umiernené bývanie, radosť z myslenia, hodiny meditácie

the secret knowledge of the self; his eternal entity
tajné poznanie seba samého; jeho večná entita
the self which is neither body nor consciousness
ja, ktoré nie je telom ani vedomím
Many a part of this he still had
Mnohé z toho ešte mal
but one part after another had been submerged
ale jedna časť za druhou bola ponorená
and eventually each part gathered dust
a nakoniec každá časť nazbierala prach
a potter's wheel, once in motion, will turn for a long time
hrnčiarsky kruh, keď je v pohybe, sa bude dlho otáčať
it loses its vigour only slowly
len pomaly stráca na sile
and it comes to a stop only after time
a zastaví sa až po čase
Siddhartha's soul had kept on turning the wheel of asceticism
Siddhárthova duša neustále otáčala kolesom askézy
the wheel of thinking had kept turning for a long time
koleso myslenia sa točilo ešte dlho
the wheel of differentiation had still turned for a long time
koleso diferenciácie sa ešte dlho otáčalo
but it turned slowly and hesitantly
ale pomaly a váhavo sa to otočilo
and it was close to coming to a standstill
a bolo blízko k zastaveniu
Slowly, like humidity entering the dying stem of a tree
Pomaly, ako keď vlhkosť vstupuje do odumierajúceho kmeňa stromu
filling the stem slowly and making it rot
plnenie stonky pomaly a jej hniloba
the world and sloth had entered Siddhartha's soul
svet a lenivosť vstúpili do Siddhárthovej duše
slowly it filled his soul and made it heavy
pomaly to napĺňalo jeho dušu a robilo ju ťažkou

it made his soul tired and put it to sleep
unavilo jeho dušu a uložilo ju k spánku
On the other hand, his senses had become alive
Na druhej strane jeho zmysly ožili
there was much his senses had learned
jeho zmysly sa toho veľa naučili
there was much his senses had experienced
jeho zmysly toho veľa zažili
Siddhartha had learned to trade
Siddhártha sa naučil obchodovať
he had learned how to use his power over people
naučil sa používať svoju moc nad ľuďmi
he had learned how to enjoy himself with a woman
naučil sa užívať si so ženou
he had learned how to wear beautiful clothes
naučil sa nosiť krásne šaty
he had learned how to give orders to servants
naučil sa rozkazovať sluhom
he had learned how to bathe in perfumed waters
naučil sa kúpať vo voňavých vodách
He had learned how to eat tenderly and carefully prepared food
Naučil sa jesť jemne a starostlivo pripravené jedlo
he even ate fish, meat, and poultry
dokonca jedol ryby, mäso a hydinu
spices and sweets and wine, which causes sloth and forgetfulness
korenie a sladkosti a víno, čo spôsobuje lenivosť a zábudlivosť
He had learned to play with dice and on a chess-board
Naučil sa hrať s kockami a na šachovnici
he had learned to watch dancing girls
naučil sa pozerať na tancujúce dievčatá
he learned to have himself carried about in a sedan-chair
naučil sa nechať sa prevážať v sedane
he learned to sleep on a soft bed
naučil sa spať na mäkkej posteli

But still he felt different from others
Ale aj tak sa cítil iný ako ostatní
he still felt superior to the others
stále sa cítil byť nadradený ostatným
he always watched them with some mockery
vždy ich pozoroval s nejakým posmechom
there was always some mocking disdain to how he felt about them
vždy tam bolo nejaké posmešné pohŕdanie tým, čo k nim cítil
the same disdain a Samana feels for the people of the world
rovnaké pohŕdanie, aké cíti Samana k ľuďom na svete

Kamaswami was ailing and felt annoyed
Kamaswami bol chorý a cítil sa naštvaný
he felt insulted by Siddhartha
cítil sa urazený Siddhárthom
and he was vexed by his worries as a merchant
a trápili ho starosti obchodníka
Siddhartha had always watched these things with mockery
Siddhártha vždy sledoval tieto veci s posmechom
but his mockery had become more tired
ale jeho posmech sa stal unavenejším
his superiority had become more quiet
jeho nadradenosť bola tichšia
as slowly imperceptible as the rainy season passing by
tak pomaly nepostrehnuteľné, ako prechádzajúce obdobie dažďov
slowly, Siddhartha had assumed something of the childlike people's ways
Siddhártha pomaly prijal niečo zo spôsobov detských ľudí
he had gained some of their childishness
získal niečo z ich detinskosti
and he had gained some of their fearfulness
a získal časť ich strachu
And yet, the more be become like them the more he envied them

A predsa, čím viac sa im podobal, tým viac im závidel
He envied them for the one thing that was missing from him
Závidel im jedinú vec, ktorá mu chýbala
the importance they were able to attach to their lives
dôležitosť, ktorú dokázali pripísať svojmu životu
the amount of passion in their joys and fears
množstvo vášne v ich radostiach a obavách
the fearful but sweet happiness of being constantly in love
strašné, ale sladké šťastie byť neustále zamilovaný
These people were in love with themselves all of the time
Títo ľudia boli po celý čas do seba zamilovaní
women loved their children, with honours or money
ženy milovali svoje deti s vyznamenaním alebo peniazmi
the men loved themselves with plans or hopes
muži sa milovali plánmi alebo nádejami
But he did not learn this from them
Toto sa však od nich nenaučil
he did not learn the joy of children
radosti detí sa nenaučil
and he did not learn their foolishness
a nenaučil sa ich hlúpostiam
what he mostly learned were their unpleasant things
čo sa väčšinou dozvedel, boli ich nepríjemné veci
and he despised these things
a týmito vecami pohŕdal
in the morning, after having had company
ráno po spoločnosti
more and more he stayed in bed for a long time
stále viac a viac dlho zostával v posteli
he felt unable to think, and was tired
cítil sa neschopný myslieť a bol unavený
he became angry and impatient when Kamaswami bored him with his worries
začal byť nahnevaný a netrpezlivý, keď ho Kamaswami nudil svojimi starosťami
he laughed just too loud when he lost a game of dice

smial sa príliš nahlas, keď prehral hru s kockami
His face was still smarter and more spiritual than others
Jeho tvár bola stále múdrejšia a duchovnejšia ako ostatní
but his face rarely laughed anymore
ale jeho tvár sa už málokedy smiala
slowly, his face assumed other features
pomaly jeho tvár nadobúdala iné črty
the features often found in the faces of rich people
črty, ktoré sa často vyskytujú v tvárach bohatých ľudí
features of discontent, of sickliness, of ill-humour
rysy nespokojnosti, chorobnosti, zlého humoru
features of sloth, and of a lack of love
rysy lenivosti a nedostatku lásky
the disease of the soul which rich people have
choroba duše, ktorú majú bohatí ľudia
Slowly, this disease grabbed hold of him
Táto choroba sa ho pomaly zmocnila
like a thin mist, tiredness came over Siddhartha
ako riedka hmla sa na Siddhárthu objavila únava
slowly, this mist got a bit denser every day
pomaly bola táto hmla každým dňom o niečo hustejšia
it got a bit murkier every month
každý mesiac to bolo o niečo temnejšie
and every year it got a bit heavier
a každým rokom to bolo o niečo ťažšie
dresses become old with time
šaty časom starnú
clothes lose their beautiful colour over time
oblečenie časom stráca svoju krásnu farbu
they get stains, wrinkles, worn off at the seams
robia škvrny, vrásky, opotrebované vo švíkoch
they start to show threadbare spots here and there
tu a tam začnú vykazovať ošúchané miesta
this is how Siddhartha's new life was
taký bol Siddhárthov nový život

the life which he had started after his separation from Govinda
život, ktorý začal po odlúčení od Govindu
his life had grown old and lost colour
jeho život zostarol a stratil farbu
there was less splendour to it as the years passed by
ako roky plynuli, bolo v ňom menej nádhery
his life was gathering wrinkles and stains
jeho život pribúdal vrások a škvŕn
and hidden at bottom, disappointment and disgust were waiting
a skrytý na dne čakalo sklamanie a znechutenie
they were showing their ugliness
ukazovali svoju škaredosť
Siddhartha did not notice these things
Siddhártha si tieto veci nevšimol
he remembered the bright and reliable voice inside of him
spomenul si na jasný a spoľahlivý hlas v jeho vnútri
he noticed the voice had become silent
všimol si, že hlas stíchol
the voice which had awoken in him at that time
hlas, ktorý sa v ňom vtedy prebudil
the voice that had guided him in his best times
hlas, ktorý ho viedol v najlepších časoch
he had been captured by the world
bol zajatý svetom
he had been captured by lust, covetousness, sloth
bol zajatý žiadostivosťou, žiadostivosťou, lenivosťou
and finally he had been captured by his most despised vice
a nakoniec bol zajatý jeho najopovrhovanejšou neresťou
the vice which he mocked the most
neresť, ktorej sa najviac vysmieval
the most foolish one of all vices
najhlúpejšia zo všetkých nerestí
he had let greed into his heart
vpustil do svojho srdca chamtivosť

Property, possessions, and riches also had finally captured him
Majetok, majetky a bohatstvo ho tiež konečne zajali
having things was no longer a game to him
mať veci už pre neho nebola hra
his possessions had become a shackle and a burden
jeho majetok sa stal okovom a bremenom
It had happened in a strange and devious way
Stalo sa to zvláštnym a úskočným spôsobom
Siddhartha had gotten this vice from the game of dice
Siddhártha získal túto neresť z hry v kocky
he had stopped being a Samana in his heart
vo svojom srdci prestal byť Samanou
and then he began to play the game for money
a potom začal hrať hru o peniaze
first he joined the game with a smile
najprv sa s úsmevom zapojil do hry
at this time he only played casually
v tomto čase hrával len príležitostne
he wanted to join the customs of the childlike people
chcel sa pripojiť k zvykom detského ľudu
but now he played with an increasing rage and passion
ale teraz hral s rastúcim hnevom a vášňou
He was a feared gambler among the other merchants
Medzi ostatnými obchodníkmi bol obávaným hazardným hráčom
his stakes were so audacious that few dared to take him on
jeho stávky boli také trúfalé, že sa ho len málokto odvážil vziať
He played the game due to a pain of his heart
Hru hral kvôli bolesti srdca
losing and wasting his wretched money brought him an angry joy
prehra a premrhanie úbohých peňazí mu prinieslo nahnevanú radosť
he could demonstrate his disdain for wealth in no other way

nemohol demonštrovať svoje pohŕdanie bohatstvom iným spôsobom
he could not mock the merchants' false god in a better way
nemohol sa lepšie vysmievať falošnému bohu obchodníkov
so he gambled with high stakes
tak hral s vysokými stávkami
he mercilessly hated himself and mocked himself
nemilosrdne sa nenávidel a posmieval sa
he won thousands, threw away thousands
vyhral tisíce, zahodil tisíce
he lost money, jewellery, a house in the country
prišiel o peniaze, šperky, dom na vidieku
he won it again, and then he lost again
znova to vyhral a potom znova prehral
he loved the fear he felt while he was rolling the dice
miloval strach, ktorý cítil, keď hádzal kockou
he loved feeling worried about losing what he gambled
miloval strach z toho, že prehrá to, čo hral
he always wanted to get this fear to a slightly higher level
vždy chcel tento strach dostať na trochu vyššiu úroveň
he only felt something like happiness when he felt this fear
cítil niečo ako šťastie len vtedy, keď pocítil tento strach
it was something like an intoxication
bolo to niečo ako intoxikácia
something like an elevated form of life
niečo ako povýšená forma života
something brighter in the midst of his dull life
niečo jasnejšie uprostred jeho nudného života
And after each big loss, his mind was set on new riches
A po každej veľkej strate sa jeho myseľ upriamila na nové bohatstvo
he pursued the trade more zealously
venoval sa živnosti horlivejšie
he forced his debtors more strictly to pay
nútil svojich dlžníkov prísnejšie platiť
because he wanted to continue gambling

pretože chcel pokračovať v hazardných hrách
he wanted to continue squandering
chcel pokračovať v rozhadzovaní
he wanted to continue demonstrating his disdain of wealth
chcel pokračovať v demonštrovaní svojho pohŕdania majetkom
Siddhartha lost his calmness when losses occurred
Siddhártha stratil pokoj, keď došlo k stratám
he lost his patience when he was not paid on time
stratil trpezlivosť, keď nedostal výplatu načas
he lost his kindness towards beggars
stratil láskavosť k žobrákom
He gambled away tens of thousands at one roll of the dice
Pri jednom hode kockou prehral desaťtisíce
he became more strict and more petty in his business
stal sa vo svojom podnikaní prísnejší a malichernejší
occasionally, he was dreaming at night about money!
občas sa mu v noci snívalo o peniazoch!
whenever he woke up from this ugly spell, he continued fleeing
vždy, keď sa prebudil z tohto škaredého kúzla, pokračoval v úteku
whenever he found his face in the mirror to have aged, he found a new game
vždy, keď zistil, že jeho tvár v zrkadle zostarla, našiel si novú hru
whenever embarrassment and disgust came over him, he numbed his mind
vždy, keď sa ho zmocnili rozpaky a znechutenie, otupoval myseľ
he numbed his mind with sex and wine
otupil svoju myseľ sexom a vínom
and from there he fled back into the urge to pile up and obtain possessions
a odtiaľ utiekol späť do túžby hromadiť sa a získať majetok
In this pointless cycle he ran

V tomto nezmyselnom cykle bežal
from his life he grow tired, old, and ill
zo svojho života sa unaví, zostarne a ochorie

Then the time came when a dream warned him
Potom prišiel čas, keď ho varoval sen
He had spent the hours of the evening with Kamala
Celé hodiny večera strávil s Kamalou
he had been in her beautiful pleasure-garden
bol v jej krásnej záhrade potešenia
They had been sitting under the trees, talking
Sedeli pod stromami a rozprávali sa
and Kamala had said thoughtful words
a Kamala povedala zamyslené slová
words behind which a sadness and tiredness lay hidden
slová, za ktorými sa skrýval smútok a únava
She had asked him to tell her about Gotama
Požiadala ho, aby jej povedal o Gotame
she could not hear enough of him
nepočula ho dosť
she loved how clear his eyes were
milovala, aké má jasné oči
she loved how still and beautiful his mouth was
milovala, aké má tiché a krásne ústa
she loved the kindness of his smile
milovala láskavosť jeho úsmevu
she loved how peaceful his walk had been
milovala, aká pokojná bola jeho chôdza
For a long time, he had to tell her about the exalted Buddha
Dlho jej musel rozprávať o vznešenom Budhovi
and Kamala had sighed, and spoke
a Kamala si povzdychla a prehovorila
"One day, perhaps soon, I'll also follow that Buddha"
"Jedného dňa, možno čoskoro, budem tiež nasledovať toho Budhu."
"I'll give him my pleasure-garden for a gift"

"Dám mu svoju záhradu potešenia ako darček"
"and I will take my refuge in his teachings"
"a uchýlim sa k jeho učeniu"
But after this, she had aroused him
Ale potom ho vzrušila
she had tied him to her in the act of making love
priviazala ho k sebe pri milovaní
with painful fervour, biting and in tears
s bolestivou náruživosťou, štípaním a v slzách
it was as if she wanted to squeeze the last sweet drop out of this wine
akoby chcela z tohto vína vyžmýkať poslednú sladkú kvapku
Never before had it become so strangely clear to Siddhartha
Nikdy predtým to Siddhárthovi nebolo tak zvláštne jasné
he felt how close lust was akin to death
cítil, ako blízko bola žiadostivosť podobná smrti
he laid by her side, and Kamala's face was close to him
ležal vedľa nej a Kamalina tvár bola blízko neho
under her eyes and next to the corners of her mouth
pod očami a vedľa kútikov úst
it was as clear as never before
bolo to jasné ako nikdy predtým
there read a fearful inscription
čítal strašný nápis
an inscription of small lines and slight grooves
nápis s malými čiarami a miernymi ryhami
an inscription reminiscent of autumn and old age
nápis pripomínajúci jeseň a starobu
here and there, gray hairs among his black ones
tu a tam šediny medzi jeho čiernymi
Siddhartha himself, who was only in his forties, noticed the same thing
To isté si všimol aj samotný Siddhártha, ktorý mal po štyridsiatke
Tiredness was written on Kamala's beautiful face
Na krásnej tvári Kamaly sa podpísala únava

tiredness from walking a long path
únava z chôdze po dlhej ceste
a path which has no happy destination
cesta, ktorá nemá šťastný cieľ
tiredness and the beginning of withering
únava a začiatok chradnutia
fear of old age, autumn, and having to die
strach zo staroby, jesene a zo smrti
With a sigh, he had bid his farewell to her
S povzdychom sa s ňou rozlúčil
the soul full of reluctance, and full of concealed anxiety
duša plná nevôle a plná skrytej úzkosti

Siddhartha had spent the night in his house with dancing girls
Siddhártha strávil noc vo svojom dome s tancujúcimi dievčatami
he acted as if he was superior to them
správal sa, akoby bol nad nimi nadradený
he acted superior towards the fellow-members of his caste
sa správal nadradene voči spolučlenom svojej kasty
but this was no longer true
ale toto už nebola pravda
he had drunk much wine that night
v tú noc vypil veľa vína
and he went to bed a long time after midnight
a šiel spať dlho po polnoci
tired and yet excited, close to weeping and despair
unavený a predsa vzrušený, blízko k plaču a zúfalstvu
for a long time he sought to sleep, but it was in vain
dlho hľadal spánok, ale bolo to márne
his heart was full of misery
jeho srdce bolo plné biedy
he thought he could not bear any longer
myslel si, že to už nevydrží

he was full of a disgust, which he felt penetrating his entire body
bol plný hnusu, ktorý cítil, ako mu preniká celým telom
like the lukewarm repulsive taste of the wine
ako vlažná odpudivá chuť vína
the dull music was a little too happy
nudná hudba bola až príliš veselá
the smile of the dancing girls was a little too soft
úsmev tancujúcich dievčat bol až príliš jemný
the scent of their hair and breasts was a little too sweet
vôňa ich vlasov a pŕs bola trochu presladená
But more than by anything else, he was disgusted by himself
Ale viac ako čímkoľvek iným bol znechutený sám sebou
he was disgusted by his perfumed hair
znechutili ho jeho navoňané vlasy
he was disgusted by the smell of wine from his mouth
znechutila ho vôňa vína z úst
he was disgusted by the listlessness of his skin
bol znechutený ľahostajnosťou jeho kože
Like when someone who has eaten and drunk far too much
Ako keď niekto, kto jedol a vypil príliš veľa
they vomit it back up again with agonising pain
znovu to vyvracajú s útrpnou bolesťou
but they feel relieved by the vomiting
ale cítia úľavu pri zvracaní
this sleepless man wished to free himself of these pleasures
tento nevyspatý muž sa chcel oslobodiť od týchto rozkoší
he wanted to be rid of these habits
chcel sa týchto návykov zbaviť
he wanted to escape all of this pointless life
chcel uniknúť všetkému tomu zbytočnému životu
and he wanted to escape from himself
a chcel pred sebou utiecť
it wasn't until the light of the morning when he had slightly fallen sleep

nebolo to až do ranného svetla, keď mierne zaspal
the first activities in the street were already beginning
už začínali prvé aktivity na ulici
for a few moments he had found a hint of sleep
na pár okamihov našiel náznak spánku
In those moments, he had a dream
V tých chvíľach mal sen
Kamala owned a small, rare singing bird in a golden cage
Kamala vlastnila malého vzácneho spevavca v zlatej klietke
it always sung to him in the morning
vždy mu to ráno spievalo
but then he dreamt this bird had become mute
ale potom sa mu snívalo, že tento vták onemel
since this arose his attention, he stepped in front of the cage
keďže to vyvolalo jeho pozornosť, postavil sa pred klietku
he looked at the bird inside the cage
pozrel na vtáka vo vnútri klietky
the small bird was dead, and lay stiff on the ground
malý vták bol mŕtvy a ležal stuhnutý na zemi
He took the dead bird out of its cage
Vytiahol mŕtveho vtáka z klietky
he took a moment to weigh the dead bird in his hand
chvíľu si poťažkal mŕtveho vtáka v ruke
and then threw it away, out in the street
a potom to vyhodil na ulicu
in the same moment he felt terribly shocked
v tom istom momente sa cítil strašne šokovaný
his heart hurt as if he had thrown away all value
srdce ho bolelo, akoby zahodil všetku hodnotu
everything good had been inside of this dead bird
všetko dobré bolo vo vnútri tohto mŕtveho vtáka
Starting up from this dream, he felt encompassed by a deep sadness
Keď vyšiel z tohto sna, cítil sa obklopený hlbokým smútkom
everything seemed worthless to him
všetko sa mu zdalo bezcenné

worthless and pointless was the way he had been going through life
bezcenný a nezmyselný bol spôsob, akým prechádzal životom
nothing which was alive was left in his hands
nič živé nezostalo v jeho rukách
nothing which was in some way delicious could be kept
nič, čo by bolo nejakým spôsobom chutné, sa nedalo ponechať
nothing worth keeping would stay
nezostalo by nič, čo by stálo za to zachovať
alone he stood there, empty like a castaway on the shore
sám tam stál, prázdny ako stroskotanec na brehu

With a gloomy mind, Siddhartha went to his pleasure-garden
S pochmúrnou mysľou odišiel Siddhártha do svojej záhrady
he locked the gate and sat down under a mango-tree
zamkol bránu a sadol si pod mangovník
he felt death in his heart and horror in his chest
cítil smrť v srdci a hrôzu v hrudi
he sensed how everything died and withered in him
cítil, ako v ňom všetko umrelo a uschlo
By and by, he gathered his thoughts in his mind
Postupne si v mysli zbieral myšlienky
once again, he went through the entire path of his life
opäť prešiel celou cestou svojho života
he started with the first days he could remember
začal prvými dňami, na ktoré si pamätal
When was there ever a time when he had felt a true bliss?
Kedy nastal čas, keď pocítil skutočnú blaženosť?
Oh yes, several times he had experienced such a thing
Ach áno, niečo také zažil už niekoľkokrát
In his years as a boy he had had a taste of bliss
V rokoch ako chlapec mal chuť blaženosti
he had felt happiness in his heart when he obtained praise from the Brahmans
cítil vo svojom srdci šťastie, keď získal chválu od Brahmanov

"There is a path in front of the one who has distinguished himself"
"Pred tým, kto sa vyznamenal, je cesta"
he had felt bliss reciting the holy verses
cítil blaženosť, keď recitoval sväté verše
he had felt bliss disputing with the learned ones
cítil blaženosť, keď sa hádal s učenými
he had felt bliss when he was an assistant in the offerings
cítil blaženosť, keď bol pomocníkom pri daroch
Then, he had felt it in his heart
Potom to cítil vo svojom srdci
"There is a path in front of you"
"Pred tebou je cesta"
"you are destined for this path"
"si predurčený na túto cestu"
"the gods are awaiting you"
"bohovia ťa čakajú"
And again, as a young man, he had felt bliss
A opäť, ako mladý muž, cítil blaženosť
when his thoughts separated him from those thinking on the same things
keď ho jeho myšlienky oddeľovali od tých, ktorí uvažovali o rovnakých veciach
when he wrestled in pain for the purpose of Brahman
keď v bolestiach zápasil za účelom Brahmanu
when every obtained knowledge only kindled new thirst in him
keď každé získané poznanie v ňom len rozdúchalo nový smäd
in the midst of the pain he felt this very same thing
uprostred bolesti cítil presne to isté
"Go on! You are called upon!"
"Pokračuj! Si povolaný!"
He had heard this voice when he had left his home
Tento hlas počul, keď odchádzal z domu
he heard heard this voice when he had chosen the life of a Samana

počul tento hlas, keď si vybral život Samany
and again he heard this voice when left the Samanas
a znova počul tento hlas, keď opustil Samanas
he had heard the voice when he went to see the perfected one
počul ten hlas, keď išiel vidieť dokonalého
and when he had gone away from the perfected one, he had heard the voice
a keď odišiel od dokonalého, počul hlas
he had heard the voice when he went into the uncertain
počul ten hlas, keď vošiel do neistoty
For how long had he not heard this voice anymore?
Ako dlho už nepočul tento hlas?
for how long had he reached no height anymore?
ako dlho už nedosiahol výšku?
how even and dull was the manner in which he went through life?
aký rovnomerný a nudný bol spôsob, akým prechádzal životom?
for many long years without a high goal
dlhé roky bez vysokého cieľa
he had been without thirst or elevation
bol bez smädu a povznesenia
he had been content with small lustful pleasures
bol spokojný s malými žiadostivými rozkošami
and yet he was never satisfied!
a predsa nikdy nebol spokojný!
For all of these years he had tried hard to become like the others
Celé tie roky sa usilovne snažil stať sa ako ostatní
he longed to be one of the childlike people
túžil byť jedným z detských ľudí
but he didn't know that that was what he really wanted
ale nevedel, že to je to, čo naozaj chce
his life had been much more miserable and poorer than theirs

jeho život bol oveľa nešťastnejší a chudobnejší ako ich
because their goals and worries were not his
pretože ich ciele a starosti neboli jeho
the entire world of the Kamaswami-people had only been a game to him
celý svet Kamaswami-ľudí bol pre neho iba hrou
their lives were a dance he would watch
ich životy boli tancom, na ktorý sa bude pozerať
they performed a comedy he could amuse himself with
predviedli komédiu, na ktorej sa mohol zabaviť
Only Kamala had been dear and valuable to him
Len Kamala mu bola drahá a cenná
but was she still valuable to him?
ale bola pre neho stále cenná?
Did he still need her?
Potreboval ju ešte?
Or did she still need him?
Alebo ho ešte potrebovala?
Did they not play a game without an ending?
Nehrali hru bez konca?
Was it necessary to live for this?
Bolo pre toto potrebné žiť?
No, it was not necessary!
Nie, nebolo to potrebné!
The name of this game was Sansara
Táto hra sa volala Sansara
a game for children which was perhaps enjoyable to play once
hra pre deti, ktorú možno raz bolo príjemné hrať
maybe it could be played twice
možno by sa to dalo hrať dvakrát
perhaps you could play it ten times
možno by ste to mohli hrať desaťkrát
but should you play it for ever and ever?
ale mali by ste to hrať navždy a navždy?
Then, Siddhartha knew that the game was over

Potom Siddhártha vedel, že hra sa skončila
he knew that he could not play it any more
vedel, že to už nemôže hrať
Shivers ran over his body and inside of him
Po tele a vnútri mu prebehli triašky
he felt that something had died
cítil, že niečo zomrelo

That entire day, he sat under the mango-tree
Celý ten deň sedel pod mangovníkom
he was thinking of his father
myslel na svojho otca
he was thinking of Govinda
myslel na Govindu
and he was thinking of Gotama
a myslel na Gotamu
Did he have to leave them to become a Kamaswami?
Musel ich opustiť, aby sa stal Kamaswamim?
He was still sitting there when the night had fallen
Ešte tam sedel, keď padla noc
he caught sight of the stars, and thought to himself
zazrel hviezdy a pomyslel si
"Here I'm sitting under my mango-tree in my pleasure-garden"
"Tu sedím pod mangovníkom v mojej záhradke"
He smiled a little to himself
Trochu sa pre seba usmial
was it really necessary to own a garden?
bolo naozaj nutné vlastniť záhradu?
was it not a foolish game?
nebola to hlúpa hra?
did he need to own a mango-tree?
potreboval vlastniť mangovník?
He also put an end to this
Aj tomuto dal koniec
this also died in him

aj toto v ňom zomrelo
He rose and bid his farewell to the mango-tree
Vstal a rozlúčil sa s mangovníkom
he bid his farewell to the pleasure-garden
rozlúčil sa so záhradou potešenia
Since he had been without food this day, he felt strong hunger
Keďže bol tento deň bez jedla, pocítil silný hlad
and he thought of his house in the city
a myslel na svoj dom v meste
he thought of his chamber and bed
myslel na svoju komnatu a posteľ
he thought of the table with the meals on it
myslel na stôl s jedlami
He smiled tiredly, shook himself, and bid his farewell to these things
Unavene sa usmial, otriasol sa a rozlúčil sa s týmito vecami
In the same hour of the night, Siddhartha left his garden
V tú istú nočnú hodinu Siddhártha opustil svoju záhradu
he left the city and never came back
opustil mesto a už sa nevrátil

For a long time, Kamaswami had people look for him
Kamaswami ho dlho hľadali
they thought he had fallen into the hands of robbers
mysleli si, že sa dostal do rúk zbojníkov
Kamala had no one look for him
Kamala ho nikto nehľadal
she was not astonished by his disappearance
nebola prekvapená jeho zmiznutím
Did she not always expect it?
Nečakala to vždy?
Was he not a Samana?
Nebol to Samana?
a man who was at home nowhere, a pilgrim
človek, ktorý nebol doma nikde, pútnik

she had felt this the last time they had been together
cítila to naposledy, keď boli spolu
she was happy despite all the pain of the loss
bola šťastná napriek všetkej bolesti zo straty
she was happy she had been with him one last time
bola šťastná, že s ním bola naposledy
she was happy she had pulled him so affectionately to her heart
bola šťastná, že si ho tak láskyplne pritiahla k srdcu
she was happy she had felt completely possessed and penetrated by him
bola šťastná, že sa cítila úplne posadnutá a preniknutá ním
When she received the news, she went to the window
Keď dostala správu, išla k oknu
at the window she held a rare singing bird
pri okne držala vzácneho spevavca
the bird was held captive in a golden cage
vtáka držali v zajatí v zlatej klietke
She opened the door of the cage
Otvorila dvere klietky
she took the bird out and let it fly
vytiahla vtáka a nechala ho lietať
For a long time, she gazed after it
Dlho za ním hľadela
From this day on, she received no more visitors
Od tohto dňa už neprijala žiadnu návštevu
and she kept her house locked
a svoj dom nechala zamknutý
But after some time, she became aware that she was pregnant
Po nejakom čase si však uvedomila, že je tehotná
she was pregnant from the last time she was with Siddhartha
bola tehotná od poslednej chvíle, keď bola so Siddhárthom

By the River
Pri rieke

Siddhartha walked through the forest
Siddhártha kráčal lesom
he was already far from the city
bol už ďaleko od mesta
and he knew nothing but one thing
a nevedel nič, len jednu vec
there was no going back for him
pre neho nebolo cesty späť
the life that he had lived for many years was over
život, ktorý žil dlhé roky, sa skončil
he had tasted all of this life
okúsil celý tento život
he had sucked everything out of this life
vysal všetko z tohto života
until he was disgusted with it
až bol z toho znechutený
the singing bird he had dreamt of was dead
spievajúci vták, o ktorom sníval, bol mŕtvy
and the bird in his heart was dead too
a vták v jeho srdci bol tiež mŕtvy
he had been deeply entangled in Sansara
bol hlboko zapletený do Sansary
he had sucked up disgust and death into his body
nasal do svojho tela odpor a smrť
like a sponge sucks up water until it is full
ako špongia nasáva vodu, kým nie je plná
he was full of misery and death
bol plný biedy a smrti
there was nothing left in this world which could have attracted him
na tomto svete nezostalo nič, čo by ho mohlo priťahovať
nothing could have given him joy or comfort
nič mu nemohlo poskytnúť radosť ani útechu

he passionately wished to know nothing about himself anymore
vášnivo si prial už o sebe nič vedieť
he wanted to have rest and be dead
chcel si oddýchnuť a byť mŕtvy
he wished there was a lightning-bolt to strike him dead!
prial si, aby ho zabil blesk!
If there only was a tiger to devour him!
Keby ho len tiger zožral!
If there only was a poisonous wine which would numb his senses
Keby tak existovalo jedovaté víno, ktoré by otupilo jeho zmysly
a wine which brought him forgetfulness and sleep
víno, ktoré mu prinieslo zabudnutie a spánok
a wine from which he wouldn't awake from
víno, z ktorého by sa neprebudil
Was there still any kind of filth he had not soiled himself with?
Existoval ešte nejaký druh špiny, ktorou sa nezašpinil?
was there a sin or foolish act he had not committed?
bol nejaký hriech alebo hlúposť, ktorú nespáchal?
was there a dreariness of the soul he didn't know?
bola tam ponurosť duše, ktorú nepoznal?
was there anything he had not brought upon himself?
bolo niečo, čo na seba neprinesol?
Was it still at all possible to be alive?
Bolo ešte vôbec možné byť nažive?
Was it possible to breathe in again and again?
Dalo sa znova a znova nadýchnuť?
Could he still breathe out?
Mohol si ešte vydýchnuť?
was he able to bear hunger?
dokázal vydržať hlad?
was there any way to eat again?
bol nejaký spôsob, ako sa znova najesť?

was it possible to sleep again?
dalo sa znova zaspať?
could he sleep with a woman again?
mohol by sa znova vyspať so ženou?
had this cycle not exhausted itself?
nevyčerpal sa tento cyklus?
were things not brought to their conclusion?
neboli veci dotiahnuté do konca?

Siddhartha reached the large river in the forest
Siddhártha dosiahol veľkú rieku v lese
it was the same river he crossed when he had still been a young man
bola to tá istá rieka, ktorú prekročil, keď bol ešte mladý muž
it was the same river he crossed from the town of Gotama
bola to tá istá rieka, cez ktorú prešiel z mesta Gotama
he remembered a ferryman who had taken him over the river
spomenul si na prievozníka, ktorý ho previezol cez rieku
By this river he stopped, and hesitantly he stood at the bank
Pri tejto rieke sa zastavil a váhavo sa postavil na breh
Tiredness and hunger had weakened him
Únava a hlad ho oslabili
"what should I walk on for?"
"po čom mám kráčať?"
"to what goal was there left to go?"
"K akému cieľu zostávalo ísť?"
No, there were no more goals
Nie, viac gólov nepadlo
there was nothing left but a painful yearning to shake off this dream
nezostalo nič, len bolestná túžba striasť tento sen
he yearned to spit out this stale wine
túžil vypľuť toto zatuchnuté víno
he wanted to put an end to this miserable and shameful life
chcel skoncovať s týmto biednym a hanebným životom

a coconut-tree bent over the bank of the river
kokosový strom naklonený nad brehom rieky
Siddhartha leaned against its trunk with his shoulder
Siddhártha sa ramenom oprel o jeho kmeň
he embraced the trunk with one arm
jednou rukou objal kmeň
and he looked down into the green water
a pozrel sa dolu do zelenej vody
the water ran under him
voda pod ním tiekla
he looked down and found himself to be entirely filled with the wish to let go
pozrel dolu a zistil, že je úplne naplnený túžbou nechať to ísť
he wanted to drown in these waters
chcel sa v týchto vodách utopiť
the water reflected a frightening emptiness back at him
voda na neho odrážala desivú prázdnotu
the water answered to the terrible emptiness in his soul
voda odpovedala na hroznú prázdnotu v jeho duši
Yes, he had reached the end
Áno, dostal sa na koniec
There was nothing left for him, except to annihilate himself
Nezostávalo mu nič iné, iba sa zničiť
he wanted to smash the failure into which he had shaped his life
chcel rozbiť neúspech, do ktorého sformoval svoj život
he wanted to throw his life before the feet of mockingly laughing gods
chcel svoj život hodiť pred nohy posmešne sa smejúcim bohom
This was the great vomiting he had longed for; death
Toto bolo veľké zvracanie, po ktorom už dlho túžil; smrť
the smashing to bits of the form he hated
rozbitie na kúsky formy, ktorú nenávidel
Let him be food for fishes and crocodiles
Nech je potravou pre ryby a krokodíly

Siddhartha the dog, a lunatic
Pes Siddhártha, šialenec
a depraved and rotten body; a weakened and abused soul!
skazené a prehnité telo; oslabená a týraná duša!
let him be chopped to bits by the daemons
nech ho démoni rozsekajú na kúsky
With a distorted face, he stared into the water
So zdeformovanou tvárou hľadel do vody
he saw the reflection of his face and spat at it
uvidel odraz jeho tváre a napľul naň
In deep tiredness, he took his arm away from the trunk of the tree
V hlbokej únave stiahol ruku z kmeňa stromu
he turned a bit, in order to let himself fall straight down
trochu sa otočil, aby spadol rovno dole
in order to finally drown in the river
aby sa nakoniec utopil v rieke
With his eyes closed, he slipped towards death
So zavretými očami skĺzol k smrti
Then, out of remote areas of his soul, a sound stirred up
Potom sa z odľahlých oblastí jeho duše rozprúdil zvuk
a sound stirred up out of past times of his now weary life
z minulých čias jeho teraz unaveného života sa vznietil zvuk
It was a singular word, a single syllable
Bolo to jediné slovo, jedna slabika
without thinking he spoke the voice to himself
bez rozmýšľania prehovoril ten hlas pre seba
he slurred the beginning and the end of all prayers of the Brahmans
zahmlieval začiatok a koniec všetkých modlitieb brahmanov
he spoke the holy Om
hovoril sväté Óm
"that what is perfect" or "the completion"
„to, čo je dokonalé" alebo „dokončenie"
And in the moment he realized the foolishness of his actions
A v tej chvíli si uvedomil hlúposť svojho konania

the sound of Om touched Siddhartha's ear
zvuk Óm sa dotkol Siddhárthovho ucha
his dormant spirit suddenly woke up
jeho spiaci duch sa náhle prebudil
Siddhartha was deeply shocked
Siddhártha bol hlboko šokovaný
he saw this was how things were with him
videl, ako to s ním bolo
he was so doomed that he had been able to seek death
bol tak odsúdený na zánik, že bol schopný hľadať smrť
he had lost his way so much that he wished the end
stratil smer natoľko, že si prial koniec
the wish of a child had been able to grow in him
želanie dieťaťa v ňom mohlo rásť
he had wished to find rest by annihilating his body!
prial si nájsť odpočinok zničením svojho tela!
all the agony of recent times
všetku agóniu nedávnych čias
all sobering realizations that his life had created
všetky vytriezvenia, ktoré jeho život vytvoril
all the desperation that he had felt
všetko to zúfalstvo, ktoré cítil
these things did not bring about this moment
tieto veci nepriniesli tento moment
when the Om entered his consciousness he became aware of himself
keď Óm vstúpil do jeho vedomia, uvedomil si sám seba
he realized his misery and his error
uvedomil si svoju biedu a svoju chybu
Om! he spoke to himself
Om! hovoril sám pre seba
Om! and again he knew about Brahman
Om! a opäť vedel o Brahmane
Om! he knew about the indestructibility of life
Om! vedel o nezničiteľnosti života

Om! he knew about all that is divine, which he had forgotten
Om! vedel o všetkom božskom, na čo zabudol
But this was only a moment that flashed before him
Ale toto bol len okamih, ktorý sa pred ním mihol
By the foot of the coconut-tree, Siddhartha collapsed
Pri úpätí kokosového stromu sa Siddhártha zrútil
he was struck down by tiredness
skolila ho únava
mumbling "Om", he placed his head on the root of the tree
zamrmlal "Óm", položil hlavu na koreň stromu
and he fell into a deep sleep
a upadol do hlbokého spánku
Deep was his sleep, and without dreams
Jeho spánok bol hlboký a bez snov
for a long time he had not known such a sleep any more
už dávno nepoznal taký spánok

When he woke up after many hours, he felt as if ten years had passed
Keď sa po mnohých hodinách zobudil, mal pocit, akoby prešlo desať rokov
he heard the water quietly flowing
počul ticho tiecť vodu
he did not know where he was
nevedel, kde je
and he did not know who had brought him here
a nevedel, kto ho sem priviedol
he opened his eyes and looked with astonishment
otvoril oči a pozrel sa s úžasom
there were trees and the sky above him
nad ním boli stromy a nebo
he remembered where he was and how he got here
spomenul si, kde bol a ako sa sem dostal
But it took him a long while for this
Ale trvalo mu to dlho

the past seemed to him as if it had been covered by a veil
minulosť sa mu zdala, akoby bola zahalená závojom
infinitely distant, infinitely far away, infinitely meaningless
nekonečne vzdialený, nekonečne ďaleko, nekonečne nezmyselný
He only knew that his previous life had been abandoned
Vedel len, že jeho predchádzajúci život bol opustený
this past life seemed to him like a very old, previous incarnation
tento minulý život sa mu zdal ako veľmi stará, predchádzajúca inkarnácia
this past life felt like a pre-birth of his present self
tento minulý život sa cítil ako predzrodenie jeho súčasného ja
full of disgust and wretchedness, he had intended to throw his life away
plný znechutenia a úbohosti mal v úmysle zahodiť svoj život
he had come to his senses by a river, under a coconut-tree
spamätal sa pri rieke pod kokosovou palmou
the holy word "Om" was on his lips
sväté slovo „Óm" mal na perách
he had fallen asleep and had now woken up
zaspal a teraz sa zobudil
he was looking at the world as a new man
pozeral sa na svet ako na nového človeka
Quietly, he spoke the word "Om" to himself
Potichu si pre seba povedal slovo „Óm".
the "Om" he was speaking when he had fallen asleep
"Óm", ktoré hovoril, keď zaspal
his sleep felt like nothing more than a long meditative recitation of "Om"
jeho spánok nepripomínal nič iné ako dlhé meditatívne recitovanie „Óm"
all his sleep had been a thinking of "Om"
celý jeho spánok bol myslením na "Óm"
a submergence and complete entering into "Om"
ponorenie a úplný vstup do "Óm"

a going into the perfected and completed
ísť do dokonalosti a dokončenia
What a wonderful sleep this had been!
Aký nádherný spánok to bol!
he had never before been so refreshed by sleep
ešte nikdy nebol tak osviežený spánkom
Perhaps, he really had died
Možno naozaj zomrel
maybe he had drowned and was reborn in a new body?
možno sa utopil a znovuzrodil v novom tele?
But no, he knew himself and who he was
Ale nie, poznal sám seba a kto bol
he knew his hands and his feet
poznal svoje ruky a nohy
he knew the place where he lay
poznal miesto, kde ležal
he knew this self in his chest
poznal toto ja vo svojej hrudi
Siddhartha the eccentric, the weird one
Siddhártha, ten výstredný, ten čudný
but this Siddhartha was nevertheless transformed
ale tento Siddhártha bol napriek tomu premenený
he was strangely well rested and awake
bol napodiv dobre oddýchnutý a prebudený
and he was joyful and curious
a bol veselý a zvedavý

Siddhartha straightened up and looked around
Siddhártha sa narovnal a rozhliadol sa
then he saw a person sitting opposite to him
potom uvidel osobu sediacu oproti nemu
a monk in a yellow robe with a shaven head
mních v žltom rúchu s oholenou hlavou
he was sitting in the position of pondering
sedel v pozícii uvažovania

He observed the man, who had neither hair on his head nor a beard
Spozoroval muža, ktorý nemal ani vlasy na hlave, ani bradu
he had not observed him for long when he recognised this monk
dlho ho nepozoroval, keď spoznal tohto mnícha
it was Govinda, the friend of his youth
bol to Govinda, priateľ jeho mladosti
Govinda, who had taken his refuge with the exalted Buddha
Govinda, ktorý sa uchýlil k vznešenému Budhovi
Like Siddhartha, Govinda had also aged
Rovnako ako Siddhártha, aj Govinda zostarol
but his face still bore the same features
no jeho tvár mala stále tie isté črty
his face still expressed zeal and faithfulness
jeho tvár stále vyjadrovala horlivosť a vernosť
you could see he was still searching, but timidly
bolo vidieť, že stále hľadá, ale bojazlivo
Govinda sensed his gaze, opened his eyes, and looked at him
Govinda vycítil jeho pohľad, otvoril oči a pozrel na neho
Siddhartha saw that Govinda did not recognise him
Siddhártha videl, že ho Govinda nespoznal
Govinda was happy to find him awake
Govinda bol šťastný, že ho našiel hore
apparently, he had been sitting here for a long time
očividne tu sedel už dlho
he had been waiting for him to wake up
čakal, kým sa zobudí
he waited, although he did not know him
čakal, hoci ho nepoznal
"I have been sleeping" said Siddhartha
"Spal som," povedal Siddhártha
"How did you get here?"
"Ako si sa sem dostal?"
"You have been sleeping" answered Govinda

"Spal si," odpovedal Govinda
"It is not good to be sleeping in such places"
"Nie je dobré spať na takýchto miestach"
"snakes and the animals of the forest have their paths here"
"hady a zvieratá tu majú svoje cesty"
"I, oh sir, am a follower of the exalted Gotama"
"Ja, ó pane, som nasledovníkom vznešeného Gotamu"
"I was on a pilgrimage on this path"
"Bol som na púti na tejto ceste"
"I saw you lying and sleeping in a place where it is dangerous to sleep"
"Videl som ťa ležať a spať na mieste, kde je nebezpečné spať."
"Therefore, I sought to wake you up"
"Preto som ťa chcel zobudiť"
"but I saw that your sleep was very deep"
"Ale videl som, že tvoj spánok bol veľmi hlboký."
"so I stayed behind from my group"
"tak som zostal pozadu z mojej skupiny"
"and I sat with you until you woke up"
"a sedel som s tebou, kým si sa nezobudil"
"And then, so it seems, I have fallen asleep myself"
"A potom, ako sa zdá, som sám zaspal"
"I, who wanted to guard your sleep, fell asleep"
"Ja, ktorý som chcel strážiť tvoj spánok, som zaspal."
"Badly, I have served you"
"Zle, poslúžil som ti"
"tiredness had overwhelmed me"
"premohla ma únava"
"But since you're awake, let me go to catch up with my brothers"
"Ale keďže si hore, nechaj ma ísť dobehnúť mojich bratov."
"I thank you, Samana, for watching out over my sleep" spoke Siddhartha
"Ďakujem ti, Samana, že si dávala pozor na môj spánok," povedal Siddhártha
"You're friendly, you followers of the exalted one"

"Ste priateľskí, vy prívrženci toho vznešeného"
"Now you may go to them"
"Teraz môžeš ísť k nim"
"I'm going, sir. May you always be in good health"
"Už idem, pane. Nech ste vždy v dobrom zdraví."
"I thank you, Samana"
"Ďakujem ti, Samana"
Govinda made the gesture of a salutation and said "Farewell"
Govinda pozdravil a povedal „Zbohom"
"Farewell, Govinda" said Siddhartha
"Zbohom, Govinda," povedal Siddhártha
The monk stopped as if struck by lightning
Mních sa zastavil, akoby ho zasiahol blesk
"Permit me to ask, sir, from where do you know my name?"
"Dovoľte mi opýtať sa, pane, odkiaľ poznáte moje meno?"
Siddhartha smiled, "I know you, oh Govinda, from your father's hut"
Siddhártha sa usmial: "Poznám ťa, ó, Govinda, z chatrče tvojho otca."
"and I know you from the school of the Brahmans"
"a poznám ťa zo školy Brahmanov"
"and I know you from the offerings"
"a poznám ťa z ponúk"
"and I know you from our walk to the Samanas"
"a poznám ťa z našej prechádzky do Samanas"
"and I know you from when you took refuge with the exalted one"
"a poznám ťa z čias, keď si sa uchýlil k vznešenému"
"You're Siddhartha," Govinda exclaimed loudly, "Now, I recognise you"
"Ty si Siddhártha," zvolal Govinda nahlas, "Teraz ťa spoznávam"
"I don't comprehend how I couldn't recognise you right away"
"Nechápem, ako som ťa nemohol hneď spoznať."

"Siddhartha, my joy is great to see you again"
"Siddhártha, som rád, že ťa opäť vidím"
"It also gives me joy, to see you again" spoke Siddhartha
"Tiež mi robí radosť, že ťa opäť vidím," povedal Siddhártha
"You've been the guard of my sleep"
"Bol si strážcom môjho spánku"
"again, I thank you for this"
"Ešte raz ti za to ďakujem"
"but I wouldn't have required any guard"
"ale nepotreboval by som žiadneho strážcu"
"Where are you going to, oh friend?"
"Kam ideš, kamarát?"
"I'm going nowhere," answered Govinda
"Nikam nejdem," odpovedal Govinda
"We monks are always travelling"
"My mnísi stále cestujeme"
"whenever it is not the rainy season, we move from one place to another"
"keď nie je obdobie dažďov, presúvame sa z jedného miesta na druhé"
"we live according to the rules of the teachings passed on to us"
"žijeme podľa pravidiel učenia, ktoré nám bolo odovzdané"
"we accept alms, and then we move on"
"prijímame almužnu a potom ideme ďalej"
"It is always like this"
"Vždy je to takto"
"But you, Siddhartha, where are you going to?"
"Ale ty, Siddhártha, kam ideš?"
"for me it is as it is with you"
"pre mňa je to ako s tebou"
"I'm going nowhere; I'm just travelling"
"Nikam nejdem, len cestujem"
"I'm also on a pilgrimage"
"Aj ja som na púti"

Govinda spoke "You say you're on a pilgrimage, and I believe you"
Govinda prehovoril: "Hovoríš, že si na púti, a ja ti verím"
"But, forgive me, oh Siddhartha, you do not look like a pilgrim"
"Ale odpusť mi, ó Siddhártha, nevyzeráš ako pútnik."
"You're wearing a rich man's garments"
"Máš na sebe odev bohatého muža"
"you're wearing the shoes of a distinguished gentleman"
"máš obuté topánky váženého pána"
"and your hair, with the fragrance of perfume, is not a pilgrim's hair"
"a tvoje vlasy s vôňou parfumu nie sú vlasy pútnika"
"you do not have the hair of a Samana"
"Nemáš vlasy Samany"
"you are right, my dear"
"máš pravdu, drahý"
"you have observed things well"
"dobre si pozoroval veci"
"your keen eyes see everything"
"vaše bystré oči vidia všetko"
"But I haven't said to you that I was a Samana"
"Ale nepovedal som ti, že som bol Samana."
"I said I'm on a pilgrimage"
"Povedal som, že som na púti"
"And so it is, I'm on a pilgrimage"
"A je to tak, som na púti"
"You're on a pilgrimage" said Govinda
"Ste na púti," povedal Govinda
"But few would go on a pilgrimage in such clothes"
"Ale len málokto by išiel na púť v takom oblečení"
"few would pilger in such shoes"
"málokto by putoval v takýchto topánkach"
"and few pilgrims have such hair"
"a máloktorý pútnik má také vlasy"
"I have never met such a pilgrim"

"Nikdy som nestretol takého pútnika"
"and I have been a pilgrim for many years"
"a ja som bol pútnikom už mnoho rokov"
"I believe you, my dear Govinda"
"Verím ti, môj drahý Govinda"
"But now, today, you've met a pilgrim just like this"
"Ale teraz, dnes, si stretol takého pútnika."
"a pilgrim wearing these kinds of shoes and garment"
"pútnik, ktorý nosí tieto druhy topánok a odevu"
"Remember, my dear, the world of appearances is not eternal"
"Pamätaj, moja drahá, svet výzorov nie je večný."
"our shoes and garments are anything but eternal"
"naše topánky a odevy sú všetko, len nie večné"
"our hair and bodies are not eternal either"
"Ani naše vlasy a telá nie sú večné"
I'm wearing a rich man's clothes"
Mám na sebe šaty bohatého muža"
"you've seen this quite right"
"Videli ste to celkom správne"
"I'm wearing them, because I have been a rich man"
"Nosím ich, pretože som bol bohatý muž"
"and I'm wearing my hair like the worldly and lustful people"
"a nosím vlasy ako svetskí a žiadostiví ľudia"
"because I have been one of them"
"pretože som bol jedným z nich"
"And what are you now, Siddhartha?" Govinda asked
"A čo si teraz, Siddhártha?" spýtal sa Govinda
"I don't know it, just like you"
"Neviem, rovnako ako ty"
"I was a rich man, and now I am not a rich man anymore"
"Bol som bohatý muž a teraz už nie som bohatý."
"and what I'll be tomorrow, I don't know"
"a čím budem zajtra, neviem"
"You've lost your riches?" asked Govinda

"Stratil si svoje bohatstvo?" spýtal sa Govinda
"I've lost my riches, or they have lost me"
"Stratil som svoje bohatstvo, alebo oni stratili mňa"
"My riches somehow happened to slip away from me"
"Moje bohatstvo mi nejako náhodou uniklo"
"The wheel of physical manifestations is turning quickly, Govinda"
"Koleso fyzických prejavov sa rýchlo točí, Govinda"
"Where is Siddhartha the Brahman?"
"Kde je Siddhártha Brahman?"
"Where is Siddhartha the Samana?"
"Kde je Siddhártha Samana?"
"Where is Siddhartha the rich man?"
"Kde je bohatý Siddhártha?"
"Non-eternal things change quickly, Govinda, you know it"
"Nevečné veci sa rýchlo menia, Govinda, vieš to"
Govinda looked at the friend of his youth for a long time
Govinda sa dlho pozeral na priateľa svojej mladosti
he looked at him with doubt in his eyes
pozrel naňho s pochybnosťami v očiach
After that, he gave him the salutation which one would use on a gentleman
Potom mu dal pozdrav, ktorý by sa použil na džentlmena
and he went on his way, and continued his pilgrimage
išiel svojou cestou a pokračoval vo svojej púti
With a smiling face, Siddhartha watched him leave
Siddhártha ho s usmiatou tvárou sledoval ako odchádza
he loved him still, this faithful, fearful man
stále ho miloval, tohto verného, bojazlivého muža
how could he not have loved everybody and everything in this moment?
ako by mohol v tejto chvíli nemilovať všetkých a všetko?
in the glorious hour after his wonderful sleep, filled with Om!
v slávnej hodine po jeho nádhernom spánku, naplnenom Óm!

The enchantment, which had happened inside of him in his sleep
Očarenie, ktoré sa v ňom udialo v spánku
this enchantment was everything that he loved
toto očarenie bolo všetkým, čo miloval
he was full of joyful love for everything he saw
bol plný radostnej lásky ku všetkému, čo videl
exactly this had been his sickness before
presne toto bola predtým jeho choroba
he had not been able to love anybody or anything
nebol schopný milovať nikoho a nič
With a smiling face, Siddhartha watched the leaving monk
Siddhártha s usmiatou tvárou pozoroval odchádzajúceho mnícha

The sleep had strengthened him a lot
Spánok ho veľmi posilnil
but hunger gave him great pain
ale hlad mu spôsobil veľkú bolesť
by now he had not eaten for two days
už dva dni nejedol
the times were long past when he could resist such hunger
dávno minulé časy, keď dokázal odolať takému hladu
With sadness, and yet also with a smile, he thought of that time
So smútkom, no zároveň aj s úsmevom myslel na ten čas
In those days, so he remembered, he had boasted of three things to Kamala
V tých dňoch, ako si pamätal, sa Kamale chválil tromi vecami
he had been able to do three noble and undefeatable feats
dokázal urobiť tri ušľachtilé a neporaziteľné činy
he was able to fast, wait, and think
dokázal sa postiť, čakať a premýšľať
These had been his possessions; his power and strength
Toto bol jeho majetok; jeho moc a silu

in the busy, laborious years of his youth, he had learned these three feats
v rušných, namáhavých rokoch svojej mladosti sa naučil tieto tri činy
And now, his feats had abandoned him
A teraz ho jeho výkony opustili
none of his feats were his any more
žiadny z jeho výkonov už nebol jeho
neither fasting, nor waiting, nor thinking
ani pôst, ani čakanie, ani myslenie
he had given them up for the most wretched things
vzdal sa ich pre tie najbiednejšie veci
what is it that fades most quickly?
čo najrýchlejšie vybledne?
sensual lust, the good life, and riches!
zmyselná žiadostivosť, dobrý život a bohatstvo!
His life had indeed been strange
Jeho život bol naozaj zvláštny
And now, so it seemed, he had really become a childlike person
A teraz, tak sa zdalo, sa z neho skutočne stal detský človek
Siddhartha thought about his situation
Siddhártha premýšľal o svojej situácii
Thinking was hard for him now
Teraz bolo pre neho ťažké premýšľať
he did not really feel like thinking
naozaj nemal chuť rozmýšľať
but he forced himself to think
ale prinútil sa premýšľať
"all these most easily perishing things have slipped from me"
"všetky tieto najľahšie sa kaziace veci mi vykĺzli"
"again, now I'm standing here under the sun"
"Opäť, teraz tu stojím pod slnkom"
"I am standing here just like a little child"
"Stojím tu ako malé dieťa"

"nothing is mine, I have no abilities"
"Nič nie je moje, nemám žiadne schopnosti"
"there is nothing I could bring about"
"Nie je nič, čo by som mohol priniesť"
"I have learned nothing from my life"
"Vo svojom živote som sa nič nenaučil"
"How wondrous all of this is!"
"Aké je to všetko úžasné!"
"it's wondrous that I'm no longer young"
"Je úžasné, že už nie som mladý"
"my hair is already half gray and my strength is fading"
"Moje vlasy sú už napoly šedivé a moja sila mizne"
"and now I'm starting again at the beginning, as a child!"
"a teraz začínam znova od začiatku, ako dieťa!"
Again, he had to smile to himself
Opäť sa musel pre seba usmiať
Yes, his fate had been strange!
Áno, jeho osud bol zvláštny!
Things were going downhill with him
Veci s ním išli z kopca
and now he was again facing the world naked and stupid
a teraz opäť čelil svetu nahý a hlúpy
But he could not feel sad about this
Ale nemohol byť z toho smutný
no, he even felt a great urge to laugh
nie, dokonca cítil veľkú túžbu zasmiať sa
he felt an urge to laugh about himself
cítil nutkanie zasmiať sa sám na sebe
he felt an urge to laugh about this strange, foolish world
cítil nutkanie zasmiať sa na tomto podivnom, hlúpom svete
"Things are going downhill with you!" he said to himself
"S tebou to ide dole vodou!" povedal si pre seba
and he laughed about his situation
a zasmial sa nad svojou situáciou
as he was saying it he happened to glance at the river
keď to hovoril, náhodou sa pozrel na rieku

and he also saw the river going downhill
a tiež videl, ako rieka klesá
it was singing and being happy about everything
bolo to spievanie a radosť zo všetkého
He liked this, and kindly he smiled at the river
Páčilo sa mu to a láskavo sa usmial na rieku
Was this not the river in which he had intended to drown himself?
Nebola to rieka, v ktorej sa chcel utopiť?
in past times, a hundred years ago
v dobách minulých, pred sto rokmi
or had he dreamed this?
alebo sa mu toto snívalo?
"Wondrous indeed was my life" he thought
"Môj život bol naozaj úžasný," pomyslel si
"my life has taken wondrous detours"
"môj život prešiel úžasnými obchádzkami"
"As a boy, I only dealt with gods and offerings"
"Ako chlapec som sa zaoberal iba bohmi a obetami."
"As a youth, I only dealt with asceticism"
"V mladosti som sa zaoberal len asketizmom"
"I spent my time in thinking and meditation"
"Strávil som svoj čas premýšľaním a meditáciou"
"I was searching for Brahman
„Hľadal som Brahmana
"and I worshipped the eternal in the Atman"
"a uctieval som večné v Átmane"
"But as a young man, I followed the penitents"
"Ale ako mladý muž som nasledoval kajúcnikov"
"I lived in the forest and suffered heat and frost"
"Žil som v lese a trpel som horúčavou a mrazom"
"there I learned how to overcome hunger"
"tam som sa naučil, ako prekonať hlad"
"and I taught my body to become dead"
"a naučil som svoje telo stať sa mŕtvym"
"Wonderfully, soon afterwards, insight came towards me"

"Nádherne, čoskoro nato ku mne prišiel pohľad"
"insight in the form of the great Buddha's teachings"
"vhľad vo forme učenia veľkého Budhu"
"I felt the knowledge of the oneness of the world"
"Cítil som poznanie jednoty sveta"
"I felt it circling in me like my own blood"
"Cítil som, že to vo mne krúži ako moja vlastná krv"
"But I also had to leave Buddha and the great knowledge"
"Ale tiež som musel opustiť Budhu a veľké poznanie."
"I went and learned the art of love with Kamala"
"Išiel som a naučil som sa umeniu lásky s Kamalou"
"I learned trading and business with Kamaswami"
"Naučil som sa obchodovať a obchodovať s Kamaswami"
"I piled up money, and wasted it again"
"Nahromadil som peniaze a znova som ich premrhal"
"I learned to love my stomach and please my senses"
"Naučil som sa milovať svoj žalúdok a potešiť svoje zmysly"
"I had to spend many years losing my spirit"
"Musel som stráviť veľa rokov stratou svojho ducha"
"and I had to unlearn thinking again"
"a musel som sa znova naučiť myslieť"
"there I had forgotten the oneness"
"tam som zabudol na jednotu"
"Isn't it just as if I had turned slowly from a man into a child"?
"Nie je to ako keby som sa pomaly zmenil z muža na dieťa"?
"from a thinker into a childlike person"
"z mysliteľa na detského človeka"
"And yet, this path has been very good"
"A predsa, táto cesta bola veľmi dobrá"
"and yet, the bird in my chest has not died"
"A predsa, vták v mojej hrudi nezomrel"
"what a path has this been!"
"aká to bola cesta!"
"I had to pass through so much stupidity"
"Musel som prejsť toľkými hlúposťami"

"I had to pass through so much vice"
"Musel som prejsť toľkými neresťami"
"I had to make so many errors"
"Musel som urobiť toľko chýb"
"I had to feel so much disgust and disappointment"
"Musel som cítiť toľko znechutenia a sklamania"
"I had to do all this to become a child again"
"Toto všetko som musel urobiť, aby som sa stal znova dieťaťom"
"and then I could start over again"
"a potom by som mohol začať odznova"
"But it was the right way to do it"
"Ale bol to správny spôsob, ako to urobiť"
"my heart says yes to it and my eyes smile to it"
"Moje srdce tomu hovorí áno a moje oči sa tomu usmievajú"
"I've had to experience despair"
"Musel som zažiť zúfalstvo"
"I've had to sink down to the most foolish of all thoughts"
"Musel som klesnúť na tie najhlúpejšie myšlienky zo všetkých"
"I've had to think to the thoughts of suicide"
"Musel som myslieť na samovraždu"
"only then would I be able to experience divine grace"
"Len potom budem môcť zažiť Božiu milosť"
"only then could I hear Om again"
"Až potom som mohol znova počuť Om"
"only then would I be able to sleep properly and awake again"
"Len potom budem môcť správne spať a znova sa prebudiť"
"I had to become a fool, to find Atman in me again"
"Musel som sa stať bláznom, aby som v sebe opäť našiel Átmana"
"I had to sin, to be able to live again"
"Musel som zhrešiť, aby som mohol znova žiť"
"Where else might my path lead me to?"
"Kam inam ma môže viesť moja cesta?"
"It is foolish, this path, it moves in loops"

"Je to hlúpe, táto cesta sa pohybuje v slučkách"
"perhaps it is going around in a circle"
"možno to ide v kruhu"
"Let this path go where it likes"
"Nech ide táto cesta tam, kde sa jej páči"
"where ever this path goes, I want to follow it"
"Kamkoľvek táto cesta vedie, chcem po nej ísť"
he felt joy rolling like waves in his chest
cítil radosť, ktorá sa mu v hrudi valila ako vlny
he asked his heart, "from where did you get this happiness?"
spýtal sa svojho srdca, "odkiaľ máš to šťastie?"
"does it perhaps come from that long, good sleep?"
"možno to pochádza z toho dlhého, dobrého spánku?"
"the sleep which has done me so much good"
"spánok, ktorý mi urobil tak dobre"
"or does it come from the word Om, which I said?"
"alebo to pochádza zo slova Óm, ktoré som povedal?"
"Or does it come from the fact that I have escaped?"
"Alebo to pochádza zo skutočnosti, že som utiekol?"
"does this happiness come from standing like a child under the sky?"
"Pochádza toto šťastie z toho, že stojím ako dieťa pod nebom?"
"Oh how good is it to have fled"
"Ach, aké je dobré utiecť"
"it is great to have become free!"
"Je skvelé stať sa slobodným!"
"How clean and beautiful the air here is"
"Aký je tu čistý a krásny vzduch"
"the air is good to breath"
"vzduch je dobrý na dýchanie"
"where I ran away from everything smelled of ointments"
"kde som utekal pred všetkým, čo voňalo po mastiach"
"spices, wine, excess, sloth"
"korenie, víno, prebytok, lenivosť"
"How I hated this world of the rich"
"Ako som nenávidel tento svet bohatých"

"I hated those who revel in fine food and the gamblers!"
"Nenávidel som tých, ktorí sa vyžívajú v dobrom jedle a hazardných hráčov!"
"I hated myself for staying in this terrible world for so long!
„Nenávidel som sa za to, že som tak dlho zostal v tomto hroznom svete!
"I have deprived, poisoned, and tortured myself"
"Zbavil som sa, otrávil a mučil som sa"
"I have made myself old and evil!"
"Urobil som sa starým a zlým!"
"No, I will never again do the things I liked doing so much"
"Nie, už nikdy nebudem robiť veci, ktoré som tak rád robil."
"I won't delude myself into thinking that Siddhartha was wise!"
"Nebudem si klamať, že Siddhártha bol múdry!"
"But this one thing I have done well"
"Ale túto jednu vec som urobil dobre"
"this I like, this I must praise"
"toto sa mi páči, to musím pochváliť"
"I like that there is now an end to that hatred against myself"
"Páči sa mi, že teraz je koniec tej nenávisti voči mne samej"
"there is an end to that foolish and dreary life!"
"Ten hlúpy a ponurý život je koniec!"
"I praise you, Siddhartha, after so many years of foolishness"
"Chválim ťa, Siddhártha, po toľkých rokoch hlúposti."
"you have once again had an idea"
"zasa si dostal nápad"
"you have heard the bird in your chest singing"
"Počul si spievať vtáka v tvojej hrudi"
"and you followed the song of the bird!"
"a nasledoval si spev vtáka!"
with these thoughts he praised himself
týmito myšlienkami sa chválil
he had found joy in himself again
opäť v sebe našiel radosť
he listened curiously to his stomach rumbling with hunger

zvedavo počúval, ako mu v žalúdku škvŕka od hladu
he had tasted and spat out a piece of suffering and misery
okúsil a vypľul kúsok utrpenia a biedy
in these recent times and days, this is how he felt
v týchto nedávnych časoch a dňoch sa cítil takto
he had devoured it up to the point of desperation and death
zhltol to až do zúfalstva a smrti
how everything had happened was good
ako sa všetko stalo, bolo dobré
he could have stayed with Kamaswami for much longer
mohol zostať s Kamaswamim oveľa dlhšie
he could have made more money, and then wasted it
mohol zarobiť viac peňazí a potom ich premrhať
he could have filled his stomach and let his soul die of thirst
mohol si naplniť žalúdok a nechať svoju dušu zomrieť od smädu
he could have lived in this soft upholstered hell much longer
mohol v tomto mäkkom čalúnenom pekle žiť oveľa dlhšie
if this had not happened, he would have continued this life
keby sa to nestalo, pokračoval by v tomto živote
the moment of complete hopelessness and despair
moment úplnej beznádeje a zúfalstva
the most extreme moment when he hung over the rushing waters
najextrémnejší moment, keď visel nad zurčiacimi vodami
the moment he was ready to destroy himself
vo chvíli, keď bol pripravený zničiť sa
the moment he had felt this despair and deep disgust
vo chvíli, keď pocítil toto zúfalstvo a hlboké znechutenie
he had not succumbed to it
nepodľahol tomu
the bird was still alive after all
vták predsa len žil
this was why he felt joy and laughed
preto cítil radosť a smial sa

this was why his face was smiling brightly under his hair
preto sa jeho tvár pod vlasmi žiarivo usmievala
his hair which had now turned gray
jeho vlasy, ktoré teraz zošediveli
"It is good," he thought, "to get a taste of everything for oneself"
"Je dobré," pomyslel si, "všetko ochutnať na vlastnej koži"
"everything which one needs to know"
"všetko, čo človek potrebuje vedieť"
"lust for the world and riches do not belong to the good things"
"Túžba po svete a bohatstvo nepatria k dobrým veciam"
"I have already learned this as a child"
"Už som sa to naučil ako dieťa"
"I have known it for a long time"
"Poznám to už dlho"
"but I hadn't experienced it until now"
"ale doteraz som to nezažil"
"And now that I I've experienced it I know it"
"A teraz, keď som to zažil, viem to"
"I don't just know it in my memory, but in my eyes, heart, and stomach"
"Nepoznám to len v pamäti, ale v mojich očiach, srdci a žalúdku."
"it is good for me to know this!"
"Je dobré, že to viem!"

For a long time, he pondered his transformation
Dlho premýšľal o svojej premene
he listened to the bird, as it sang for joy
počúval vtáka, ako spieva od radosti
Had this bird not died in him?
Nezomrel v ňom tento vták?
had he not felt this bird's death?
necítil smrť tohto vtáka?
No, something else from within him had died

Nie, zomrelo v ňom niečo iné
something which yearned to die had died
zomrelo niečo, čo túžilo zomrieť
Was it not this that he used to intend to kill?
Nebolo to práve toto, čo mal v úmysle zabiť?
Was it not his his small, frightened, and proud self that had died?
Nebolo to jeho malé, vystrašené a hrdé ja, ktoré zomrelo?
he had wrestled with his self for so many years
toľko rokov zápasil sám so sebou
the self which had defeated him again and again
ja, ktoré ho znova a znova porážalo
the self which was back again after every killing
to ja, ktoré bolo späť po každom zabití
the self which prohibited joy and felt fear?
ja, ktoré zakazovalo radosť a pociťovalo strach?
Was it not this self which today had finally come to its death?
Nebolo to toto ja, ktoré dnes konečne zomrelo?
here in the forest, by this lovely river
tu v lese, pri tejto krásnej rieke
Was it not due to this death, that he was now like a child?
Nebolo to kvôli tejto smrti, že bol teraz ako dieťa?
so full of trust and joy, without fear
tak plný dôvery a radosti, bez strachu
Now Siddhartha also got some idea of why he had fought this self in vain
Teraz aj Siddhártha dostal nejakú predstavu o tom, prečo márne bojoval s týmto ja
he knew why he couldn't fight his self as a Brahman
vedel, prečo nemôže bojovať proti sebe ako Brahman
Too much knowledge had held him back
Zdržalo ho príliš veľa vedomostí
too many holy verses, sacrificial rules, and self-castigation
príliš veľa svätých veršov, obetných pravidiel a sebaobviňovania

all these things held him back
všetky tieto veci ho brzdili
so much doing and striving for that goal!
toľko práce a úsilia o tento cieľ!
he had been full of arrogance
bol plný arogancie
he was always the smartest
bol vždy najmúdrejší
he was always working the most
vždy pracoval najviac
he had always been one step ahead of all others
vždy bol o krok pred všetkými ostatnými
he was always the knowing and spiritual one
bol vždy tým poznajúcim a duchovným
he was always considered the priest or wise one
bol vždy považovaný za kňaza alebo múdreho
his self had retreated into being a priest, arrogance, and spirituality
jeho ja sa stiahol do kňazského stavu, arogancia a spiritualita
there it sat firmly and grew all this time
tam pevne sedel a rástol celý ten čas
and he had thought he could kill it by fasting
a on si myslel, že to môže zabiť pôstom
Now he saw his life as it had become
Teraz videl svoj život taký, aký sa stal
he saw that the secret voice had been right
videl, že tajný hlas mal pravdu
no teacher would ever have been able to bring about his salvation
žiadny učiteľ by nikdy nebol schopný dosiahnuť jeho spasenie
Therefore, he had to go out into the world
Preto musel ísť do sveta
he had to lose himself to lust and power
musel sa stratiť žiadostivosti a moci
he had to lose himself to women and money
musel sa stratiť kvôli ženám a peniazom

he had to become a merchant, a dice-gambler, a drinker
musel sa stať obchodníkom, hráčom na kocky, pijanom
and he had to become a greedy person
a musel sa stať lakomcom
he had to do this until the priest and Samana in him was dead
musel to robiť, kým kňaz a Samana v ňom nezomreli
Therefore, he had to continue bearing these ugly years
Preto musel tieto škaredé roky znášať ďalej
he had to bear the disgust and the teachings
musel znášať hnus a učenie
he had to bear the pointlessness of a dreary and wasted life
musel znášať nezmyselnosť bezútešného a premárneného života
he had to conclude it up to its bitter end
musel to dotiahnuť do trpkého konca
he had to do this until Siddhartha the lustful could also die
musel to robiť, kým nezomrel aj žiadostivý Siddhártha
He had died and a new Siddhartha had woken up from the sleep
Zomrel a nový Siddhártha sa prebudil zo spánku
this new Siddhartha would also grow old
tento nový Siddhártha by tiež zostarol
he would also have to die eventually
aj on by musel nakoniec zomrieť
Siddhartha was still mortal, as is every physical form
Siddhártha bol stále smrteľný, rovnako ako každá fyzická forma
But today he was young and a child and full of joy
Ale dnes bol mladý a dieťa a plný radosti
He thought these thoughts to himself
Myslel si tieto myšlienky pre seba
he listened with a smile to his stomach
počúval s úsmevom do brucha
he listened gratefully to a buzzing bee
vďačne počúval bzučiacu včelu

Cheerfully, he looked into the rushing river
Veselo hľadel do zurčiacej rieky
he had never before liked a water as much as this one
nikdy predtým nemal tak rád vodu ako túto
he had never before perceived the voice so stronger
ešte nikdy predtým nevnímal ten hlas tak silnejšie
he had never understood the parable of the moving water so strongly
ešte nikdy tak silno nechápal podobenstvo o pohybujúcej sa vode
he had never before noticed how beautifully the river moved
nikdy predtým si nevšimol, ako krásne sa rieka pohybuje
It seemed to him, as if the river had something special to tell him
Zdalo sa mu, akoby mu rieka chcela povedať niečo zvláštne
something he did not know yet, which was still awaiting him
niečo, čo ešte nepoznal, čo ho ešte len čakalo
In this river, Siddhartha had intended to drown himself
V tejto rieke sa Siddhártha chcel utopiť
in this river the old, tired, desperate Siddhartha had drowned today
v tejto rieke sa dnes utopil starý, unavený, zúfalý Siddhártha
But the new Siddhartha felt a deep love for this rushing water
Ale nový Siddhártha cítil hlbokú lásku k tejto búriacej sa vode
and he decided for himself, not to leave it very soon
a sám sa rozhodol, že to tak skoro neopustí

The Ferryman
Prievozník

"By this river I want to stay," thought Siddhartha
"Pri tejto rieke chcem zostať," pomyslel si Siddhártha
"it is the same river which I have crossed a long time ago"
"Je to tá istá rieka, ktorú som prešiel už dávno"
"I was on my way to the childlike people"
"Bol som na ceste k detským ľuďom"
"a friendly ferryman had guided me across the river"
"priateľský prievozník ma previedol cez rieku"
"he is the one I want to go to"
"on je ten, ku ktorému chcem ísť"
"starting out from his hut, my path led me to a new life"
"Vychádzajúc z jeho chatrče, moja cesta ma viedla k novému životu"
"a path which had grown old and is now dead"
"cesta, ktorá zostarla a teraz je mŕtva"
"my present path shall also take its start there!"
"Tam sa začne aj moja súčasná cesta!"
Tenderly, he looked into the rushing water
Nežne hľadel do zurčiacej vody
he looked into the transparent green lines the water drew
pozrel do priehľadných zelených čiar, ktoré nakreslila voda
the crystal lines of water were rich in secrets
krištáľové čiary vody boli bohaté na tajomstvá
he saw bright pearls rising from the deep
videl jasné perly stúpať z hlbín
quiet bubbles of air floating on the reflecting surface
tiché bublinky vzduchu plávajúce na odrazovej ploche
the blue of the sky depicted in the bubbles
modrá obloha zobrazená v bublinách
the river looked at him with a thousand eyes
rieka sa naňho dívala tisíckami očí
the river had green eyes and white eyes
rieka mala zelené oči a biele oči

the river had crystal eyes and sky-blue eyes
rieka mala krištáľové oči a nebesky modré oči
he loved this water very much, it delighted him
túto vodu mal veľmi rád, potešila ho
he was grateful to the water
bol vďačný vode
In his heart he heard the voice talking
Vo svojom srdci počul, ako hovorí hlas
"Love this water! Stay near it!"
"Miluj túto vodu! Zostaň blízko nej!"
"Learn from the water!" his voice commanded him
"Učte sa od vody!" prikázal mu jeho hlas
Oh yes, he wanted to learn from it
Ach áno, chcel sa z toho poučiť
he wanted to listen to the water
chcel počúvať vodu
He who would understand this water's secrets
Ten, kto by pochopil tajomstvá tejto vody
he would also understand many other things
pochopil by aj mnohé iné veci
this is how it seemed to him
takto sa mu zdalo
But out of all secrets of the river, today he only saw one
Ale zo všetkých tajomstiev rieky dnes videl len jedno
this secret touched his soul
toto tajomstvo sa dotklo jeho duše
this water ran and ran, incessantly
táto voda bežala a bežala, bez prestania
the water ran, but nevertheless it was always there
voda tiekla, no napriek tomu tam vždy bola
the water always, at all times, was the same
voda bola vždy, vždy rovnaká
and at the same time it was new in every moment
a zároveň to bolo v každom okamihu nové
he who could grasp this would be great
ten, kto by to pochopil, by bol skvelý

but he didn't understand or grasp it
ale on tomu nerozumel ani to nepochopil
he only felt some idea of it stirring
cítil len nejakú predstavu o tom, ako sa to hýbe
it was like a distant memory, a divine voices
bolo to ako vzdialená spomienka, božské hlasy

Siddhartha rose as the workings of hunger in his body became unbearable
Siddhártha vstal, keď sa hlad v jeho tele stal neznesiteľným
In a daze he walked further away from the city
Ako omámený kráčal ďalej od mesta
he walked up the river along the path by the bank
kráčal hore riekou po cestičke pri brehu
he listened to the current of the water
počúval prúd vody
he listened to the rumbling hunger in his body
počúval dunivý hlad v tele
When he reached the ferry, the boat was just arriving
Keď dorazil k trajektu, loď práve prichádzala
the same ferryman who had once transported the young Samana across the river
ten istý prievozník, ktorý kedysi prevážal mladú Samanu cez rieku
he stood in the boat and Siddhartha recognised him
stál v člne a Siddhártha ho spoznal
he had also aged very much
tiež veľmi zostarol
the ferryman was astonished to see such an elegant man walking on foot
prievozník žasol, keď videl takého elegantného muža kráčať pešo
"Would you like to ferry me over?" he asked
"Chceli by ste ma previezť?" spýtal sa
he took him into his boat and pushed it off the bank
vzal ho do svojho člna a odtlačil ho z brehu

"It's a beautiful life you have chosen for yourself" the passenger spoke
"Je to krásny život, ktorý si si vybral," povedal cestujúci
"It must be beautiful to live by this water every day"
"Musí byť krásne žiť každý deň pri tejto vode"
"and it must be beautiful to cruise on it on the river"
"a plaviť sa po ňom po rieke musí byť krásne"
With a smile, the man at the oar moved from side to side
Muž pri vesle sa s úsmevom pohol zo strany na stranu
"It is as beautiful as you say, sir"
"Je to také krásne, ako hovoríte, pane."
"But isn't every life and all work beautiful?"
"Ale nie je každý život a každá práca krásna?"
"This may be true" replied Siddhartha
"To môže byť pravda," odpovedal Siddhártha
"But I envy you for your life"
"Ale závidím ti tvoj život"
"Ah, you would soon stop enjoying it"
"Ach, čoskoro by ťa to prestalo baviť"
"This is no work for people wearing fine clothes"
"Toto nie je práca pre ľudí, ktorí nosia pekné oblečenie"
Siddhartha laughed at the observation
Siddhártha sa tomu pozorovaniu zasmial
"Once before, I have been looked upon today because of my clothes"
"Už raz sa na mňa dnes pozerali kvôli mojim šatám"
"I have been looked upon with distrust"
"Pozerali sa na mňa s nedôverou"
"they are a nuisance to me"
"sú mi na obtiaž"
"Wouldn't you, ferryman, like to accept these clothes"
"Nechcel by si, prievozník, prijať tieto šaty?"
"because you must know, I have no money to pay your fare"
"Pretože to musíš vedieť, nemám peniaze na zaplatenie tvojho cestovného"
"You're joking, sir," the ferryman laughed

„Žartujete, pane," zasmial sa prievozník
"I'm not joking, friend"
"Nerobím si srandu, priateľ"
"once before you have ferried me across this water in your boat"
"raz predtým si ma previezol cez túto vodu na svojej lodi"
"you did it for the immaterial reward of a good deed"
"urobil si to za nemateriálnu odmenu za dobrý skutok"
"ferry me across the river and accept my clothes for it"
"preveď ma cez rieku a prijmi za to moje oblečenie"
"And do you, sir, intent to continue travelling without clothes?"
"A vy, pane, máte v úmysle pokračovať v cestovaní bez oblečenia?"
"Ah, most of all I wouldn't want to continue travelling at all"
"Ach, zo všetkého najviac by som nechcel pokračovať v cestovaní."
"I would rather you gave me an old loincloth"
"Bol by som radšej, keby si mi dal starú bedrovú rúšku"
"I would like it if you kept me with you as your assistant"
"Bol by som rád, keby si ma nechal pri sebe ako svojho asistenta."
"or rather, I would like if you accepted me as your trainee"
"alebo skôr by som bol rád, keby si ma prijal ako svojho praktikanta"
"because first I'll have to learn how to handle the boat"
"pretože najprv sa musím naučiť ovládať loď"
For a long time, the ferryman looked at the stranger
Prievozník dlho hľadel na neznámeho
he was searching in his memory for this strange man
hľadal v pamäti tohto zvláštneho muža
"Now I recognise you," he finally said
"Teraz ťa spoznávam," povedal nakoniec
"At one time, you've slept in my hut"
"Raz si spal v mojej chatrči"
"this was a long time ago, possibly more than twenty years"

"toto bolo dávno, možno viac ako dvadsať rokov"
"and you've been ferried across the river by me"
"a nechal som ťa previezť cez rieku"
"that day we parted like good friends"
"V ten deň sme sa rozišli ako dobrí priatelia"
"Haven't you been a Samana?"
"Nebol si Samana?"
"I can't think of your name anymore"
"Už ma nenapadá tvoje meno"
"My name is Siddhartha, and I was a Samana"
"Volám sa Siddhártha a bol som Samana"
"I had still been a Samana when you last saw me"
"Stále som bola Samana, keď si ma naposledy videl"
"So be welcome, Siddhartha. My name is Vasudeva"
"Tak buď vítaný, Siddhártha. Volám sa Vasudeva."
"You will, so I hope, be my guest today as well"
"Dúfam, že budeš aj dnes mojím hosťom"
"and you may sleep in my hut"
"a môžeš spať v mojej chatrči"
"and you may tell me, where you're coming from"
"a môžeš mi povedať, odkiaľ prichádzaš"
"and you may tell me why these beautiful clothes are such a nuisance to you"
"a môžeš mi povedať, prečo ti tieto krásne šaty tak vadia"
They had reached the middle of the river
Dostali sa do stredu rieky
Vasudeva pushed the oar with more strength
Vasudeva zatlačil na veslo s väčšou silou
in order to overcome the current
s cieľom prekonať prúd
He worked calmly, with brawny arms
Pracoval pokojne, so svalnatými rukami
his eyes were fixed in on the front of the boat
jeho oči boli upreté na prednú časť člna
Siddhartha sat and watched him
Siddhártha sedel a pozoroval ho

he remembered his time as a Samana
spomenul si na čas Samany
he remembered how love for this man had stirred in his heart
spomenul si, ako sa v jeho srdci rozprúdila láska k tomuto mužovi
Gratefully, he accepted Vasudeva's invitation
Vďačne prijal Vasudevovo pozvanie
When they had reached the bank, he helped him to tie the boat to the stakes
Keď dorazili na breh, pomohol mu priviazať loď ku kolíkom
after this, the ferryman asked him to enter the hut
potom ho prievozník požiadal, aby vošiel do chatrče
he offered him bread and water, and Siddhartha ate with eager pleasure
ponúkol mu chlieb a vodu a Siddhártha jedol s dychtivým potešením
and he also ate with eager pleasure of the mango fruits Vasudeva offered him
a tiež jedol s dychtivým potešením z plodov manga, ktoré mu ponúkol Vasudeva

Afterwards, it was almost the time of the sunset
Potom už bol skoro čas západu slnka
they sat on a log by the bank
sedeli na polene pri banke
Siddhartha told the ferryman about where he originally came from
Siddhártha povedal prievozníkovi, odkiaľ pôvodne prišiel
he told him about his life as he had seen it today
povedal mu o svojom živote tak, ako ho videl dnes
the way he had seen it in that hour of despair
ako to videl v tej hodine zúfalstva
the tale of his life lasted late into the night
príbeh jeho života trval dlho do noci
Vasudeva listened with great attention

Vasudeva počúval s veľkou pozornosťou
Listening carefully, he let everything enter his mind
Pozorne počúval a nechal všetko vstúpiť do svojej mysle
birthplace and childhood, all that learning
rodisko a detstvo, všetko to učenie
all that searching, all joy, all distress
všetko to hľadanie, všetka radosť, všetko trápenie
This was one of the greatest virtues of the ferryman
To bola jedna z najväčších cností prievozníka
like only a few, he knew how to listen
ako len málokto vedel počúvať
he did not have to speak a word
nemusel povedať ani slovo
but the speaker sensed how Vasudeva let his words enter his mind
ale rečník vycítil, ako mu Vasudeva vpustil do mysle jeho slová
his mind was quiet, open, and waiting
jeho myseľ bola tichá, otvorená a čakala
he did not lose a single word
nestratil ani slovo
he did not await a single word with impatience
nečakal s netrpezlivosťou ani slovo
he did not add his praise or rebuke
nepridal svoju pochvalu ani pokarhanie
he was just listening, and nothing else
len počúval a nič iné
Siddhartha felt what a happy fortune it is to confess to such a listener
Siddhártha cítil, aké je to šťastné šťastie priznať sa takémuto poslucháčovi
he felt fortunate to bury in his heart his own life
cítil šťastie, že vo svojom srdci pochoval svoj vlastný život
he buried his own search and suffering
pochoval svoje vlastné hľadanie a utrpenie
he told the tale of Siddhartha's life

rozprával príbeh zo Siddhárthovho života
when he spoke of the tree by the river
keď hovoril o strome pri rieke
when he spoke of his deep fall
keď hovoril o svojom hlbokom páde
when he spoke of the holy Om
keď hovoril o svätom Ómovi
when he spoke of how he had felt such a love for the river
keď hovoril o tom, ako cítil takú lásku k rieke
the ferryman listened to these things with twice as much attention
prievozník počúval tieto veci s dvojnásobnou pozornosťou
he was entirely and completely absorbed by it
bol tým úplne a úplne pohltený
he was listening with his eyes closed
počúval so zavretými očami
when Siddhartha fell silent a long silence occurred
keď Siddhártha stíchol, nastalo dlhé ticho
then Vasudeva spoke "It is as I thought"
potom Vasudeva prehovoril "Je to tak, ako som si myslel"
"The river has spoken to you"
"Rieka k tebe prehovorila"
"the river is your friend as well"
"rieka je aj tvoj priateľ"
"the river speaks to you as well"
"rieka hovorí aj k tebe"
"That is good, that is very good"
"To je dobré, to je veľmi dobré"
"Stay with me, Siddhartha, my friend"
"Zostaň so mnou, Siddhártha, môj priateľ."
"I used to have a wife"
"Mal som ženu"
"her bed was next to mine"
"jej posteľ bola vedľa mojej"
"but she has died a long time ago"
"ale zomrela už dávno"

"for a long time, I have lived alone"
"dlho som žil sám"
"Now, you shall live with me"
"Teraz budeš žiť so mnou"
"there is enough space and food for both of us"
"je tu dosť miesta a jedla pre nás oboch"
"I thank you," said Siddhartha
"Ďakujem ti," povedal Siddhártha
"I thank you and accept"
"Ďakujem a prijímam"
"And I also thank you for this, Vasudeva"
"A tiež ti za to ďakujem, Vasudeva."
"I thank you for listening to me so well"
"Ďakujem, že si ma tak dobre počúval"
"people who know how to listen are rare"
"Ľudia, ktorí vedia počúvať, sú vzácni"
"I have not met a single person who knew it as well as you do"
"Nestretol som jediného človeka, ktorý by to vedel tak dobre ako ty."
"I will also learn in this respect from you"
"V tomto ohľade sa budem učiť aj od teba"
"You will learn it," spoke Vasudeva
"Naučíš sa to," povedal Vasudeva
"but you will not learn it from me"
"ale odo mňa sa to nenaučíš"
"The river has taught me to listen"
"Rieka ma naučila počúvať"
"you will learn to listen from the river as well"
"Naučíš sa počúvať aj z rieky"
"It knows everything, the river"
"Vie všetko, rieka"
"everything can be learned from the river"
"všetko sa dá naučiť od rieky"
"See, you've already learned this from the water too"
"Vidíš, aj ty si sa to už naučil z vody"

"you have learned that it is good to strive downwards"
"naučili ste sa, že je dobré snažiť sa smerom dole"
"you have learned to sink and to seek depth"
"Naučil si sa klesať a hľadať hĺbku"
"The rich and elegant Siddhartha is becoming an oarsman's servant"
"Bohatý a elegantný Siddhártha sa stáva sluhom veslára"
"the learned Brahman Siddhartha becomes a ferryman"
"učený Brahman Siddhártha sa stáva prievozníkom"
"this has also been told to you by the river"
"toto ti povedali aj pri rieke"
"You'll learn the other thing from it as well"
"Dozvieš sa z toho aj druhú vec"
Siddhartha spoke after a long pause
Siddhártha prehovoril po dlhšej odmlke
"What other things will I learn, Vasudeva?"
"Aké ďalšie veci sa naučím, Vasudeva?"
Vasudeva rose. "It is late," he said
Vasudeva vstal. "Je neskoro," povedal
and Vasudeva proposed going to sleep
a Vasudeva navrhol ísť spať
"I can't tell you that other thing, oh friend"
"To iné ti nemôžem povedať, kamarát."
"You'll learn the other thing, or perhaps you know it already"
"Naučíš sa inú vec, alebo to možno už vieš."
"See, I'm no learned man"
"Vidíš, nie som učený človek"
"I have no special skill in speaking"
"Nemám žiadne špeciálne schopnosti hovoriť"
"I also have no special skill in thinking"
"Ja tiež nemám žiadne špeciálne schopnosti v myslení"
"All I'm able to do is to listen and to be godly"
"Všetko, čo môžem urobiť, je počúvať a byť zbožný"
"I have learned nothing else"
"Nič iné som sa nenaučil"

"If I was able to say and teach it, I might be a wise man"
"Keby som to vedel povedať a naučiť, možno by som bol múdrym človekom."
"but like this I am only a ferryman"
"ale takto som len prievozník"
"and it is my task to ferry people across the river"
"a mojou úlohou je prevážať ľudí cez rieku"
"I have transported many thousands of people"
"Prepravil som mnoho tisíc ľudí"
"and to all of them, my river has been nothing but an obstacle"
"a pre všetkých z nich bola moja rieka len prekážkou"
"it was something that got in the way of their travels"
"bolo to niečo, čo im prekážalo na cestách"
"they travelled to seek money and business"
"cestovali hľadať peniaze a obchod"
"they travelled for weddings and pilgrimages"
"cestovali na svadby a púte"
"and the river was obstructing their path"
"a rieka im prekážala v ceste"
"the ferryman's job was to get them quickly across that obstacle"
"Úlohou prievozníka bolo dostať ich rýchlo cez túto prekážku"
"But for some among thousands, a few, the river has stopped being an obstacle"
"Ale pre niektorých z tisícov, niekoľkých prestala byť rieka prekážkou."
"they have heard its voice and they have listened to it"
"počuli jeho hlas a počúvali ho"
"and the river has become sacred to them"
"a rieka sa pre nich stala posvätnou"
"it become sacred to them as it has become sacred to me"
"stalo sa pre nich posvätným, ako sa stalo posvätným pre mňa"
"for now, let us rest, Siddhartha"
"Zatiaľ si oddýchni, Siddhártha"

Siddhartha stayed with the ferryman and learned to operate the boat
Siddhártha zostal s prievozníkom a naučil sa ovládať loď
when there was nothing to do at the ferry, he worked with Vasudeva in the rice-field
keď na trajekte nebolo čo robiť, pracoval s Vasudevom na ryžovom poli
he gathered wood and plucked the fruit off the banana-trees
nazbieral drevo a natrhal ovocie z banánovníkov
He learned to build an oar and how to mend the boat
Naučil sa stavať veslo a opravovať loď
he learned how to weave baskets and repaid the hut
naučil sa pliesť košíky a splácal kolibu
and he was joyful because of everything he learned
a bol šťastný zo všetkého, čo sa naučil
the days and months passed quickly
dni a mesiace ubiehali rýchlo
But more than Vasudeva could teach him, he was taught by the river
Ale viac, ako ho mohol naučiť Vasudeva, ho naučila rieka
Incessantly, he learned from the river
Neustále sa učil od rieky
Most of all, he learned to listen
Predovšetkým sa naučil počúvať
he learned to pay close attention with a quiet heart
s tichým srdcom sa naučil dávať dobrý pozor
he learned to keep a waiting, open soul
naučil sa udržať si čakajúcu, otvorenú dušu
he learned to listen without passion
naučil sa počúvať bez vášne
he learned to listen without a wish
naučil sa počúvať bez želania
he learned to listen without judgement
naučil sa počúvať bez posudzovania
he learned to listen without an opinion

naučil sa počúvať bez názoru

In a friendly manner, he lived side by side with Vasudeva
Priateľsky žil bok po boku s Vasudevom
occasionally they exchanged some words
občas prehodili pár slov
then, at length, they thought about the words
potom dlho premýšľali o slovách
Vasudeva was no friend of words
Vasudeva nebol priateľ slov
Siddhartha rarely succeeded in persuading him to speak
Siddhárthovi sa ho len zriedka podarilo presvedčiť, aby prehovoril
"did you too learn that secret from the river?"
"Aj ty si sa naučil to tajomstvo z rieky?"
"the secret that there is no time?"
"Tajomstvo, že nie je čas?"
Vasudeva's face was filled with a bright smile
Vasudevova tvár bola plná žiarivého úsmevu
"Yes, Siddhartha," he spoke
"Áno, Siddhártha," povedal
"I learned that the river is everywhere at once"
"Dozvedel som sa, že rieka je všade naraz"
"it is at the source and at the mouth of the river"
"je pri prameni a pri ústí rieky"
"it is at the waterfall and at the ferry"
"je to pri vodopáde a pri trajekte"
"it is at the rapids and in the sea"
"je to pri perejách a v mori"
"it is in the mountains and everywhere at once"
"je v horách a všade naraz"
"and I learned that there is only the present time for the river"
"a dozvedel som sa, že pre rieku je len prítomný čas"
"it does not have the shadow of the past"
"nemá tieň minulosti"

"and it does not have the shadow of the future"
"a nemá tieň budúcnosti"
"is this what you mean?" he asked
"toto myslíš?" spýtal sa
"This is what I meant," said Siddhartha
"Toto som mal na mysli," povedal Siddhártha
"And when I had learned it, I looked at my life"
"A keď som sa to naučil, pozrel som sa na svoj život"
"and my life was also a river"
"a môj život bol tiež rieka"
"the boy Siddhartha was only separated from the man Siddhartha by a shadow"
"Chlapca Siddhártha oddelil od muža Siddhártha iba tieň"
"and a shadow separated the man Siddhartha from the old man Siddhartha"
"a tieň oddelil muža Siddhártha od starého muža Siddhártha"
"things are separated by a shadow, not by something real"
"veci sú oddelené tieňom, nie niečím skutočným"
"Also, Siddhartha's previous births were not in the past"
"Aj Siddhárthove predchádzajúce narodenia neboli v minulosti"
"and his death and his return to Brahma is not in the future"
"a jeho smrť a jeho návrat do Brahmy nie je v budúcnosti"
"nothing was, nothing will be, but everything is"
"nič nebolo, nič nebude, ale všetko je"
"everything has existence and is present"
"všetko existuje a je prítomné"
Siddhartha spoke with ecstasy
Siddhártha hovoril s extázou
this enlightenment had delighted him deeply
toto osvietenie ho veľmi potešilo
"was not all suffering time?"
"Nebol to čas utrpenia?"
"were not all forms of tormenting oneself a form of time?"
"neboli všetky formy trápenia sa časom?"
"was not everything hard and hostile because of time?"

"Nebolo všetko ťažké a nepriateľské kvôli času?"
"is not everything evil overcome when one overcomes time?"
"Nie je všetko zlé prekonané, keď človek prekoná čas?"
"as soon as time leaves the mind, does suffering leave too?"
"Len čo čas opustí myseľ, odchádza aj utrpenie?"
Siddhartha had spoken in ecstatic delight
Siddhártha hovoril v extatickej radosti
but Vasudeva smiled at him brightly and nodded in confirmation
ale Vasudeva sa naňho žiarivo usmial a prikývol na potvrdenie
silently he nodded and brushed his hand over Siddhartha's shoulder
ticho prikývol a prešiel rukou po Siddhárthovom ramene
and then he turned back to his work
a potom sa vrátil k svojej práci

And Siddhartha asked Vasudeva again another time
A Siddhártha sa opýtal Vasudevu znova inokedy
the river had just increased its flow in the rainy season
rieka práve zvýšila svoj prietok v období dažďov
and it made a powerful noise
a vydalo to silný zvuk
"Isn't it so, oh friend, the river has many voices?"
"Nie je to tak, priateľu, rieka má veľa hlasov?"
"Hasn't it the voice of a king and of a warrior?"
"Nie je to hlas kráľa a bojovníka?"
"Hasn't it the voice of of a bull and of a bird of the night?"
"Nie je to hlas býka a nočného vtáka?"
"Hasn't it the voice of a woman giving birth and of a sighing man?"
"Nie je to hlas rodiacej ženy a vzdychajúceho muža?"
"and does it not also have a thousand other voices?"
"A nemá to aj tisíc iných hlasov?"
"it is as you say it is," Vasudeva nodded
"Je to tak, ako hovoríš," prikývol Vasudeva

"all voices of the creatures are in its voice"
"všetky hlasy tvorov sú v jeho hlase"
"And do you know..." Siddhartha continued
„A vieš..." pokračoval Siddhártha
"what word does it speak when you succeed in hearing all of voices at once?"
"Aké slovo to hovorí, keď sa vám podarí počuť všetky hlasy naraz?"
Happily, Vasudeva's face was smiling
Vasudevova tvár sa našťastie usmievala
he bent over to Siddhartha and spoke the holy Om into his ear
sklonil sa k Siddhárthovi a povedal mu do ucha sväté Óm
And this had been the very thing which Siddhartha had also been hearing
A to bola práve vec, ktorú počul aj Siddhártha

time after time, his smile became more similar to the ferryman's
z času na čas sa jeho úsmev podobal na prievozníkov
his smile became almost just as bright as the ferryman's
jeho úsmev sa rozžiaril takmer rovnako ako ten prievozníkov
it was almost just as thoroughly glowing with bliss
takmer rovnako dôkladne žiarila blaženosťou
shining out of thousand small wrinkles
žiariace z tisícky malých vrások
just like the smile of a child
ako úsmev dieťaťa
just like the smile of an old man
ako úsmev starého muža
Many travellers, seeing the two ferrymen, thought they were brothers
Mnohí cestujúci, ktorí videli dvoch prievozníkov, si mysleli, že sú bratia
Often, they sat in the evening together by the bank
Často spolu večer sedeli pri banke

they said nothing and both listened to the water
nič nepovedali a obaja počúvali vodu
the water, which was not water to them
voda, ktorá pre nich nebola vodou
it wasn't water, but the voice of life
nebola to voda, ale hlas života
the voice of what exists and what is eternally taking shape
hlas toho, čo existuje a čo sa večne formuje
it happened from time to time that both thought of the same thing
z času na čas sa stalo, že obaja mysleli na to isté
they thought of a conversation from the day before
mysleli na rozhovor z predchádzajúceho dňa
they thought of one of their travellers
mysleli na jedného zo svojich cestovateľov
they thought of death and their childhood
mysleli na smrť a svoje detstvo
they heard the river tell them the same thing
počuli, ako im rieka hovorí to isté
both delighted about the same answer to the same question
oboch potešila rovnaká odpoveď na rovnakú otázku
There was something about the two ferrymen which was transmitted to others
Na tých dvoch prievozníkoch bolo niečo, čo bolo prenesené na ostatných
it was something which many of the travellers felt
bolo to niečo, čo mnohí cestujúci cítili
travellers would occasionally look at the faces of the ferrymen
cestujúci sa občas pozreli do tvárí prievozníkov
and then they told the story of their life
a potom vyrozprávali príbeh svojho života
they confessed all sorts of evil things
priznávali všelijaké zlé veci
and they asked for comfort and advice
a žiadali útechu a radu

occasionally someone asked for permission to stay for a night
občas niekto požiadal o povolenie zostať na noc
they also wanted to listen to the river
chceli počúvať aj rieku
It also happened that curious people came
Stalo sa aj to, že prišli zvedavci
they had been told that there were two wise men
bolo im povedané, že sú dvaja múdri muži
or they had been told there were two sorcerers
alebo im bolo povedané, že sú dvaja čarodejníci
The curious people asked many questions
Zvedaví ľudia kládli veľa otázok
but they got no answers to their questions
ale nedostali odpovede na svoje otázky
they found neither sorcerers nor wise men
nenašli ani čarodejníkov, ani múdrych mužov
they only found two friendly little old men, who seemed to be mute
našli len dvoch priateľských malých starčekov, ktorí vyzerali byť nemí
they seemed to have become a bit strange in the forest by themselves
zdalo sa, že sa v lese sami od seba stali trochu divnými
And the curious people laughed about what they had heard
A zvedavci sa smiali tomu, čo počuli
they said common people were foolishly spreading empty rumours
hovorili, že obyčajní ľudia hlúpo šíria prázdne reči

The years passed by, and nobody counted them
Roky plynuli a nikto ich nerátal
Then, at one time, monks came by on a pilgrimage
Potom, v istom čase, prišli mnísi na púť
they were followers of Gotama, the Buddha
boli nasledovníkmi Gotamu, Budhu

they asked to be ferried across the river
žiadali, aby ich previezli cez rieku
they told them they were in a hurry to get back to their wise teacher
povedali im, že sa ponáhľajú vrátiť sa k svojmu múdremu učiteľovi
news had spread the exalted one was deadly sick
správa sa rozšírila, vznešený bol smrteľne chorý
he would soon die his last human death
čoskoro zomrel svojou poslednou ľudskou smrťou
in order to become one with the salvation
aby sme sa zjednotili so spasením
It was not long until a new flock of monks came
Netrvalo dlho a prišlo nové stádo mníchov
they were also on their pilgrimage
boli aj na svojej púti
most of the travellers spoke of nothing other than Gotama
väčšina cestovateľov nehovorila o ničom inom ako o Gotame
his impending death was all they thought about
mysleli len na jeho blížiacu sa smrť
if there had been war, just as many would travel
keby bola vojna, tak mnohí by cestovali
just as many would come to the coronation of a king
tak ako mnohí by prišli na korunováciu kráľa
they gathered like ants in droves
zhromaždili sa ako mravce v húfoch
they flocked, like being drawn onwards by a magic spell
hrnuli sa, ako keby ich ťahalo kúzlo
they went to where the great Buddha was awaiting his death
išli tam, kde veľký Budha očakával svoju smrť
the perfected one of an era was to become one with the glory
zdokonalený z jednej éry sa mal stať jedným so slávou
Often, Siddhartha thought in those days of the dying wise man
Siddhártha v tých dňoch často myslel na umierajúceho múdreho muža

the great teacher whose voice had admonished nations
veľký učiteľ, ktorého hlas napomínal národy
the one who had awoken hundreds of thousands
ten, ktorý prebudil státisíce
a man whose voice he had also once heard
muž, ktorého hlas tiež kedysi počul
a teacher whose holy face he had also once seen with respect
učiteľ, ktorého svätú tvár tiež kedysi s úctou videl
Kindly, he thought of him
Láskavo, myslel na neho
he saw his path to perfection before his eyes
pred očami videl svoju cestu k dokonalosti
and he remembered with a smile those words he had said to him
a s úsmevom si spomenul na slová, ktoré mu povedal
when he was a young man and spoke to the exalted one
keď bol mladý a rozprával sa s vznešeným
They had been, so it seemed to him, proud and precious words
Zdalo sa mu, že to boli hrdé a vzácne slová
with a smile, he remembered the the words
s úsmevom si spomenul na tie slová
he knew that there was nothing standing between Gotama and him any more
vedel, že medzi Gotamou a ním už nič nestojí
he had known this for a long time already
vedel to už dávno
though he was still unable to accept his teachings
hoci stále nebol schopný prijať jeho učenie
there was no teaching a truly searching person
skutočne hľadajúceho človeka nebolo vyučovanie
someone who truly wanted to find, could accept
niekto, kto skutočne chcel nájsť, mohol prijať
But he who had found the answer could approve of any teaching
Ale ten, kto našiel odpoveď, mohol schváliť akékoľvek učenie

every path, every goal, they were all the same
každá cesta, každý cieľ, všetci boli rovnakí
there was nothing standing between him and all the other thousands any more
medzi ním a všetkými ostatnými tisíckami už nič nestálo
the thousands who lived in that what is eternal
tisíce, ktorí žili v tom, čo je večné
the thousands who breathed what is divine
tisíce, ktoré dýchali to, čo je božské

On one of these days, Kamala also went to him
V jeden z týchto dní k nemu išla aj Kamala
she used to be the most beautiful of the courtesans
bývala najkrajšia z kurtizán
A long time ago, she had retired from her previous life
Už dávno sa stiahla z predchádzajúceho života
she had given her garden to the monks of Gotama as a gift
dala svoju záhradu mníchom z Gotamy ako dar
she had taken her refuge in the teachings
našla útočisko v učení
she was among the friends and benefactors of the pilgrims
bola medzi priateľmi a dobrodincami pútnikov
she was together with Siddhartha, the boy
bola spolu so Siddhárthom, chlapcom
Siddhartha the boy was her son
Chlapec Siddhártha bol jej syn
she had gone on her way due to the news of the near death of Gotama
vydala sa na cestu kvôli správe o blízkej smrti Gotamy
she was in simple clothes and on foot
bola v jednoduchom oblečení a chodila pešo
and she was With her little son
a bola so svojím malým synom
she was travelling by the river
cestovala popri rieke
but the boy had soon grown tired

ale chlapec bol čoskoro unavený
he desired to go back home
chcel sa vrátiť domov
he desired to rest and eat
chcel odpočívať a jesť
he became disobedient and started whining
stal sa neposlušným a začal kňučať
Kamala often had to take a rest with him
Kamala si s ním často musela oddýchnuť
he was accustomed to getting what he wanted
bol zvyknutý dostať to, čo chcel
she had to feed him and comfort him
musela ho nakŕmiť a utešiť
she had to scold him for his behaviour
musela ho pokarhať za jeho správanie
He did not comprehend why he had to go on this exhausting pilgrimage
Nechápal, prečo musí ísť na túto vyčerpávajúcu púť
he did not know why he had to go to an unknown place
nevedel, prečo musí ísť na neznáme miesto
he did know why he had to see a holy dying stranger
vedel, prečo musí vidieť svätého umierajúceho cudzinca
"So what if he died?" he complained
"Tak čo ak zomrel?" sťažoval sa
why should this concern him?
prečo by sa ho to malo týkať?
The pilgrims were getting close to Vasudeva's ferry
Pútnici sa blížili k Vasudevovmu trajektu
little Siddhartha once again forced his mother to rest
malý Siddhártha opäť prinútil svoju matku k odpočinku
Kamala had also become tired
Kamala bola tiež unavená
while the boy was chewing a banana, she crouched down on the ground
kým chlapec žuval banán, ona sa prikrčila na zem
she closed her eyes a bit and rested

trochu zavrela oči a oddýchla si
But suddenly, she uttered a wailing scream
Zrazu však vydala kvílivý výkrik
the boy looked at her in fear
chlapec na ňu vystrašene pozrel
he saw her face had grown pale from horror
videl, že jej tvár zbledla od hrôzy
and from under her dress, a small, black snake fled
a spod šiat utiekol malý, čierny had
a snake by which Kamala had been bitten
had, ktorým bola uhryznutá Kamala
Hurriedly, they both ran along the path, to reach people
Obaja sa rýchlo rozbehli po ceste, aby sa dostali k ľuďom
they got near to the ferry and Kamala collapsed
dostali sa blízko k trajektu a Kamala skolabovala
she was not able to go any further
nebola schopná ísť ďalej
the boy started crying miserably
chlapec začal biedne plakať
his cries were only interrupted when he kissed his mother
jeho plač prerušil, až keď pobozkal matku
she also joined his loud screams for help
pridala sa aj k jeho hlasitým výkrikom o pomoc
she screamed until the sound reached Vasudeva's ears
kričala, až kým zvuk nedosiahol Vasudevove uši
Vasudeva quickly came and took the woman on his arms
Vasudeva rýchlo prišiel a vzal ženu na ruky
he carried her into the boat and the boy ran along
odniesol ju do člna a chlapec bežal vedľa
soon they reached the hut, where Siddhartha stood by the stove
čoskoro sa dostali do chatrče, kde stál Siddhártha pri sporáku
he was just lighting the fire
práve zapaľoval oheň
He looked up and first saw the boy's face
Pozrel sa hore a najprv uvidel chlapcovu tvár

it wondrously reminded him of something
úžasne mu to niečo pripomenulo
like a warning to remember something he had forgotten
ako varovanie, aby si spomenul na niečo, na čo zabudol
Then he saw Kamala, whom he instantly recognised
Potom uvidel Kamalu, ktorú okamžite spoznal
she lay unconscious in the ferryman's arms
ležala v bezvedomí v náručí prievozníka
now he knew that it was his own son
teraz vedel, že je to jeho vlastný syn
his son whose face had been such a warning reminder to him
jeho syna, ktorého tvár mu bola varovnou pripomienkou
and the heart stirred in his chest
a srdce sa mu pohlo v hrudi
Kamala's wound was washed, but had already turned black
Kamalina rana bola umytá, ale už sčernela
and her body was swollen
a jej telo bolo opuchnuté
she was made to drink a healing potion
bola prinútená piť liečivý elixír
Her consciousness returned and she lay on Siddhartha's bed
Vrátilo sa jej vedomie a ležala na Siddhárthovej posteli
Siddhartha stood over Kamala, who he used to love so much
Siddhártha stál nad Kamalou, ktorú kedysi tak miloval
It seemed like a dream to her
Zdalo sa jej to ako sen
with a smile, she looked at her friend's face
s úsmevom pozrela na kamarátkinu tvár
slowly she realized her situation
pomaly si uvedomovala svoju situáciu
she remembered she had been bitten
spomenula si, že ju pohrýzli
and she timidly called for her son
a nesmelo zavolala svojho syna
"He's with you, don't worry," said Siddhartha

"Je s tebou, neboj sa," povedal Siddhártha

Kamala looked into his eyes

Kamala sa mu pozrela do očí

She spoke with a heavy tongue, paralysed by the poison

Hovorila ťažkým jazykom, paralyzovaná jedom

"You've become old, my dear," she said

"Zostarol si, drahý," povedala

"you've become gray," she added

"Stal si sa šedým," dodala

"But you are like the young Samana, who came without clothes"

"Ale ty si ako mladá Samana, ktorá prišla bez oblečenia."

"you're like the Samana who came into my garden with dusty feet"

"Si ako Samana, ktorá prišla do mojej záhrady so zaprášenými nohami"

"You are much more like him than you were when you left me"

"Si mu oveľa viac ako keď si ma opustil"

"In the eyes, you're like him, Siddhartha"

"V očiach si ako on, Siddhártha."

"Alas, I have also grown old"

"Aj ja som tiež zostarol"

"could you still recognise me?"

"Ešte by si ma spoznal?"

Siddhartha smiled, "Instantly, I recognised you, Kamala, my dear"

Siddhártha sa usmial: "Okamžite som ťa spoznal, Kamala, moja drahá."

Kamala pointed to her boy

Kamala ukázala na svojho chlapca

"Did you recognise him as well?"

"Aj ty si ho spoznal?"

"He is your son," she confirmed

"Je to tvoj syn," potvrdila

Her eyes became confused and fell shut

Jej oči boli zmätené a zavreli sa
The boy wept and Siddhartha took him on his knees
Chlapec plakal a Siddhártha ho vzal na kolená
he let him weep and petted his hair
nechal ho plakať a hladkal ho po vlasoch
at the sight of the child's face, a Brahman prayer came to his mind
pri pohľade na tvár dieťaťa mu prišla na um modlitba Brahman
a prayer which he had learned a long time ago
modlitba, ktorú sa naučil už dávno
a time when he had been a little boy himself
čas, keď bol sám malým chlapcom
Slowly, with a singing voice, he started to speak
Pomaly, spevavým hlasom, začal rozprávať
from his past and childhood, the words came flowing to him
z minulosti a detstva sa k nemu valili slová
And with that song, the boy became calm
A pri tej piesni sa chlapec upokojil
he was only now and then uttering a sob
len z času na čas vyslovil vzlyk
and finally he fell asleep
a nakoniec zaspal
Siddhartha placed him on Vasudeva's bed
Siddhártha ho položil na Vasudevovu posteľ
Vasudeva stood by the stove and cooked rice
Vasudeva stál pri sporáku a varil ryžu
Siddhartha gave him a look, which he returned with a smile
Siddhártha mu venoval pohľad, ktorý mu vrátil s úsmevom
"She'll die," Siddhartha said quietly
"Zomrie," povedal potichu Siddhártha
Vasudeva knew it was true, and nodded
Vasudeva vedel, že je to pravda, a prikývol
over his friendly face ran the light of the stove's fire
po jeho priateľskej tvári prebehlo svetlo ohňa kachlí
once again, Kamala returned to consciousness

ešte raz sa Kamala vrátila k vedomiu
the pain of the poison distorted her face
bolesť od jedu jej zdeformovala tvár
Siddhartha's eyes read the suffering on her mouth
Siddhárthove oči čítali utrpenie na jej ústach
from her pale cheeks he could see that she was suffering
z jej bledých líc videl, že trpí
Quietly, he read the pain in her eyes
Potichu čítal bolesť v jej očiach
attentively, waiting, his mind become one with her suffering
pozorne, čakajúc, sa jeho myseľ zjednotí s jej utrpením
Kamala felt it and her gaze sought his eyes
Kamala to cítila a jej pohľad hľadal jeho oči
Looking at him, she spoke
Pri pohľade na neho prehovorila
"Now I see that your eyes have changed as well"
"Teraz vidím, že aj tvoje oči sa zmenili."
"They've become completely different"
"Stali sa úplne inými"
"what do I still recognise in you that is Siddhartha?
„Čo v tebe stále spoznávam, že je to Siddhártha?
"It's you, and it's not you"
"Si to ty a nie si to ty"
Siddhartha said nothing, quietly his eyes looked at hers
Siddhártha nepovedal nič, jeho oči sa potichu pozreli na tie jej
"You have achieved it?" she asked
"Dosiahli ste to?" spýtala sa
"You have found peace?"
"Našiel si pokoj?"
He smiled and placed his hand on hers
Usmial sa a položil svoju ruku na jej
"I'm seeing it" she said
"Vidím to," povedala
"I too will find peace"
"Aj ja nájdem pokoj"
"You have found it," Siddhartha spoke in a whisper

"Našli ste to," povedal Siddhártha šeptom

Kamala never stopped looking into his eyes
Kamala sa mu neprestávala pozerať do očí
She thought about her pilgrimage to Gotama
Myslela na svoju púť do Gotamy
the pilgrimage which she wanted to take
púť, ktorú chcela absolvovať
in order to see the face of the perfected one
aby som videl tvár dokonalého
in order to breathe his peace
aby sa nadýchol jeho pokoja
but she had now found it in another place
ale teraz ho našla na inom mieste
and this she thought that was good too
a toto si myslela aj dobre
it was just as good as if she had seen the other one
bolo to také dobré, ako keby videla toho druhého
She wanted to tell this to him
Chcela mu to povedať
but her tongue no longer obeyed her will
ale jej jazyk už neposlúchal jej vôľu
Without speaking, she looked at him
Bez slova sa na neho pozrela
he saw the life fading from her eyes
videl, ako sa jej z očí vytráca život
the final pain filled her eyes and made them grow dim
posledná bolesť naplnila jej oči a zatemnila ich
the final shiver ran through her limbs
končatinami jej prebehlo posledné zachvenie
his finger closed her eyelids
prstom jej zavrel viečka

For a long time, he sat and looked at her peacefully dead face
Dlho sedel a hľadel na jej pokojne mŕtvu tvár
For a long time, he observed her mouth

Dlho pozoroval jej ústa
her old, tired mouth, with those lips, which had become thin
jej staré, unavené ústa s tými perami, ktoré schudli
he remembered he used to compare this mouth with a freshly cracked fig
spomenul si, že zvykol porovnávať tieto ústa s čerstvo prasknutou figou
this was in the spring of his years
bolo to na jar jeho rokov
For a long time, he sat and read the pale face
Dlho sedel a čítal bledú tvár
he read the tired wrinkles
čítal unavené vrásky
he filled himself with this sight
naplnil sa týmto pohľadom
he saw his own face in the same manner
videl svoju vlastnú tvár rovnakým spôsobom
he saw his face was just as white
videl, že jeho tvár je rovnako biela
he saw his face was just as quenched out
videl, že jeho tvár je rovnako uhasená
at the same time he saw his face and hers being young
zároveň videl, že jeho a jej tvár sú mladé
their faces with red lips and fiery eyes
ich tváre s červenými perami a ohnivými očami
the feeling of both being real at the same time
pocit, že obaja sú súčasne skutoční
the feeling of eternity completely filled every aspect of his being
pocit večnosti úplne naplnil každý aspekt jeho bytia
in this hour he felt more deeply than than he had ever felt before
v tejto hodine sa cítil hlbšie ako kedykoľvek predtým
he felt the indestructibility of every life
cítil nezničiteľnosť každého života
he felt the eternity of every moment

cítil večnosť každého okamihu
When he rose, Vasudeva had prepared rice for him
Keď vstal, Vasudeva mu pripravil ryžu
But Siddhartha did not eat that night
Ale Siddhártha tej noci nejedol
In the stable their goat stood
V stajni stála ich koza
the two old men prepared beds of straw for themselves
dvaja starci si pripravili záhony zo slamy
Vasudeva laid himself down to sleep
Vasudeva sa uložil k spánku
But Siddhartha went outside and sat before the hut
Ale Siddhártha vyšiel von a posadil sa pred chatrčou
he listened to the river, surrounded by the past
počúval rieku, obklopený minulosťou
he was touched and encircled by all times of his life at the same time
bol dotknutý a obkľúčený všetkými obdobiami svojho života zároveň
occasionally he rose and he stepped to the door of the hut
občas vstal a pristúpil k dverám chatrče
he listened whether the boy was sleeping
počúval, či chlapec spí

before the sun could be seen, Vasudeva came out of the stable
skôr ako bolo vidieť slnko, Vasudeva vyšiel zo stajne
he walked over to his friend
podišiel k svojmu priateľovi
"You haven't slept," he said
"Nespal si," povedal
"No, Vasudeva. I sat here"
"Nie, Vasudeva. Sedel som tu."
"I was listening to the river"
"Počúval som rieku"
"the river has told me a lot"

"rieka mi veľa povedala"
"it has deeply filled me with the healing thought of oneness"
"hlboko ma to naplnilo liečivou myšlienkou jednoty"
"You've experienced suffering, Siddhartha"
"Zažil si utrpenie, Siddhártha"
"but I see no sadness has entered your heart"
"Ale vidím, že do tvojho srdca nevstúpil žiadny smútok"
"No, my dear, how should I be sad?"
"Nie, moja drahá, ako by som mal byť smutný?"
"I, who have been rich and happy"
"Ja, ktorý som bol bohatý a šťastný"
"I have become even richer and happier now"
"Teraz som sa stal ešte bohatším a šťastnejším"
"My son has been given to me"
"Môj syn mi bol daný"
"Your son shall be welcome to me as well"
"Váš syn bude vítaný aj u mňa"
"But now, Siddhartha, let's get to work"
"Ale teraz, Siddhártha, poďme do práce."
"there is much to be done"
"je veľa čo treba urobiť"
"Kamala has died on the same bed on which my wife had died"
"Kamala zomrela na tej istej posteli, na ktorej zomrela moja žena"
"Let us build Kamala's funeral pile on the hill"
"Postavme Kamalinu pohrebnú hromadu na kopci"
"the hill on which I my wife's funeral pile is"
"kopec, na ktorom je pohreb mojej manželky"
While the boy was still asleep, they built the funeral pile
Kým chlapec ešte spal, postavili pohrebnú hromadu

The Son
Syn

Timid and weeping, the boy had attended his mother's funeral
Nesmelý a uplakaný chlapec sa zúčastnil pohrebu svojej matky
gloomy and shy, he had listened to Siddhartha
zachmúrený a plachý počúval Siddhárta
Siddhartha greeted him as his son
Siddhártha ho pozdravil ako svojho syna
he welcomed him at his place in Vasudeva's hut
privítal ho u neho vo Vasudevovej chatrči
Pale, he sat for many days by the hill of the dead
Bledý, sedel mnoho dní pri kopci mŕtvych
he did not want to eat
nechcel jesť
he did not look at anyone
na nikoho sa nepozrel
he did not open his heart
neotvoril svoje srdce
he met his fate with resistance and denial
stretol svoj osud s odporom a popieraním
Siddhartha spared giving him lessons
Siddhártha mu dával lekcie
and he let him do as he pleased
a nechal ho robiť, ako chcel
Siddhartha honoured his son's mourning
Siddhártha poctil smútok svojho syna
he understood that his son did not know him
pochopil, že jeho syn ho nepozná
he understood that he could not love him like a father
pochopil, že ho nemôže milovať ako otca
Slowly, he also understood that the eleven-year-old was a pampered boy

Pomaly aj on pochopil, že ten jedenásťročný je rozmaznaný chlapec
he saw that he was a mother's boy
videl, že je matkin chlapec
he saw that he had grown up in the habits of rich people
videl, že vyrástol v zvykoch bohatých ľudí
he was accustomed to finer food and a soft bed
bol zvyknutý na jemnejšiu stravu a mäkkú posteľ
he was accustomed to giving orders to servants
bol zvyknutý rozkazovať sluhom
the mourning child could not suddenly be content with a life among strangers
smútiace dieťa sa zrazu nemohlo uspokojiť so životom medzi cudzími ľuďmi
Siddhartha understood the pampered child would not willingly be in poverty
Siddhártha pochopil, že rozmaznané dieťa nebude dobrovoľne v chudobe
He did not force him to do these these things
Nenútil ho robiť tieto veci
Siddhartha did many chores for the boy
Siddhártha urobil pre chlapca veľa práce
he always saved the best piece of the meal for him
vždy mu odložil ten najlepší kúsok jedla
Slowly, he hoped to win him over, by friendly patience
Pomaly dúfal, že si ho získa priateľskou trpezlivosťou
Rich and happy, he had called himself, when the boy had come to him
Bohatý a šťastný, povedal si, keď k nemu chlapec prišiel
Since then some time had passed
Odvtedy ubehol nejaký čas
but the boy remained a stranger and in a gloomy disposition
ale chlapec zostal cudzincom a v pochmúrnej povahe
he displayed a proud and stubbornly disobedient heart
prejavil hrdé a tvrdohlavo neposlušné srdce
he did not want to do any work

nechcel robiť žiadnu prácu
he did not pay his respect to the old men
nevzdal úctu starcom
he stole from Vasudeva's fruit-trees
ukradol z Vasudevových ovocných stromov
his son had not brought him happiness and peace
jeho syn mu nepriniesol šťastie a pokoj
the boy had brought him suffering and worry
chlapec mu priniesol utrpenie a starosti
slowly Siddhartha began to understand this
Siddhártha to pomaly začal chápať
But he loved him regardless of the suffering he brought him
Ale miloval ho bez ohľadu na utrpenie, ktoré mu priniesol
he preferred the suffering and worries of love over happiness and joy without the boy
uprednostnil utrpenie a starosti lásky pred šťastím a radosťou bez chlapca
from when young Siddhartha was in the hut the old men had split the work
odkedy bol mladý Siddhártha v chatrči, starí muži si rozdelili prácu
Vasudeva had again taken on the job of the ferryman
Vasudeva opäť prevzal prácu prievozníka
and Siddhartha, in order to be with his son, did the work in the hut and the field
a Siddhártha, aby mohol byť so svojím synom, robil prácu v chatrči a na poli

for long months Siddhartha waited for his son to understand him
Siddhártha dlhé mesiace čakal, kým ho jeho syn pochopí
he waited for him to accept his love
čakal, kým prijme jeho lásku
and he waited for his son to perhaps reciprocate his love
a čakal, že jeho syn jeho lásku snáď opätuje
For long months Vasudeva waited, watching

Vasudeva čakal dlhé mesiace a sledoval
he waited and said nothing
čakal a nič nepovedal
One day, young Siddhartha tormented his father very much
Jedného dňa mladý Siddhártha veľmi potrápil svojho otca
he had broken both of his rice-bowls
rozbil obe svoje ryžové misky
Vasudeva took his friend aside and talked to him
Vasudeva vzal svojho priateľa nabok a rozprával sa s ním
"Pardon me," he said to Siddhartha
"Prepáč," povedal Siddhárthovi
"from a friendly heart, I'm talking to you"
"z priateľského srdca, hovorím s tebou"
"I'm seeing that you are tormenting yourself"
"Vidím, že sa mučíš"
"I'm seeing that you're in grief"
"Vidím, že máš smútok"
"Your son, my dear, is worrying you"
"Tvoj syn, môj drahý, ti robí starosti."
"and he is also worrying me"
"a tiež mi robí starosti"
"That young bird is accustomed to a different life"
"Ten mladý vták je zvyknutý na iný život"
"he is used to living in a different nest"
"je zvyknutý žiť v inom hniezde"
"he has not, like you, run away from riches and the city"
"Neutekal ako ty pred bohatstvom a mestom"
"he was not disgusted and fed up with the life in Sansara"
"nebol znechutený a otrávený životom v Sansare"
"he had to do all these things against his will"
"všetky tieto veci musel robiť proti svojej vôli"
"he had to leave all this behind"
"to všetko musel nechať za sebou"
"I asked the river, oh friend"
"Spýtal som sa rieky, ó priateľu"
"many times I have asked the river"

"veľakrát som sa pýtal rieky"
"But the river laughs at all of this"
"Ale rieka sa tomu všetkému smeje"
"it laughs at me and it laughs at you"
"smeje sa to mne a smeje sa tebe"
"the river is shaking with laughter at our foolishness"
"rieka sa trasie od smiechu nad našou hlúposťou"
"Water wants to join water as youth wants to join youth"
„Voda sa chce spojiť s vodou, ako sa chce mládež spojiť s mládežou"
"your son is not in the place where he can prosper"
"Váš syn nie je na mieste, kde by mohol prosperovať"
"you too should ask the river"
"aj ty by si sa mal opýtať rieky"
"you too should listen to it!"
"Aj ty by si si to mal vypočuť!"
Troubled, Siddhartha looked into his friendly face
Utrápený Siddhártha pozrel do jeho priateľskej tváre
he looked at the many wrinkles in which there was incessant cheerfulness
pozrel na množstvo vrások, v ktorých bola neprestajná veselosť
"How could I part with him?" he said quietly, ashamed
"Ako som sa s ním mohol rozlúčiť?" povedal ticho zahanbene
"Give me some more time, my dear"
"Daj mi ešte čas, drahá"
"See, I'm fighting for him"
"Vidíš, bojujem za neho"
"I'm seeking to win his heart"
"Snažím sa získať jeho srdce"
"with love and with friendly patience I intend to capture it"
"s láskou a priateľskou trpezlivosťou to mám v úmysle zachytiť"
"One day, the river shall also talk to him"
"Jedného dňa s ním bude hovoriť aj rieka"
"he also is called upon"

"aj on je povolaný"
Vasudeva's smile flourished more warmly
Vasudevov úsmev sa rozžiaril ešte vrúcnejšie
"Oh yes, he too is called upon"
"Ó áno, aj on je povolaný"
"he too is of the eternal life"
"aj on je z večného života"
"But do we, you and me, know what he is called upon to do?"
"Ale vieme my, ty a ja, k čomu je povolaný?"
"we know what path to take and what actions to perform"
"Vieme, akou cestou sa vydať a aké kroky vykonať"
"we know what pain we have to endure"
"Vieme akú bolesť musíme vydržať"
"but does he know these things?"
"Ale vie tieto veci?"
"Not a small one, his pain will be"
"Nie malý, jeho bolesť bude"
"after all, his heart is proud and hard"
"Napokon, jeho srdce je hrdé a tvrdé"
"people like this have to suffer and err a lot"
"Takíto ľudia musia veľa trpieť a mýliť sa"
"they have to do much injustice"
"musia robiť veľa nespravodlivosti"
"and they have burden themselves with much sin"
"a zaťažili sa mnohými hriechmi"
"Tell me, my dear," he asked of Siddhartha
"Povedz mi, môj drahý," požiadal Siddhártha
"you're not taking control of your son's upbringing?"
"nepreberáš kontrolu nad výchovou svojho syna?"
"You don't force him, beat him, or punish him?"
"Nenútiš ho, nebiješ ho ani netrestáš?"
"No, Vasudeva, I don't do any of these things"
"Nie, Vasudeva, nerobím žiadnu z týchto vecí."
"I knew it. You don't force him"
"Vedel som to. Nenútiš ho."

"you don't beat him and you don't give him orders"
"nebiješ ho a nerozkazuješ mu"
"because you know softness is stronger than hard"
"pretože vieš, že mäkkosť je silnejšia ako tvrdá"
"you know water is stronger than rocks"
"Vieš, že voda je silnejšia ako kamene"
"and you know love is stronger than force"
"a vieš, že láska je silnejšia ako sila"
"Very good, I praise you for this"
"Výborne, chválim ťa za to"
"But aren't you mistaken in some way?"
"Ale nemýliš sa nejakým spôsobom?"
"don't you think that you are forcing him?"
"Nemyslíš si, že ho nútiš?"
"don't you perhaps punish him a different way?"
"Netrestáš ho možno inak?"
"Don't you shackle him with your love?"
"Nespútavaš ho svojou láskou?"
"Don't you make him feel inferior every day?"
"Neprinášaš mu každý deň pocit menejcennosti?"
"doesn't your kindness and patience make it even harder for him?"
"Nerobí mu to tvoja láskavosť a trpezlivosť ešte ťažšie?"
"aren't you forcing him to live in a hut with two old banana-eaters?"
"nenútiš ho bývať v chatrči s dvoma starými banánovníkmi?"
"old men to whom even rice is a delicacy"
"starí muži, pre ktorých je aj ryža pochúťkou"
"old men whose thoughts can't be his"
"starí muži, ktorých myšlienky nemôžu byť jeho"
"old men whose hearts are old and quiet"
"starí muži, ktorých srdcia sú staré a tiché"
"old men whose hearts beat in a different pace than his"
"starí muži, ktorých srdce bije iným tempom ako jeho"
"Isn't he forced and punished by all this?""
"Nie je tým všetkým nútený a potrestaný?"

Troubled, Siddhartha looked to the ground
Utrápený Siddhártha pozrel do zeme
Quietly, he asked, "What do you think should I do?"
Potichu sa spýtal: "Čo by som mal podľa teba urobiť?"
Vasudeva spoke, "Bring him into the city"
Vasudeva prehovoril: „Priveďte ho do mesta"
"bring him into his mother's house"
"priveď ho do domu jeho matky"
"there'll still be servants around, give him to them"
"Ešte stále tu budú služobníci, dajte im ho"
"And if there aren't any servants, bring him to a teacher"
"A ak niet sluhov, priveďte ho k učiteľovi."
"but don't bring him to a teacher for teachings' sake"
"ale neberte ho k učiteľovi kvôli vyučovaniu"
"bring him to a teacher so that he is among other children"
"priveďte ho k učiteľovi, aby bol medzi ostatnými deťmi"
"and bring him to the world which is his own"
"a priveďte ho do sveta, ktorý je jeho vlastný"
"have you never thought of this?"
"nikdy si o tom nepremýšľal?"
"you're seeing into my heart," Siddhartha spoke sadly
"vidíš do môjho srdca," povedal Siddhártha smutne
"Often, I have thought of this"
"Často som na to myslel"
"but how can I put him into this world?"
"Ale ako ho môžem dať do tohto sveta?"
"Won't he become exuberant?"
"Nestane sa bujným?"
"won't he lose himself to pleasure and power?"
"nestratí sa pre rozkoš a moc?"
"won't he repeat all of his father's mistakes?"
"Nebude opakovať všetky otcove chyby?"
"won't he perhaps get entirely lost in Sansara?"
"nestratí sa snáď úplne v Sansare?"
Brightly, the ferryman's smile lit up
Úsmev prievozníka sa jasne rozžiaril

softly, he touched Siddhartha's arm
jemne sa dotkol Siddhárthovho ramena
"Ask the river about it, my friend!"
"Spýtaj sa na to rieky, priateľu!"
"Hear the river laugh about it!"
"Počuť, ako sa na tom rieka smeje!"
"Would you actually believe that you had committed your foolish acts?
„Verili by ste, že ste spáchali svoje hlúposti?
"in order to spare your son from committing them too"
"aby si ušetril svojho syna od ich spáchania"
"And could you in any way protect your son from Sansara?"
"A mohol by si nejakým spôsobom ochrániť svojho syna pred Sansarou?"
"How could you protect him from Sansara?"
"Ako si ho mohol ochrániť pred Sansarou?"
"By means of teachings, prayer, admonition?"
"Prostredníctvom učenia, modlitby, napomenutia?"
"My dear, have you entirely forgotten that story?"
"Môj drahý, úplne si zabudol na ten príbeh?"
"the story containing so many lessons"
"príbeh obsahujúci toľko lekcií"
"the story about Siddhartha, a Brahman's son"
"príbeh o Siddhárthovi, synovi Brahmana"
"the story which you once told me here on this very spot?"
"Príbeh, ktorý si mi tu raz povedal práve na tomto mieste?"
"Who has kept the Samana Siddhartha safe from Sansara?"
"Kto udržal Samana Siddhártha v bezpečí pred Sansárou?"
"who has kept him from sin, greed, and foolishness?"
"Kto ho uchránil pred hriechom, chamtivosťou a hlúposťou?"
"Were his father's religious devotion able to keep him safe?
„Dokázala ho otcova náboženská oddanosť udržať v bezpečí?
"were his teacher's warnings able to keep him safe?"
"Boli varovania jeho učiteľa schopné udržať ho v bezpečí?"
"could his own knowledge keep him safe?"
"Mohli by ho jeho vlastné vedomosti udržať v bezpečí?"

"was his own search able to keep him safe?"
"Bolo jeho vlastné pátranie schopné udržať ho v bezpečí?"
"What father has been able to protect his son?"
"Ktorý otec dokázal ochrániť svojho syna?"
"what father could keep his son from living his life for himself?"
"Aký otec by mohol zabrániť svojmu synovi, aby žil svoj život pre seba?"
"what teacher has been able to protect his student?"
"Aký učiteľ dokázal ochrániť svojho žiaka?"
"what teacher can stop his student from soiling himself with life?"
"Aký učiteľ môže zabrániť svojmu žiakovi, aby sa pošpinil životom?"
"who could stop him from burdening himself with guilt?"
"Kto by mu mohol zabrániť, aby sa zaťažoval pocitom viny?"
"who could stop him from drinking the bitter drink for himself?"
"Kto by mu mohol zabrániť, aby pil ten horký nápoj pre seba?"
"who could stop him from finding his path for himself?"
"Kto by mu mohol zabrániť nájsť si cestu pre seba?"
"did you think anybody could be spared from taking this path?"
"Myslel si si, že niekto môže byť ušetrený od toho, aby sa vydal touto cestou?"
"did you think that perhaps your little son would be spared?"
"Myslel si si, že tvoj synček bude možno ušetrený?"
"did you think your love could do all that?"
"Myslel si si, že to všetko dokáže tvoja láska?"
"did you think your love could keep him from suffering"
"Myslel si si, že tvoja láska mu zabráni utrpieť?"
"did you think your love could protect him from pain and disappointment?
„Myslel si si, že ho tvoja láska ochráni pred bolesťou a sklamaním?

"you could die ten times for him"
"Mohol by si pre neho zomrieť desaťkrát"
"but you could take no part of his destiny upon yourself"
"ale nemohol si vziať časť jeho osudu na seba"
Never before, Vasudeva had spoken so many words
Nikdy predtým Vasudeva nepovedal toľko slov
Kindly, Siddhartha thanked him
Siddhártha mu láskavo poďakoval
he went troubled into the hut
utrápený vošiel do chatrče

he could not sleep for a long time
dlho nemohol zaspať
Vasudeva had told him nothing he had not already thought and known
Vasudeva mu nepovedal nič, čo by si už nemyslel a nevedel
But this was a knowledge he could not act upon
Ale toto bolo poznanie, na základe ktorého nemohol konať
stronger than knowledge was his love for the boy
silnejšia ako poznanie bola jeho láska k chlapcovi
stronger than knowledge was his tenderness
silnejšia ako poznanie bola jeho neha
stronger than knowledge was his fear to lose him
silnejší ako poznanie bol jeho strach stratiť ho
had he ever lost his heart so much to something?
stratil niekedy pre niečo tak srdce?
had he ever loved any person so blindly?
miloval niekedy niekoho tak slepo?
had he ever suffered for someone so unsuccessfully?
trpel už pre niekoho tak neúspešne?
had he ever made such sacrifices for anyone and yet been so unhappy?
obetoval sa niekedy pre niekoho a pritom bol taký nešťastný?
Siddhartha could not heed his friend's advice
Siddhártha nemohol poslúchnuť rady svojho priateľa
he could not give up the boy

nevedel sa chlapca vzdať
He let the boy give him orders
Nechal chlapca, aby mu rozkazoval
he let him disregard him
nechal ho ignorovať
He said nothing and waited
Nič nepovedal a čakal
daily, he attempted the struggle of friendliness
denne sa pokúšal bojovať o priateľstvo
he initiated the silent war of patience
rozpútal tichú vojnu trpezlivosti
Vasudeva also said nothing and waited
Vasudeva tiež nič nepovedal a čakal
They were both masters of patience
Obaja boli majstrami trpezlivosti

one time the boy's face reminded him very much of Kamala
raz mu chlapcova tvár veľmi pripomínala Kamalu
Siddhartha suddenly had to think of something Kamala had once said
Siddhártha zrazu musel myslieť na niečo, čo kedysi povedala Kamala
"You cannot love" she had said to him
"Nemôžeš milovať," povedala mu
and he had agreed with her
a on s ňou súhlasil
and he had compared himself with a star
a porovnával sa s hviezdou
and he had compared the childlike people with falling leaves
a porovnal detských ľudí s padajúcim lístím
but nevertheless, he had also sensed an accusation in that line
no napriek tomu cítil v tejto línii aj obvinenie
Indeed, he had never been able to love
V skutočnosti nikdy nedokázal milovať

he had never been able to devote himself completely to another person
nikdy sa nedokázal úplne venovať inej osobe
he had never been able to to forget himself
nikdy nedokázal zabudnúť na seba
he had never been able to commit foolish acts for the love of another person
nikdy nebol schopný spáchať hlúpe činy z lásky k inej osobe
at that time it seemed to set him apart from the childlike people
vtedy sa zdalo, že ho to odlišuje od detinských ľudí
But ever since his son was here, Siddhartha also become a childlike person
Ale odkedy tu bol jeho syn, stal sa aj Siddhártha detským človekom
he was suffering for the sake of another person
trpel kvôli inej osobe
he was loving another person
miloval inú osobu
he was lost to a love for someone else
bol stratený láskou k niekomu inému
he had become a fool on account of love
pre lásku sa stal bláznom
Now he too felt the strongest and strangest of all passions
Teraz aj on cítil tú najsilnejšiu a najzvláštnejšiu zo všetkých vášní
he suffered from this passion miserably
trpel touto vášňou biedne
and he was nevertheless in bliss
a napriek tomu bol blažený
he was nevertheless renewed in one respect
bol predsa v jednom ohľade obnovený
he was enriched by this one thing
bol obohatený o túto jednu vec
He sensed very well that this blind love for his son was a passion

Veľmi dobre vycítil, že táto slepá láska k synovi bola vášňou
he knew that it was something very human
vedel, že je to niečo veľmi ľudské
he knew that it was Sansara
vedel, že je to Sansara
he knew that it was a murky source, dark waters
vedel, že je to temný zdroj, tmavé vody
but he felt it was not worthless, but necessary
ale cítil, že to nie je bezcenné, ale nevyhnutné
it came from the essence of his own being
vychádzalo to z podstaty jeho vlastného bytia
This pleasure also had to be atoned for
Aj toto potešenie bolo treba odčiniť
this pain also had to be endured
aj túto bolesť bolo treba vydržať
these foolish acts also had to be committed
museli byť spáchané aj tieto hlúposti
Through all this, the son let him commit his foolish acts
Cez to všetko ho syn nechal páchať svoje hlúposti
he let him court for his affection
nechal ho súdiť za svoju náklonnosť
he let him humiliate himself every day
nechal ho každý deň sa ponižovať
he gave in to the moods of his son
poddal sa náladám svojho syna
his father had nothing which could have delighted him
jeho otec nemal nič, čo by ho mohlo potešiť
and he nothing that the boy feared
a on nič, čoho sa chlapec bál
He was a good man, this father
Bol to dobrý človek, tento otec
he was a good, kind, soft man
bol to dobrý, milý, mäkký človek
perhaps he was a very devout man
možno to bol veľmi zbožný muž
perhaps he was a saint, the boy thought

možno bol svätý, pomyslel si chlapec
but all these attributes could not win the boy over
ale všetky tieto atribúty si chlapca nemohli získať
He was bored by this father, who kept him imprisoned
Nudil ho tento otec, ktorý ho držal vo väzení
a prisoner in this miserable hut of his
väzeň v tejto jeho biednej chatrči
he was bored of him answering every naughtiness with a smile
nudilo ho, že na každú nezbednosť odpovedal úsmevom
he didn't appreciate insults being responded to by friendliness
nevážil si, že na urážky sa reaguje priateľsky
he didn't like viciousness returned in kindness
nepáčilo sa mu zhubnosť vrátená láskavosťou
this very thing was the hated trick of this old sneak
práve toto bol nenávidený trik tohto starého zákerníka
Much more the boy would have liked it if he had been threatened by him
Oveľa viac by sa chlapcovi páčilo, keby sa mu vyhrážal
he wanted to be abused by him
chcel byť ním zneužitý

A day came when young Siddhartha had had enough
Prišiel deň, keď mal mladý Siddhártha dosť
what was on his mind came bursting forth
to, čo mal na mysli, vybuchlo
and he openly turned against his father
a otvorene sa obrátil proti otcovi
Siddhartha had given him a task
Siddhártha mu dal úlohu
he had told him to gather brushwood
povedal mu, aby nazbieral drevinu
But the boy did not leave the hut
Chlapec však chatu neopustil
in stubborn disobedience and rage, he stayed where he was

v tvrdohlavej neposlušnosti a zúrivosti zostal tam, kde bol
he thumped on the ground with his feet
búchal nohami o zem
he clenched his fists and screamed in a powerful outburst
zaťal päste a skríkol v mocnom výbuchu
he screamed his hatred and contempt into his father's face
kričal svoju nenávisť a pohŕdanie otcovi do tváre
"Get the brushwood for yourself!" he shouted, foaming at the mouth
"Získaj drevinu pre seba!" skríkol a z úst sa mu vytvorila pena
"I'm not your servant"
"Nie som tvoj sluha"
"I know that you won't hit me, you wouldn't dare"
"Viem, že ma neudrieš, to by si sa neodvážil"
"I know that you constantly want to punish me"
"Viem, že ma chceš neustále trestať"
"you want to put me down with your religious devotion and your indulgence"
"chceš ma dať dole svojou náboženskou oddanosťou a zhovievavosťou"
"You want me to become like you"
"Chceš, aby som bol ako ty"
"you want me to be just as devout, soft, and wise as you"
"Chceš, aby som bol rovnako oddaný, jemný a múdry ako ty"
"but I won't do it, just to make you suffer"
"ale neurobím to, len aby si trpel"
"I would rather become a highway-robber than be as soft as you"
"Radšej by som sa stal lupičom na diaľnici, ako byť taký mäkký ako ty."
"I would rather be a murderer than be as wise as you"
"Radšej by som bol vrah, ako taký múdry ako ty."
"I would rather go to hell, than to become like you!"
"Radšej pôjdem do pekla, ako by som sa mal stať ako ty!"
"I hate you, you're not my father
„Nenávidím ťa, nie si môj otec

"even if you've slept with my mother ten times, you are not my father!"
"Aj keby si desaťkrát spal s mojou matkou, nie si môj otec!"
Rage and grief boiled over in him
Vrel v ňom hnev a smútok
he foamed at his father in a hundred savage and evil words
penil sa na otca v sto divokých a zlých slov
Then the boy ran away into the forest
Potom chlapec utiekol do lesa
it was late at night when the boy returned
bolo neskoro v noci, keď sa chlapec vrátil
But the next morning, he had disappeared
Na druhý deň ráno však zmizol
What had also disappeared was a small basket
Čo tiež zmizlo, bol malý košík
the basket in which the ferrymen kept those copper and silver coins
košík, v ktorom mali prievozníci tie medené a strieborné mince
the coins which they received as a fare
mince, ktoré dostali ako cestovné
The boat had also disappeared
Loď tiež zmizla
Siddhartha saw the boat lying by the opposite bank
Siddhártha videl loď ležať na opačnom brehu
Siddhartha had been shivering with grief
Siddhártha sa triasol od žiaľu
the ranting speeches the boy had made touched him
chrapľavé reči, ktoré chlapec predniesol, sa ho dotkli
"I must follow him," said Siddhartha
"Musím ho nasledovať," povedal Siddhártha
"A child can't go through the forest all alone, he'll perish"
"Dieťa nemôže ísť samo lesom, zahynie"
"We must build a raft, Vasudeva, to get over the water"
"Musíme postaviť plť, Vasudeva, aby sme sa dostali cez vodu"
"We will build a raft" said Vasudeva

"Postavíme plť," povedal Vasudeva
"we will build it to get our boat back"
"postavíme to, aby sme dostali našu loď späť"
"But you shall not run after your child, my friend"
"Ale nebudeš utekať za svojím dieťaťom, môj priateľ."
"he is no child anymore"
"už nie je dieťa"
"he knows how to get around"
"vie, ako sa obísť"
"He's looking for the path to the city"
"Hľadá cestu do mesta"
"and he is right, don't forget that"
"A má pravdu, nezabudni na to"
"he's doing what you've failed to do yourself"
"robí to, čo si ty sám nedokázal"
"he's taking care of himself"
"stará sa o seba"
"he's taking his course for himself"
"chodí si pre seba"
"Alas, Siddhartha, I see you suffering"
"Bohužiaľ, Siddhártha, vidím ťa trpieť"
"but you're suffering a pain at which one would like to laugh"
"ale trpíš bolesťou, na ktorej by sa chcel človek smiať"
"you're suffering a pain at which you'll soon laugh yourself"
"Trpíš bolesťou, na ktorej sa čoskoro budeš smiať sám"
Siddhartha did not answer his friend
Siddhártha svojmu priateľovi neodpovedal
He already held the axe in his hands
Sekeru už držal v rukách
and he began to make a raft of bamboo
a začal vyrábať plť z bambusu
Vasudeva helped him to tie the canes together with ropes of grass
Vasudeva mu pomohol zviazať palice povrazmi trávy
When they crossed the river they drifted far off their course

Keď prekročili rieku, vzdialili sa ďaleko od svojho smeru
they pulled the raft upriver on the opposite bank
vytiahli plť proti prúdu rieky na opačnom brehu
"Why did you take the axe along?" asked Siddhartha
"Prečo si vzal so sebou sekeru?" spýtal sa Siddhártha
"It might have been possible that the oar of our boat got lost"
"Je možné, že sa veslo našej lode stratilo."
But Siddhartha knew what his friend was thinking
Ale Siddhártha vedel, čo si jeho priateľ myslí
He thought, the boy would have thrown away the oar
Pomyslel si, chlapec by veslo odhodil
in order to get some kind of revenge
aby sa nejako pomstil
and in order to keep them from following him
a aby ho nesledovali
And in fact, there was no oar left in the boat
A v skutočnosti v člne nezostalo žiadne veslo
Vasudeva pointed to the bottom of the boat
Vasudeva ukázal na dno člna
and he looked at his friend with a smile
a s úsmevom pozrel na svojho priateľa
he smiled as if he wanted to say something
usmial sa, akoby chcel niečo povedať
"Don't you see what your son is trying to tell you?"
"Nevidíš, čo sa ti tvoj syn snaží povedať?"
"Don't you see that he doesn't want to be followed?"
"Nevidíš, že nechce byť sledovaný?"
But he did not say this in words
Nepovedal to však slovami
He started making a new oar
Začal vyrábať nové veslo
But Siddhartha bid his farewell, to look for the run-away
Ale Siddhártha sa s ním rozlúčil, aby hľadal utečenca
Vasudeva did not stop him from looking for his child
Vasudeva mu nezabránil v hľadaní svojho dieťaťa

Siddhartha had been walking through the forest for a long time
Siddhártha sa už dlho prechádzal lesom
the thought occurred to him that his search was useless
napadla ho myšlienka, že jeho hľadanie je zbytočné
Either the boy was far ahead and had already reached the city
Buď bol chlapec ďaleko vpredu a už sa dostal do mesta
or he would conceal himself from him
alebo by sa pred ním skrýval
he continued thinking about his son
ďalej myslel na svojho syna
he found that he was not worried for his son
zistil, že sa o syna nebojí
he knew deep inside that he had not perished
hlboko vo svojom vnútri vedel, že nezahynul
nor was he in any danger in the forest
ani mu v lese nehrozilo žiadne nebezpečenstvo
Nevertheless, he ran without stopping
Napriek tomu bežal bez zastavenia
he was not running to save him
neutekal, aby ho zachránil
he was running to satisfy his desire
bežal, aby uspokojil svoju túžbu
he wanted to perhaps see him one more time
chcel ho možno ešte raz vidieť
And he ran up to just outside of the city
A dobehol až za mestom
When, near the city, he reached a wide road
Keď sa pri meste dostal na širokú cestu
he stopped, by the entrance of the beautiful pleasure-garden
zastavil sa pri vchode do krásnej záhrady
the garden which used to belong to Kamala
záhrada, ktorá patrila Kamale
the garden where he had seen her for the first time
záhrada, kde ju videl prvýkrát

when she was sitting in her sedan-chair
keď sedela vo svojom sedanovom kresle
The past rose up in his soul
Minulosť povstala v jeho duši
again, he saw himself standing there
opäť tam videl stáť
a young, bearded, naked Samana
mladá, bradatá, nahá Samana
his hair hair was full of dust
jeho vlasy boli plné prachu
For a long time, Siddhartha stood there
Siddhártha tam dlho stál
he looked through the open gate into the garden
pozrel cez otvorenú bránu do záhrady
he saw monks in yellow robes walking among the beautiful trees
videl mníchov v žltých rúchach kráčať pomedzi nádherné stromy
For a long time, he stood there, pondering
Dlho tam stál a premýšľal
he saw images and listened to the story of his life
videl obrazy a počúval príbeh svojho života
For a long time, he stood there looking at the monks
Dlho tam stál a hľadel na mníchov
he saw young Siddhartha in their place
na ich mieste videl mladého Siddhártha
he saw young Kamala walking among the high trees
videl mladú Kamalu kráčať pomedzi vysoké stromy
Clearly, he saw himself being served food and drink by Kamala
Očividne videl, ako mu Kamala podáva jedlo a pitie
he saw himself receiving his first kiss from her
videl, ako od nej dostáva prvý bozk
he saw himself looking proudly and disdainfully back on his life as a Brahman

videl, ako sa hrdo a pohŕdavo pozerá späť na svoj život
brahmana
he saw himself beginning his worldly life, proudly and full of desire
videl seba, ako hrdo a plný túžby začína svoj svetský život
He saw Kamaswami, the servants, the orgies
Videl Kamaswamiho, služobníkov, orgie
he saw the gamblers with the dice
videl gamblerov s kockami
he saw Kamala's song-bird in the cage
videl v klietke spevavca Kamaly
he lived through all this again
toto všetko ešte raz prežil
he breathed Sansara and was once again old and tired
dýchal Sansara a bol opäť starý a unavený
he felt the disgust and the wish to annihilate himself again
cítil znechutenie a túžbu znova sa zničiť
and he was healed again by the holy Om
a bol znovu uzdravený svätým Ómom
for a long time Siddhartha had stood by the gate
Siddhártha dlho stál pri bráne
he realised his desire was foolish
uvedomil si, že jeho túžba bola hlúpa
he realized it was foolishness which had made him go up to this place
uvedomil si, že to bola hlúposť, ktorá ho prinútila ísť na toto miesto
he realized he could not help his son
uvedomil si, že svojmu synovi nemôže pomôcť
and he realized that he was not allowed to cling to him
a uvedomil si, že mu nebolo dovolené držať sa ho
he felt the love for the run-away deeply in his heart
hlboko v srdci cítil lásku k utečencom
the love for his son felt like a wound
láska k synovi sa cítila ako rana

but this wound had not been given to him in order to turn the knife in it
ale túto ranu mu nedali, aby v nej otočil nôž
the wound had to become a blossom
rana sa musela rozkvitnúť
and his wound had to shine
a jeho rana sa musela lesknúť
That this wound did not blossom or shine yet made him sad
To, že táto rana ešte nekvitla ani nežiarila, ho mrzelo
Instead of the desired goal, there was emptiness
Namiesto vytúženého cieľa bola prázdnota
emptiness had drawn him here, and sadly he sat down
tiahla ho sem prázdnota a smutne sa posadil
he felt something dying in his heart
cítil, že v jeho srdci niečo umiera
he experienced emptiness and saw no joy any more
prežíval prázdnotu a nevidel už žiadnu radosť
there was no goal for which to aim for
neexistoval cieľ, ku ktorému by sme sa mali zamerať
He sat lost in thought and waited
Sedel stratený v myšlienkach a čakal
This he had learned by the river
Toto sa naučil pri rieke
waiting, having patience, listening attentively
čakať, mať trpezlivosť, pozorne počúvať
And he sat and listened, in the dust of the road
A on sedel a počúval v prachu cesty
he listened to his heart, beating tiredly and sadly
počúval svoje srdce, unavene a smutne bijúce
and he waited for a voice
a čakal na hlas
Many an hour he crouched, listening
Mnoho hodín sa krčil a počúval
he saw no images any more
už nevidel žiadne obrázky
he fell into emptiness and let himself fall

padol do prázdnoty a nechal sa padnúť
he could see no path in front of him
pred sebou nevidel žiadnu cestu
And when he felt the wound burning, he silently spoke the Om
A keď cítil, že rana páli, ticho povedal Óm
he filled himself with Om
naplnil sa Óm
The monks in the garden saw him
Videli ho mnísi v záhrade
dust was gathering on his gray hair
na sivých vlasoch sa mu hromadil prach
since he crouched for many hours, one of monks placed two bananas in front of him
keďže sa mnoho hodín krčil, jeden z mníchov pred neho položil dva banány
The old man did not see him
Starec ho nevidel

From this petrified state, he was awoken by a hand touching his shoulder
Z tohto skameneného stavu ho prebudila ruka, ktorá sa dotkla jeho ramena
Instantly, he recognised this tender bashful touch
Okamžite rozpoznal tento nežný hanblivý dotyk
Vasudeva had followed him and waited
Vasudeva ho nasledoval a čakal
he regained his senses and rose to greet Vasudeva
spamätal sa a vstal, aby pozdravil Vasudevu
he looked into Vasudeva's friendly face
pozrel do Vasudevovej priateľskej tváre
he looked into the small wrinkles
pozrel do malých vrások
his wrinkles were as if they were filled with nothing but his smile
jeho vrásky akoby vypĺňalo len jeho úsmev

he looked into the happy eyes, and then he smiled too
pozrel do šťastných očí a potom sa tiež usmial
Now he saw the bananas lying in front of him
Teraz videl pred sebou ležať banány
he picked the bananas up and gave one to the ferryman
vybral banány a jeden dal prievozníkovi
After eating the bananas, they silently went back into the forest
Po zjedení banánov sa ticho vrátili do lesa
they returned home to the ferry
vrátili sa domov na trajekt
Neither one talked about what had happened that day
Ani jeden nehovoril o tom, čo sa v ten deň stalo
neither one mentioned the boy's name
ani jeden nespomenul meno chlapca
neither one spoke about him running away
ani jeden nehovoril o jeho úteku
neither one spoke about the wound
ani jeden nehovoril o rane
In the hut, Siddhartha lay down on his bed
V chatrči si Siddhártha ľahol na posteľ
after a while Vasudeva came to him
po chvíli k nemu prišiel Vasudeva
he offered him a bowl of coconut-milk
ponúkol mu misku kokosového mlieka
but he was already asleep
ale už spal

Om

For a long time the wound continued to burn
Rana dlho horela
Siddhartha had to ferry many travellers across the river
Siddhártha musel previezť veľa cestujúcich cez rieku
many of the travellers were accompanied by a son or a daughter
mnohých cestujúcich sprevádzal syn alebo dcéra
and he saw none of them without envying them
a nikoho z nich nevidel bez toho, aby im závidel
he couldn't see them without thinking about his lost son
nemohol ich vidieť bez toho, aby myslel na svojho strateného syna
"So many thousands possess the sweetest of good fortunes"
"Toľko tisíc má najsladšie šťastie"
"why don't I also possess this good fortune?"
"Prečo nemám také šťastie?"
"even thieves and robbers have children and love them"
"aj zlodeji a lupiči majú deti a milujú ich"
"and they are being loved by their children"
"a ich deti ich milujú"
"all are loved by their children except for me"
"všetci sú milovaní svojimi deťmi okrem mňa"
he now thought like the childlike people, without reason
teraz bezdôvodne rozmýšľal ako detskí ľudia
he had become one of the childlike people
stal sa jedným z detských ľudí
he looked upon people differently than before
pozeral na ľudí inak ako predtým
he was less smart and less proud of himself
bol menej bystrý a menej hrdý na seba
but instead, he was warmer and more curious
ale namiesto toho bol teplejší a zvedavejší
when he ferried travellers, he was more involved than before

keď prevážal cestujúcich, bol zapojený viac ako predtým
childlike people, businessmen, warriors, women
detskí ľudia, obchodníci, bojovníci, ženy
these people did not seem alien to him, as they used to
títo ľudia sa mu nezdali cudzí, ako kedysi
he understood them and shared their life
rozumel im a zdieľal ich život
a life which was not guided by thoughts and insight
život, ktorý sa neriadil myšlienkami a vhľadom
but a life guided solely by urges and wishes
ale život riadený výlučne pudmi a želaniami
he felt like the the childlike people
cítil sa ako detskí ľudia
he was bearing his final wound
niesol svoju poslednú ranu
he was nearing perfection
blížil sa k dokonalosti
but the childlike people still seemed like his brothers
ale detskí ľudia stále vyzerali ako jeho bratia
their vanities, desires for possession were no longer ridiculous to him
ich márnosti, túžby po vlastníctve mu už neboli smiešne
they became understandable and lovable
stali sa zrozumiteľnými a milujúcimi
they even became worthy of veneration to him
dokonca sa mu stali hodnými úcty
The blind love of a mother for her child
Slepá láska matky k dieťaťu
the stupid, blind pride of a conceited father for his only son
hlúpa, slepá pýcha namysleného otca na svojho jediného syna
the blind, wild desire of a young, vain woman for jewellery
slepá, divoká túžba mladej, márnej ženy po šperkoch
her wish for admiring glances from men
jej želanie obdivných pohľadov mužov
all of these simple urges were not childish notions
všetky tieto jednoduché nutkania neboli detinské predstavy

but they were immensely strong, living, and prevailing urges
ale boli nesmierne silné, živé a prevládajúce nutkania
he saw people living for the sake of their urges
videl ľudí, ktorí žijú pre svoje túžby
he saw people achieving rare things for their urges
videl ľudí, ako dosahujú vzácne veci pre svoje nutkanie
travelling, conducting wars, suffering
cestovanie, vedenie vojen, utrpenie
they bore an infinite amount of suffering
znášali nekonečné množstvo utrpenia
and he could love them for it, because he saw life
a mohol ich za to milovať, pretože videl život
that what is alive was in each of their passions
že to, čo je živé, bolo v každej z ich vášní
that what is is indestructible was in their urges, the Brahman
že to, čo je nezničiteľné, bolo v ich nutkaní, Brahman
these people were worthy of love and admiration
títo ľudia boli hodní lásky a obdivu
they deserved it for their blind loyalty and blind strength
zaslúžili si to za svoju slepú vernosť a slepú silu
there was nothing that they lacked
nič im nechýbalo
Siddhartha had nothing which would put him above the rest, except one thing
Siddhártha nemal nič, čo by ho postavilo nad ostatných, okrem jednej veci
there still was a small thing he had which they didn't
stále tu bola maličkosť, ktorú mal a oni nie
he had the conscious thought of the oneness of all life
mal vedomú myšlienku jednoty všetkého života
but Siddhartha even doubted whether this knowledge should be valued so highly
ale Siddhártha dokonca pochyboval, či by sa toto poznanie malo tak vysoko hodnotiť
it might also be a childish idea of the thinking people

môže to byť aj detinská predstava mysliacich ľudí
the worldly people were of equal rank to the wise men
svetskí ľudia boli na rovnakej úrovni ako mudrci
animals too can in some moments seem to be superior to humans
Aj zvieratá sa môžu v niektorých momentoch zdať nadradené ľuďom
they are superior in their tough, unrelenting performance of what is necessary
sú vynikajúce v tvrdom, neúprosnom výkone toho, čo je potrebné
an idea slowly blossomed in Siddhartha
v Siddhárthovi pomaly rozkvitla myšlienka
and the idea slowly ripened in him
a myšlienka v ňom pomaly dozrievala
he began to see what wisdom actually was
začal vidieť, čo je to vlastne múdrosť
he saw what the goal of his long search was
videl, čo je cieľom jeho dlhého hľadania
his search was nothing but a readiness of the soul
jeho hľadanie nebolo nič iné ako pripravenosť duše
a secret art to think every moment, while living his life
tajné umenie myslieť každú chvíľu, kým žije svoj život
it was the thought of oneness
bola to myšlienka jednoty
to be able to feel and inhale the oneness
byť schopný cítiť a vdychovať jednotu
Slowly this awareness blossomed in him
Toto vedomie v ňom pomaly kvitlo
it was shining back at him from Vasudeva's old, childlike face
svietilo mu to z Vasudevovej starej, detskej tváre
harmony and knowledge of the eternal perfection of the world
harmóniu a poznanie večnej dokonalosti sveta
smiling and to be part of the oneness

usmievať sa a byť súčasťou jednoty
But the wound still burned
Ale rana stále horela
longingly and bitterly Siddhartha thought of his son
túžobne a trpko Siddhártha myslel na svojho syna
he nurtured his love and tenderness in his heart
v srdci pestoval svoju lásku a nehu
he allowed the pain to gnaw at him
dovolil, aby ho hlodala bolesť
he committed all foolish acts of love
spáchal všetky hlúposti lásky
this flame would not go out by itself
tento plameň by sám od seba nezhasol

one day the wound burned violently
jedného dňa rana prudko pálila
driven by a yearning, Siddhartha crossed the river
Siddhártha poháňaný túžbou prekročil rieku
he got off the boat and was willing to go to the city
vystúpil z člna a bol ochotný ísť do mesta
he wanted to look for his son again
chcel znova hľadať svojho syna
The river flowed softly and quietly
Rieka tiekla jemne a ticho
it was the dry season, but its voice sounded strange
bolo obdobie sucha, ale jeho hlas znel zvláštne
it was clear to hear that the river laughed
bolo jasne počuť, že sa rieka smiala
it laughed brightly and clearly at the old ferryman
zasmialo sa jasne a jasne na starom prievozníkovi
he bent over the water, in order to hear even better
sklonil sa nad vodou, aby ešte lepšie počul
and he saw his face reflected in the quietly moving waters
a videl, ako sa jeho tvár odráža v ticho sa pohybujúcich vodách
in this reflected face there was something

v tejto odrazenej tvári bolo niečo
something which reminded him, but he had forgotten
niečo, čo mu pripomenulo, ale zabudol
as he thought about it, he found it
ako o tom premýšľal, našiel to
this face resembled another face which he used to know and love
táto tvár sa podobala inej tvári, ktorú poznal a miloval
but he also used to fear this face
ale tiež sa bál tejto tváre
It resembled his father's face, the Brahman
Pripomínalo to tvár jeho otca, Brahmana
he remembered how he had forced his father to let him go
spomenul si, ako prinútil otca, aby ho pustil
he remembered how he had bid his farewell to him
spomenul si, ako sa s ním lúčil
he remembered how he had gone and had never come back
spomenul si, ako odišiel a už sa nevrátil
Had his father not also suffered the same pain for him?
Netrpel pre neho rovnakou bolesťou aj jeho otec?
was his father's pain not the pain Siddhartha is suffering now?
nebola bolesť jeho otca bolesťou, ktorú teraz trpí Siddhártha?
Had his father not long since died?
Jeho otec už dávno nezomrel?
had he died without having seen his son again?
zomrel bez toho, aby znovu videl svojho syna?
Did he not have to expect the same fate for himself?
Nemusel pre seba očakávať rovnaký osud?
Was it not a comedy in a fateful circle?
Nebola to komédia v osudovom kruhu?
The river laughed about all of this
Rieka sa tomu všetkému smiala
everything came back which had not been suffered
všetko sa vrátilo, čo nebolo utrpené
everything came back which had not been solved

všetko sa vrátilo, čo nebolo vyriešené
the same pain was suffered over and over again
tá istá bolesť trpela znova a znova
Siddhartha went back into the boat
Siddhártha sa vrátil do člna
and he returned back to the hut
a vrátil sa späť do chatrče
he was thinking of his father and of his son
myslel na svojho otca a na svojho syna
he thought of having been laughed at by the river
myslel si, že sa mu pri rieke smiali
he was at odds with himself and tending towards despair
bol v rozpore sám so sebou a mal sklony k zúfalstvu
but he was also tempted to laugh
ale bol tiež v pokušení smiať sa
he could laugh at himself and the entire world
mohol sa smiať sám sebe a celému svetu
Alas, the wound was not blossoming yet
Žiaľ, rana ešte nekvitla
his heart was still fighting his fate
jeho srdce stále bojovalo s osudom
cheerfulness and victory were not yet shining from his suffering
z jeho utrpenia ešte nežiarila veselosť a víťazstvo
Nevertheless, he felt hope along with the despair
Napriek tomu cítil nádej spolu so zúfalstvom
once he returned to the hut he felt an undefeatable desire to open up to Vasudeva
keď sa vrátil do chatrče, pocítil neporaziteľnú túžbu otvoriť sa Vasudevovi
he wanted to show him everything
chcel mu všetko ukázať
he wanted to say everything to the master of listening
chcel všetko povedať majstrovi počúvania

Vasudeva was sitting in the hut, weaving a basket

Vasudeva sedel v chatrči a plietol košík
He no longer used the ferry-boat
Trajekt už nepoužíval
his eyes were starting to get weak
jeho oči začínali slabnúť
his arms and hands were getting weak as well
jeho paže a ruky tiež slabli
only the joy and cheerful benevolence of his face was unchanging
len radosť a veselá dobrotivosť jeho tváre bola nemenná
Siddhartha sat down next to the old man
Siddhártha sa posadil vedľa starého muža
slowly, he started talking about what they had never spoke about
pomaly začal hovoriť o tom, o čom nikdy nehovorili
he told him of his walk to the city
povedal mu o svojej prechádzke do mesta
he told at him of the burning wound
povedal mu o horiacej rane
he told him about the envy of seeing happy fathers
povedal mu o závisti vidieť šťastných otcov
his knowledge of the foolishness of such wishes
jeho vedomosti o hlúposti takýchto želaní
his futile fight against his wishes
jeho márny boj proti jeho želaniam
he was able to say everything, even the most embarrassing parts
dokázal povedať všetko, aj tie najtrápnejšie časti
he told him everything he could tell him
povedal mu všetko, čo mu mohol povedať
he showed him everything he could show him
ukázal mu všetko, čo mu ukázať mohol
He presented his wound to him
Predložil mu svoju ranu
he also told him how he had fled today
povedal mu aj to, ako dnes utiekol

he told him how he ferried across the water
povedal mu, ako sa previezol cez vodu
a childish run-away, willing to walk to the city
detský utečenec, ochotný chodiť do mesta
and he told him how the river had laughed
a povedal mu, ako sa rieka zasmiala
he spoke for a long time
hovoril dlho
Vasudeva was listening with a quiet face
Vasudeva počúval s tichou tvárou
Vasudeva's listening gave Siddhartha a stronger sensation than ever before
Vasudevovo počúvanie dalo Siddhárthovi silnejší pocit ako kedykoľvek predtým
he sensed how his pain and fears flowed over to him
cítil, ako sa k nemu preniesla jeho bolesť a strach
he sensed how his secret hope flowed over him
cítil, ako ho tajná nádej zaplavila
To show his wound to this listener was the same as bathing it in the river
Ukázať jeho ranu tomuto poslucháčovi bolo to isté ako kúpať sa v rieke
the river would have cooled Siddhartha's wound
rieka by ochladila Siddhárthovu ranu
the quiet listening cooled Siddhartha's wound
tiché počúvanie schladilo Siddhárthovu ranu
it cooled him until he become one with the river
chladilo ho to, až kým sa nestotožnil s riekou
While he was still speaking, still admitting and confessing
Kým ešte hovoril, stále priznával a priznával
Siddhartha felt more and more that this was no longer Vasudeva
Siddhártha stále viac cítil, že toto už nie je Vasudeva
it was no longer a human being who was listening to him
už to nebola ľudská bytosť, ktorá ho počúvala

this motionless listener was absorbing his confession into himself
tento nehybný poslucháč nasával do seba svoje priznanie
this motionless listener was like a tree the rain
tento nehybný poslucháč bol ako strom dážď
this motionless man was the river itself
tento nehybný muž bola samotná rieka
this motionless man was God himself
tento nehybný človek bol sám Boh
the motionless man was the eternal itself
nehybný človek bol sám večný
Siddhartha stopped thinking of himself and his wound
Siddhártha prestal myslieť na seba a svoju ranu
this realisation of Vasudeva's changed character took possession of him
toto uvedomenie si Vasudevovho zmeneného charakteru sa ho zmocnilo
and the more he entered into it, the less wondrous it became
a čím viac do toho vstupoval, tým to bolo menej úžasné
the more he realised that everything was in order and natural
tým viac si uvedomoval, že všetko je v poriadku a prirodzené
he realised that Vasudeva had already been like this for a long time
uvedomil si, že Vasudeva už bol taký dlhý čas
he had just not quite recognised it yet
len to ešte celkom nerozpoznal
yes, he himself had almost reached the same state
áno, on sám takmer dosiahol rovnaký stav
He felt, that he was now seeing old Vasudeva as the people see the gods
Cítil, že teraz vidí starého Vasudevu tak, ako ľudia vidia bohov
and he felt that this could not last
a cítil, že to nemôže trvať
in his heart, he started bidding his farewell to Vasudeva

vo svojom srdci sa začal lúčiť s Vasudevom
Throughout all this, he talked incessantly
Počas toho všetkého neprestajne rozprával
When he had finished talking, Vasudeva turned his friendly eyes at him
Keď dorozprával, Vasudeva naňho obrátil priateľské oči
the eyes which had grown slightly weak
oči, ktoré trochu zoslabli
he said nothing, but let his silent love and cheerfulness shine
nepovedal nič, ale nech žiari jeho tichá láska a veselosť
his understanding and knowledge shone from him
žiarilo z neho jeho pochopenie a vedomosti
He took Siddhartha's hand and led him to the seat by the bank
Vzal Siddhártha za ruku a viedol ho k sedadlu pri banke
he sat down with him and smiled at the river
sadol si k nemu a usmial sa na rieku
"You've heard it laugh," he said
„Počuli ste, že sa to smiať," povedal
"But you haven't heard everything"
"Ale nepočul si všetko"
"Let's listen, you'll hear more"
"Poďme počúvať, budete počuť viac"
Softly sounded the river, singing in many voices
Jemne znela rieka a spievala mnohými hlasmi
Siddhartha looked into the water
Siddhártha sa pozrel do vody
images appeared to him in the moving water
v pohybujúcej sa vode sa mu zjavovali obrazy
his father appeared, lonely and mourning for his son
objavil sa jeho otec, osamelý a smútiaci za synom
he himself appeared in the moving water
on sám sa objavil v pohybujúcej sa vode
he was also being tied with the bondage of yearning to his distant son

bol tiež spútaný otroctvom túžby k svojmu vzdialenému
synovi
his son appeared, lonely as well
objavil sa jeho syn, tiež osamelý
**the boy, greedily rushing along the burning course of his
young wishes**
chlapec, hltavo sa rútiaci po horiacom kurze svojich mladých
prianí
each one was heading for his goal
každý smeroval k svojmu cieľu
each one was obsessed by the goal
každý bol posadnutý cieľom
each one was suffering from the pursuit
každý trpel prenasledovaním
The river sang with a voice of suffering
Rieka spievala hlasom utrpenia
longingly it sang and flowed towards its goal
túžobne spievalo a plynulo k svojmu cieľu
"Do you hear?" Vasudeva asked with a mute gaze
"Počuješ?" spýtal sa Vasudeva s nemým pohľadom
Siddhartha nodded in reply
Siddhártha v odpovedi prikývol
"Listen better!" Vasudeva whispered
"Počúvaj lepšie!" zašepkal Vasudeva
Siddhartha made an effort to listen better
Siddhártha sa snažil lepšie počúvať
The image of his father appeared
Objavil sa obraz jeho otca
his own image merged with his father's
jeho vlastný obraz splynul s obrazom jeho otca
the image of his son merged with his image
obraz jeho syna splynul s jeho obrazom
Kamala's image also appeared and was dispersed
Objavil sa aj obraz Kamaly a bol rozptýlený
and the image of Govinda, and other images
a obraz Govindu a iné obrazy

and all the imaged merged with each other
a všetky zobrazené sa navzájom spojili
all the imaged turned into the river
všetko zobrazené sa zmenilo na rieku
being the river, they all headed for the goal
keďže je rieka, všetci smerovali k cieľu
longing, desiring, suffering flowed together
túžba, túžba, utrpenie sa zlievali spolu
and the river's voice sounded full of yearning
a hlas rieky znel plný túžby
the river's voice was full of burning woe
hlas rieky bol plný horiaceho beda
the river's voice was full of unsatisfiable desire
hlas rieky bol plný neukojiteľnej túžby
For the goal, the river was heading
Za cieľom smerovala rieka
Siddhartha saw the river hurrying towards its goal
Siddhártha videl, ako sa rieka ponáhľa k svojmu cieľu
the river of him and his loved ones and of all people he had ever seen
rieka jeho a jeho milovaných a všetkých ľudí, ktorých kedy videl
all of these waves and waters were hurrying
všetky tieto vlny a vody sa ponáhľali
they were all suffering towards many goals
všetci trpeli za mnohými cieľmi
the waterfall, the lake, the rapids, the sea
vodopád, jazero, pereje, more
and all goals were reached
a všetky ciele boli dosiahnuté
and every goal was followed by a new one
a za každým cieľom nasledoval nový
and the water turned into vapour and rose to the sky
a voda sa zmenila na paru a stúpala k oblohe
the water turned into rain and poured down from the sky
voda sa zmenila na dážď a sypala sa z neba

the water turned into a source
voda sa zmenila na zdroj
then the source turned into a stream
potom sa prameň zmenil na potok
the stream turned into a river
potok sa zmenil na rieku
and the river headed forwards again
a rieka opäť smerovala vpred
But the longing voice had changed
Ale túžobný hlas sa zmenil
It still resounded, full of suffering, searching
Stále sa ozývalo, plné utrpenia, hľadania
but other voices joined the river
ale k rieke sa pridali ďalšie hlasy
there were voices of joy and of suffering
ozývali sa hlasy radosti i utrpenia
good and bad voices, laughing and sad ones
dobré a zlé hlasy, smejúce a smutné
a hundred voices, a thousand voices
sto hlasov, tisíc hlasov
Siddhartha listened to all these voices
Siddhártha počúval všetky tieto hlasy
He was now nothing but a listener
Teraz nebol ničím iným ako posluchačom
he was completely concentrated on listening
úplne sa sústredil na počúvanie
he was completely empty now
teraz bol úplne prázdny
he felt that he had now finished learning to listen
cítil, že sa teraz naučil počúvať
Often before, he had heard all this
Často predtým to všetko počul
he had heard these many voices in the river
počul toľko hlasov v rieke
today the voices in the river sounded new
dnes hlasy v rieke zneli ako nové

Already, he could no longer tell the many voices apart
Už nedokázal rozoznať tie mnohé hlasy
there was no difference between the happy voices and the weeping ones
nebol rozdiel medzi šťastnými hlasmi a plačúcimi
the voices of children and the voices of men were one
hlasy detí a hlasy mužov boli jedno
all these voices belonged together
všetky tieto hlasy patrili k sebe
the lamentation of yearning and the laughter of the knowledgeable one
nárek túžby a smiech vedomého
the scream of rage and the moaning of the dying ones
krik zúrivosti a stonanie umierajúcich
everything was one and everything was intertwined
všetko bolo jedno a všetko bolo prepletené
everything was connected and entangled a thousand times
všetko bolo tisíckrát spojené a zapletené
everything together, all voices, all goals
všetko spolu, všetky hlasy, všetky ciele
all yearning, all suffering, all pleasure
všetka túžba, všetko utrpenie, všetko potešenie
all that was good and evil
všetko, čo bolo dobré a zlé
all of this together was the world
toto všetko spolu bol svet
All of it together was the flow of events
Všetko to spolu bol tok udalostí
all of it was the music of life
všetko to bola hudba života
when Siddhartha was listening attentively to this river
keď Siddhártha pozorne počúval túto rieku
the song of a thousand voices
pieseň tisícich hlasov
when he neither listened to the suffering nor the laughter
keď nepočúval ani utrpenie, ani smiech

when he did not tie his soul to any particular voice
keď neviazal svoju dušu na žiadny konkrétny hlas
when he submerged his self into the river
keď sa ponoril do rieky
but when he heard them all he perceived the whole, the oneness
ale keď ich všetkých počul, videl celok, jednotu
then the great song of the thousand voices consisted of a single word
potom veľká pieseň tisíc hlasov pozostávala z jediného slova
this word was Om; the perfection
toto slovo bolo Óm; dokonalosť

"Do you hear" Vasudeva's gaze asked again
"Počuješ?" opýtal sa znova Vasudevov pohľad
Brightly, Vasudeva's smile was shining
Vasudevov úsmev jasne žiaril
it was floating radiantly over all the wrinkles of his old face
žiarivo sa vznášal nad všetkými vráskami jeho starej tváre
the same way the Om was floating in the air over all the voices of the river
rovnakým spôsobom sa Om vznášal vo vzduchu nad všetkými hlasmi rieky
Brightly his smile was shining, when he looked at his friend
Keď sa pozrel na svojho priateľa, jeho úsmev jasne žiaril
and brightly the same smile was now starting to shine on Siddhartha's face
a na Siddharthovej tvári sa teraz jasne začal lesknúť ten istý úsmev
His wound had blossomed and his suffering was shining
Jeho rana bola rozkvitnutá a jeho utrpenie žiarilo
his self had flown into the oneness
jeho ja vletelo do jednoty
In this hour, Siddhartha stopped fighting his fate
V tejto hodine Siddhártha prestal bojovať so svojím osudom
at the same time he stopped suffering

zároveň prestal trpieť
On his face flourished the cheerfulness of a knowledge
Na jeho tvári kvitla veselosť poznania
a knowledge which was no longer opposed by any will
poznanie, ktorému už neodporovala žiadna vôľa
a knowledge which knows perfection
poznanie, ktoré pozná dokonalosť
a knowledge which is in agreement with the flow of events
poznanie, ktoré je v súlade s tokom udalostí
a knowledge which is with the current of life
poznanie, ktoré je s prúdom života
full of sympathy for the pain of others
plný súcitu s bolesťou iných
full of sympathy for the pleasure of others
plný sympatií pre potešenie iných
devoted to the flow, belonging to the oneness
oddaný toku, patriaci k jednote
Vasudeva rose from the seat by the bank
Vasudeva vstal zo sedadla pri banke
he looked into Siddhartha's eyes
pozrel Siddhárthovi do očí
and he saw the cheerfulness of the knowledge shining in his eyes
a videl, ako mu v očiach žiari veselosť poznania
he softly touched his shoulder with his hand
jemne sa dotkol rukou jeho ramena
"I've been waiting for this hour, my dear"
"Čakal som na túto hodinu, moja drahá"
"Now that it has come, let me leave"
"Teraz, keď to prišlo, nechaj ma odísť"
"For a long time, I've been waiting for this hour"
"Dlho som čakal na túto hodinu"
"for a long time, I've been Vasudeva the ferryman"
"Už dlho som bol prievozníkom Vasudeva"
"Now it's enough. Farewell"
"Teraz stačí. Dovidenia"

"farewell river, farewell Siddhartha!"
"zbohom rieka, zbohom Siddhártha!"
Siddhartha made a deep bow before him who bid his farewell
Siddhártha sa pred ním, ktorý sa s ním rozlúčil, hlboko uklonil
"I've known it," he said quietly
"Ja som to vedel," povedal potichu
"You'll go into the forests?"
"Pôjdeš do lesov?"
"I'm going into the forests"
"Idem do lesov"
"I'm going into the oneness" spoke Vasudeva with a bright smile
"Idem do jednoty," povedal Vasudeva so žiarivým úsmevom
With a bright smile, he left
So žiarivým úsmevom odišiel
Siddhartha watched him leaving
Siddhártha ho sledoval ako odchádza
With deep joy, with deep solemnity he watched him leave
S hlbokou radosťou, s hlbokou vážnosťou ho pozoroval ako odchádza
he saw his steps were full of peace
videl, že jeho kroky sú plné pokoja
he saw his head was full of lustre
videl, že jeho hlava je plná lesku
he saw his body was full of light
videl, že jeho telo je plné svetla

Govinda

Govinda had been with the monks for a long time
Govinda bol s mníchmi už dlho
when not on pilgrimages, he spent his time in the pleasure-garden
keď nebol na púťach, trávil čas v záhradke
the garden which the courtesan Kamala had given the followers of Gotama
záhradu, ktorú kurtizána Kamala darovala nasledovníkom Gotamy
he heard talk of an old ferryman, who lived a day's journey away
počul reči o starom prievozníkovi, ktorý býval deň cesty odtiaľto
he heard many regarded him as a wise man
počul, že ho mnohí považujú za múdreho muža
When Govinda went back, he chose the path to the ferry
Keď sa Govinda vrátil, vybral si cestu k trajektu
he was eager to see the ferryman
dychtil vidieť prievozníka
he had lived his entire life by the rules
celý život žil podľa pravidiel
he was looked upon with veneration by the younger monks
mladší mnísi sa naňho pozerali s úctou
they respected his age and modesty
rešpektovali jeho vek a skromnosť
but his restlessness had not perished from his heart
ale jeho nepokoj nevyhynul zo srdca
he was searching for what he had not found
hľadal to, čo nenašiel
He came to the river and asked the old man to ferry him over
Prišiel k rieke a požiadal starého muža, aby ho previezol
when they got off the boat on the other side, he spoke with the old man
keď vystúpili z člna na druhej strane, rozprával sa so starcom

"You're very good to us monks and pilgrims"
"Ste veľmi dobrý k nám mníchom a pútnikom"
"you have ferried many of us across the river"
"mnohých z nás ste previezli cez rieku"
"Aren't you too, ferryman, a searcher for the right path?"
"Nie si aj ty, prievozník, hľadač správnej cesty?"
smiling from his old eyes, Siddhartha spoke
Siddhártha s úsmevom zo svojich starých očí prehovoril
"oh venerable one, do you call yourself a searcher?"
"Ó ctihodný, nazývaš sa pátračom?"
"are you still a searcher, although already well in years?"
"Ste stále pátrač, aj keď už máte veľa rokov?"
"do you search while wearing the robe of Gotama's monks?"
"hľadáš, keď máš na sebe rúcho mníchov z Gotamy?"
"It's true, I'm old," spoke Govinda
"Je to pravda, som starý," povedal Govinda
"but I haven't stopped searching"
"ale neprestal som hľadať"
"I will never stop searching"
"Nikdy neprestanem hľadať"
"this seems to be my destiny"
"Zdá sa, že toto je môj osud"
"You too, so it seems to me, have been searching"
"Aj vy, ako sa mi zdá, ste hľadali"
"Would you like to tell me something, oh honourable one?"
"Chceli by ste mi niečo povedať, vážený?"
"What might I have that I could tell you, oh venerable one?"
"Čo by som ti mohol povedať, vážený?"
"Perhaps I could tell you that you're searching far too much?"
"Možno by som ti mohol povedať, že hľadáš príliš veľa?"
"Could I tell you that you don't make time for finding?"
"Mohol by som ti povedať, že si nenašiel čas na hľadanie?"
"How come?" asked Govinda
"Ako to?" spýtal sa Govinda

"When someone is searching they might only see what they search for"
"Keď niekto hľadá, môže vidieť len to, čo hľadá"
"he might not be able to let anything else enter his mind"
"možno nebude schopný dovoliť, aby mu na myseľ prišlo niečo iné"
"he doesn't see what he is not searching for"
"nevidí to, čo nehľadá"
"because he always thinks of nothing but the object of his search"
"pretože vždy nemyslí na nič iné ako na predmet svojho hľadania"
"he has a goal, which he is obsessed with"
"má cieľ, ktorým je posadnutý"
"Searching means having a goal"
"Hľadať znamená mať cieľ"
"But finding means being free, open, and having no goal"
"Ale nájsť znamená byť slobodný, otvorený a nemať žiadny cieľ."
"You, oh venerable one, are perhaps indeed a searcher"
"Ty, ctihodný, možno naozaj hľadáš."
"because, when striving for your goal, there are many things you don't see"
"pretože keď sa usiluješ o svoj cieľ, je veľa vecí, ktoré nevidíš"
"you might not see things which are directly in front of your eyes"
"možno nevidíš veci, ktoré máš priamo pred očami"
"I don't quite understand yet," said Govinda, "what do you mean by this?"
"Ešte celkom nerozumiem," povedal Govinda, "čo tým myslíš?"
"oh venerable one, you've been at this river before, a long time ago"
"Ó, ctihodný, už si bol pri tejto rieke, už dávno"
"and you have found a sleeping man by the river"
"a našli ste spiaceho muža pri rieke"

"you have sat down with him to guard his sleep"
"Sadol si s ním, aby si strážil jeho spánok"
"but, oh Govinda, you did not recognise the sleeping man"
"ale, ó, Govinda, nespoznal si spiaceho muža"
Govinda was astonished, as if he had been the object of a magic spell
Govinda bol užasnutý, akoby bol predmetom magického kúzla
the monk looked into the ferryman's eyes
mních pozrel do očí prievozníka
"Are you Siddhartha?" he asked with a timid voice
"Si Siddhártha?" spýtal sa nesmelým hlasom
"I wouldn't have recognised you this time either!"
"Ani tentoraz by som ťa nespoznal!"
"from my heart, I'm greeting you, Siddhartha"
"Zo srdca ťa pozdravujem, Siddhártha"
"from my heart, I'm happy to see you once again!"
"Zo srdca, som rád, že ťa ešte raz vidím!"
"You've changed a lot, my friend"
"Veľa si sa zmenil, kamarát."
"and you've now become a ferryman?"
"a teraz si sa stal prievozníkom?"
In a friendly manner, Siddhartha laughed
Siddhártha sa priateľsky zasmial
"yes, I am a ferryman"
"Áno, som prievozník"
"Many people, Govinda, have to change a lot"
"Veľa ľudí, Govinda, sa musí veľa zmeniť."
"they have to wear many robes"
"musia nosiť veľa rúch"
"I am one of those who had to change a lot"
"Som jedným z tých, ktorí sa museli veľa zmeniť"
"Be welcome, Govinda, and spend the night in my hut"
"Buď vítaný, Govinda, a stráv noc v mojej chatrči"
Govinda stayed the night in the hut
Govinda prenocoval v chatrči

he slept on the bed which used to be Vasudeva's bed
spal na posteli, ktorá bývala Vasudevovou posteľou
he posed many questions to the friend of his youth
kládol veľa otázok priateľovi svojej mladosti
Siddhartha had to tell him many things from his life
Siddhártha mu musel povedať veľa vecí zo svojho života

then the next morning came
potom prišlo ďalšie ráno
the time had come to start the day's journey
nastal čas začať dennú cestu
without hesitation, Govinda asked one more question
Govinda bez váhania položil ešte jednu otázku
"Before I continue on my path, Siddhartha, permit me to ask one more question"
"Skôr ako budem pokračovať vo svojej ceste, Siddhártha, dovoľ mi položiť ešte jednu otázku."
"Do you have a teaching that guides you?"
"Máte učenie, ktoré vás vedie?"
"Do you have a faith or a knowledge you follow"
"Máš vieru alebo poznanie, ktorým sa riadiš?"
"is there a knowledge which helps you to live and do right?"
"Existuje poznanie, ktoré ti pomáha žiť a konať správne?"
"You know well, my dear, I have always been distrustful of teachers"
"Dobre vieš, drahá, vždy som bol nedôverčivý k učiteľom."
"as a young man I already started to doubt teachers"
"Už ako mladý muž som začal pochybovať o učiteľoch"
"when we lived with the penitents in the forest, I distrusted their teachings"
"keď sme žili s kajúcnikmi v lese, nedôveroval som ich učeniu"
"and I turned my back to them"
"a otočil som sa k nim chrbtom"
"I have remained distrustful of teachers"
"Stál som nedôverčivý k učiteľom"
"Nevertheless, I have had many teachers since then"

"Napriek tomu som mal odvtedy veľa učiteľov"
"A beautiful courtesan has been my teacher for a long time"
"Krásna kurtizána je mojou učiteľkou už dlho"
"a rich merchant was my teacher"
"bohatý obchodník bol mojím učiteľom"
"and some gamblers with dice taught me"
"a naučili ma niektorí hazardní hráči s kockami"
"Once, even a follower of Buddha has been my teacher"
"Kedysi bol aj nasledovník Budhu mojím učiteľom"
"he was travelling on foot, pilgering"
"cestoval pešo, putoval"
"and he sat with me when I had fallen asleep in the forest"
"a sedel pri mne, keď som zaspal v lese"
"I've also learned from him, for which I'm very grateful"
"Aj ja som sa od neho naučil, za čo som mu veľmi vďačný."
"But most of all, I have learned from this river"
"Ale hlavne som sa naučil z tejto rieky"
"and I have learned most from my predecessor, the ferryman Vasudeva"
"a najviac som sa naučil od svojho predchodcu, prievozníka Vasudevu"
"He was a very simple person, Vasudeva, he was no thinker"
"Bol to veľmi jednoduchý človek, Vasudeva, nebol to žiadny mysliteľ."
"but he knew what is necessary just as well as Gotama"
"ale vedel, čo je potrebné rovnako dobre ako Gotama"
"he was a perfect man, a saint"
"Bol to dokonalý muž, svätec"
"Siddhartha still loves to mock people, it seems to me"
"Siddhártha stále rád zosmiešňuje ľudí, zdá sa mi"
"I believe in you and I know that you haven't followed a teacher"
"Verím ti a viem, že si nenasledoval učiteľa."
"But haven't you found something by yourself?"
"Ale nenašiel si niečo sám?"

"though you've found no teachings, you still found certain thoughts"
"hoci si nenašiel žiadne učenie, stále si našiel isté myšlienky"
"certain insights, which are your own"
„určité poznatky, ktoré sú vaše vlastné"
"insights which help you to live"
"názory, ktoré vám pomôžu žiť"
"Haven't you found something like this?"
"Nenašiel si niečo také?"
"If you would like to tell me, you would delight my heart"
"Ak by si mi to chcel povedať, potešil by si moje srdce"
"you are right, I have had thoughts and gained many insights"
"Máš pravdu, mal som myšlienky a získal som veľa poznatkov"
"Sometimes I have felt knowledge in me for an hour"
"Niekedy som v sebe cítil poznanie na hodinu"
"at other times I have felt knowledge in me for an entire day"
"Inokedy som v sebe cítil poznanie celý deň"
"the same knowledge one feels when one feels life in one's heart"
"rovnaké poznanie, ktoré človek cíti, keď cíti život vo svojom srdci"
"There have been many thoughts"
"Bolo veľa myšlienok"
"but it would be hard for me to convey these thoughts to you"
"ale bolo by pre mňa ťažké sprostredkovať ti tieto myšlienky"
"my dear Govinda, this is one of my thoughts which I have found"
"Môj drahý Govinda, toto je jedna z mojich myšlienok, ktorú som našiel"
"wisdom cannot be passed on"
"múdrosť sa nedá odovzdať"

"Wisdom which a wise man tries to pass on always sounds like foolishness"
"Múdrosť, ktorú sa múdry človek snaží odovzdať, vždy znie ako hlúposť."
"Are you kidding?" asked Govinda
"Robíš si srandu?" spýtal sa Govinda
"I'm not kidding, I'm telling you what I have found"
"Nerobím si srandu, hovorím ti, čo som našiel."
"Knowledge can be conveyed, but wisdom can't"
"Vedomosti sa dajú odovzdať, ale múdrosť nie"
"wisdom can be found, it can be lived"
"múdrosť sa dá nájsť, dá sa s ňou žiť"
"it is possible to be carried by wisdom"
"Je možné nechať sa uniesť múdrosťou"
"miracles can be performed with wisdom"
"zázraky sa dajú robiť s múdrosťou"
"but wisdom cannot be expressed in words or taught"
"ale múdrosť nemožno vyjadriť slovami ani naučiť"
"This was what I sometimes suspected, even as a young man"
"Toto som niekedy tušil, dokonca aj ako mladý muž."
"this is what has driven me away from the teachers"
"toto ma vyhnalo od učiteľov"
"I have found a thought which you'll regard as foolishness"
"Našiel som myšlienku, ktorú budete považovať za hlúposť."
"but this thought has been my best"
"ale táto myšlienka bola moja najlepšia"
"The opposite of every truth is just as true!"
"Opak každej pravdy je rovnako pravdivý!"
"any truth can only be expressed when it is one-sided"
"akákoľvek pravda môže byť vyjadrená len vtedy, keď je jednostranná"
"only one sided things can be put into words"
"len jednostranné veci sa dajú vyjadriť slovami"
"Everything which can be thought is one-sided"
"Všetko, čo si možno myslieť, je jednostranné"

"it's all one-sided, so it's just one half"
"všetko je to jednostranné, takže je to len jedna polovica"
"it all lacks completeness, roundness, and oneness"
"všetkým chýba úplnosť, okrúhlosť a jednota"
"the exalted Gotama spoke in his teachings of the world"
"Vznešený Gotama hovoril vo svojom učení o svete"
"but he had to divide the world into Sansara and Nirvana"
"ale musel rozdeliť svet na Sansaru a Nirvánu"
"he had divided the world into deception and truth"
"rozdelil svet na klam a pravdu"
"he had divided the world into suffering and salvation"
"rozdelil svet na utrpenie a spásu"
"the world cannot be explained any other way"
"svet sa nedá vysvetliť inak"
"there is no other way to explain it, for those who want to teach"
"Neexistuje žiadny iný spôsob, ako to vysvetliť, pre tých, ktorí chcú učiť"
"But the world itself is never one-sided"
"Ale svet sám o sebe nie je nikdy jednostranný"
"the world exists around us and inside of us"
"svet existuje okolo nás a v nás"
"A person or an act is never entirely Sansara or entirely Nirvana"
"Osoba alebo čin nie sú nikdy úplne Sansara alebo úplne Nirvána."
"a person is never entirely holy or entirely sinful"
"Človek nikdy nie je úplne svätý alebo úplne hriešny"
"It seems like the world can be divided into these opposites"
"Zdá sa, že svet možno rozdeliť na tieto protiklady"
"but that's because we are subject to deception"
"ale to preto, že podliehame klamu"
"it's as if the deception was something real"
"Je to ako keby ten podvod bol niečo skutočné"
"Time is not real, Govinda"
"Čas nie je skutočný, Govinda"

"I have experienced this often and often again"
"Zažil som to často a často znova"
"when time is not real, the gap between the world and the eternity is also a deception"
"keď čas nie je skutočný, priepasť medzi svetom a večnosťou je tiež podvod"
"the gap between suffering and blissfulness is not real"
"medzera medzi utrpením a blaženosťou nie je skutočná"
"there is no gap between evil and good"
"medzi zlom a dobrom nie je žiadna priepasť"
"all of these gaps are deceptions"
"všetky tieto medzery sú podvody"
"but these gaps appear to us nonetheless"
"ale tieto medzery sa nám aj tak zdajú"
"How come?" asked Govinda timidly
"Ako to?" spýtal sa Govinda nesmelo
"Listen well, my dear," answered Siddhartha
"Dobre počúvaj, moja drahá," odpovedal Siddhártha
"The sinner, which I am and which you are, is a sinner"
"Hriešnik, ktorým som ja a ktorým si ty, je hriešnik"
"but in times to come the sinner will be Brahma again"
"ale v nadchádzajúcich časoch bude hriešnikom opäť Brahma"
"he will reach the Nirvana and be Buddha"
"dosiahne nirvánu a stane sa Budhom"
"the times to come are a deception"
"časy, ktoré prídu, sú podvod"
"the times to come are only a parable!"
"Časy, ktoré prídu, sú len podobenstvo!"
"The sinner is not on his way to become a Buddha"
"Hriešnik nie je na ceste stať sa Budhom"
"he is not in the process of developing"
"nie je v procese vývoja"
"our capacity for thinking does not know how else to picture these things"
"Naša schopnosť myslieť si nevie, ako inak si predstaviť tieto veci"

"No, within the sinner there already is the future Buddha"
"Nie, v hriešnikovi už je budúci Budha."
"his future is already all there"
"jeho budúcnosť je už tam"
"you have to worship the Buddha in the sinner"
"musíš uctievať Budhu v hriešnikovi"
"you have to worship the Buddha hidden in everyone"
"Musíte uctievať Budhu skrytého v každom"
"the hidden Buddha which is coming into being the possible"
"skrytý Budha, ktorý sa stáva možným"
"The world, my friend Govinda, is not imperfect"
"Svet, môj priateľ Govinda, nie je nedokonalý"
"the world is on no slow path towards perfection"
"svet nie je na pomalej ceste k dokonalosti"
"no, the world is perfect in every moment"
"Nie, svet je dokonalý v každom okamihu"
"all sin already carries the divine forgiveness in itself"
"každý hriech už v sebe nesie božské odpustenie"
"all small children already have the old person in themselves"
"všetky malé deti už majú starého človeka v sebe"
"all infants already have death in them"
"všetky deti už majú v sebe smrť"
"all dying people have the eternal life"
"všetci umierajúci majú večný život"
"we can't see how far another one has already progressed on his path"
"Nevidíme, ako ďaleko už postúpil iný na svojej ceste"
"in the robber and dice-gambler, the Buddha is waiting"
"V lupičovi a hazardnom hráčovi s kockami čaká Budha"
"in the Brahman, the robber is waiting"
"v Brahmane čaká lupič"
"in deep meditation, there is the possibility to put time out of existence"
"v hlbokej meditácii existuje možnosť vyradiť čas z existencie"

"there is the possibility to see all life simultaneously"
"existuje možnosť vidieť celý život súčasne"
"it is possible to see all life which was, is, and will be"
"Je možné vidieť všetok život, ktorý bol, je a bude"
"and there everything is good, perfect, and Brahman"
"a tam je všetko dobré, dokonalé a Brahman"
"Therefore, I see whatever exists as good"
"Preto všetko, čo existuje, vidím ako dobré"
"death is to me like life"
"smrť je pre mňa ako život"
"to me sin is like holiness"
"Pre mňa je hriech ako svätosť"
"wisdom can be like foolishness"
"múdrosť môže byť ako hlúposť"
"everything has to be as it is"
"všetko musí byť tak ako je"
"everything only requires my consent and willingness"
"všetko si vyžaduje len môj súhlas a ochotu"
"all that my view requires is my loving agreement to be good for me"
"Všetko, čo môj pohľad vyžaduje, je môj láskyplný súhlas, že bude pre mňa dobrý"
"my view has to do nothing but work for my benefit"
"Môj názor nemusí robiť nič iné, len pracovať v môj prospech"
"and then my perception is unable to ever harm me"
"a potom mi moje vnímanie nie je schopné ublížiť"
"I have experienced that I needed sin very much"
"Skúsil som, že som veľmi potreboval hriech"
"I have experienced this in my body and in my soul"
"Zažil som to vo svojom tele a v mojej duši"
"I needed lust, the desire for possessions, and vanity"
"Potreboval som žiadostivosť, túžbu po majetku a márnosť"
"and I needed the most shameful despair"
"a potreboval som to najhanebnejšie zúfalstvo"
"in order to learn how to give up all resistance"
"aby sme sa naučili vzdať sa všetkého odporu"

"in order to learn how to love the world"
"aby sme sa naučili milovať svet"
"in order to stop comparing things to some world I wished for"
"aby som prestal porovnávať veci s nejakým svetom, ktorý som si prial"
"I imagined some kind of perfection I had made up"
"Predstavoval som si nejakú dokonalosť, ktorú som si vymyslel"
"but I have learned to leave the world as it is"
"ale naučil som sa nechať svet taký, aký je"
"I have learned to love the world as it is"
"Naučil som sa milovať svet taký, aký je"
"and I learned to enjoy being a part of it"
"a naučil som sa užívať si byť toho súčasťou"
"These, oh Govinda, are some of the thoughts which have come into my mind"
"Toto, ó, Govinda, sú niektoré z myšlienok, ktoré mi prišli na myseľ."

Siddhartha bent down and picked up a stone from the ground
Siddhártha sa zohol a zdvihol kameň zo zeme
he weighed the stone in his hand
poťažkal kameň v ruke
"This here," he said playing with the rock, "is a stone"
"Toto tu," povedal, ako sa hrá so skalou, "je kameň"
"this stone will, after a certain time, perhaps turn into soil"
"tento kameň sa možno po určitom čase zmení na pôdu"
"it will turn from soil into a plant or animal or human being"
"z pôdy sa zmení na rastlinu, zviera alebo človeka"
"In the past, I would have said this stone is just a stone"
"V minulosti by som povedal, že tento kameň je len kameň."
"I might have said it is worthless"
"Mohol som povedať, že to nemá cenu"

"I would have told you this stone belongs to the world of the Maya"
"Povedal by som ti, že tento kameň patrí do sveta Mayov."
"but I wouldn't have seen that it has importance"
"ale nevidel by som, že je to dôležité"
"it might be able to become a spirit in the cycle of transformations"
"možno by sa mohol stať duchom v cykle premien"
"therefore I also grant it importance"
"preto tomu tiež prikladám dôležitosť"
"Thus, I would perhaps have thought in the past"
"Tak by som si možno v minulosti myslel"
"But today I think differently about the stone"
"Ale dnes si o kameni myslím inak"
"this stone is a stone, and it is also animal, god, and Buddha"
"tento kameň je kameň a je to tiež zviera, boh a Budha"
"I do not venerate and love it because it could turn into this or that"
"Neuctievam a nemilujem to, pretože by sa to mohlo zmeniť na to alebo ono"
"I love it because it is those things"
"Milujem to, pretože sú to také veci"
"this stone is already everything"
"tento kameň je už všetko"
"it appears to me now and today as a stone"
"Teraz a dnes sa mi javí ako kameň"
"that is why I love this"
"preto to milujem"
"that is why I see worth and purpose in each of its veins and cavities"
"preto vidím hodnotu a účel v každej z jeho žíl a dutín"
"I see value in its yellow, gray, and hardness"
"Vidím hodnotu v jeho žltej, šedej a tvrdosti"
"I appreciated the sound it makes when I knock at it"
"Ocenil som zvuk, ktorý vydáva, keď naň zaklopem."
"I love the dryness or wetness of its surface"

"Milujem suchosť alebo vlhkosť jeho povrchu"
"There are stones which feel like oil or soap"
"Sú kamene, ktoré sa cítia ako olej alebo mydlo."
"and other stones feel like leaves or sand"
"a ostatné kamene sú ako listy alebo piesok"
"and every stone is special and prays the Om in its own way"
"a každý kameň je výnimočný a modlí sa Óm svojim vlastným spôsobom"
"each stone is Brahman"
"každý kameň je Brahman"
"but simultaneously, and just as much, it is a stone"
"ale zároveň a rovnako tak je to kameň"
"it is a stone regardless of whether it's oily or juicy"
"je to kameň bez ohľadu na to, či je mastný alebo šťavnatý"
"and this why I like and regard this stone"
"a to je dôvod, prečo sa mi tento kameň páči a vážim si ho"
"it is wonderful and worthy of worship"
"je to úžasné a hodné uctievania"
"But let me speak no more of this"
"Ale dovoľ mi už o tom hovoriť"
"words are not good for transmitting the secret meaning"
"Slová nie sú dobré na prenos tajného významu"
"everything always becomes a bit different, as soon as it is put into words"
"všetko je vždy trochu iné, len čo sa to povie slovami"
"everything gets distorted a little by words"
"všetko sa trochu skresľuje slovami"
"and then the explanation becomes a bit silly"
"a potom bude vysvetlenie trochu hlúpe"
"yes, and this is also very good, and I like it a lot"
"Áno a toto je tiež veľmi dobré a veľmi sa mi to páči"
"I also very much agree with this"
"Aj ja s tým veľmi súhlasím"
"one man's treasure and wisdom always sounds like foolishness to another person"

"Poklad a múdrosť jedného človeka vždy znie druhému ako hlúposť"
Govinda listened silently to what Siddhartha was saying
Govinda ticho počúval, čo Siddhártha hovoril
there was a pause and Govinda hesitantly asked a question
nastala pauza a Govinda váhavo položil otázku
"Why have you told me this about the stone?"
"Prečo si mi to povedal o tom kameni?"
"I did it without any specific intention"
"Urobil som to bez konkrétneho zámeru"
"perhaps what I meant was, that I love this stone and the river"
"možno som tým myslel, že milujem tento kameň a rieku"
"and I love all these things we are looking at"
"a milujem všetky tieto veci, na ktoré sa pozeráme"
"and we can learn from all these things"
"a môžeme sa zo všetkých týchto vecí poučiť"
"I can love a stone, Govinda"
"Môžem milovať kameň, Govinda"
"and I can also love a tree or a piece of bark"
"A tiež môžem milovať strom alebo kúsok kôry"
"These are things, and things can be loved"
"Toto sú veci a veci sa dajú milovať"
"but I cannot love words"
"ale nemôžem milovať slová"
"therefore, teachings are no good for me"
"preto učenie nie je pre mňa dobré"
"teachings have no hardness, softness, colours, edges, smell, or taste"
"učenie nemá žiadnu tvrdosť, mäkkosť, farby, okraje, vôňu ani chuť"
"teachings have nothing but words"
"učenie nemá nič iné ako slová"
"perhaps it is words which keep you from finding peace"
"Možno sú to slová, ktoré ti bránia nájsť pokoj"
"because salvation and virtue are mere words"

"pretože spása a cnosť sú len slová"
"Sansara and Nirvana are also just mere words, Govinda"
"Sansara a Nirvana sú tiež len slová, Govinda"
"there is no thing which would be Nirvana"
"neexistuje žiadna vec, ktorá by bola Nirvana"
"therefore Nirvana is just the word"
" preto je Nirvana len to slovo"
Govinda objected, "Nirvana is not just a word, my friend"
Govinda namietal: "Nirvana nie je len slovo, môj priateľ."
"Nirvana is a word, but also it is a thought"
"Nirvana je slovo, ale je to aj myšlienka"
Siddhartha continued, "it might be a thought"
Siddhártha pokračoval, "môže to byť myšlienka"
"I must confess, I don't differentiate much between thoughts and words"
"Musím priznať, že veľmi nerozlišujem medzi myšlienkami a slovami."
"to be honest, I also have no high opinion of thoughts"
"Aby som bol úprimný, tiež nemám vysokú mienku o myšlienkach"
"I have a better opinion of things than thoughts"
"Mám lepší názor na veci ako myšlienky"
"Here on this ferry-boat, for instance, a man has been my predecessor"
"Napríklad tu na tomto trajekte bol muž mojím predchodcom."
"he was also one of my teachers"
"bol tiež jedným z mojich učiteľov"
"a holy man, who has for many years simply believed in the river"
"svätý muž, ktorý už mnoho rokov jednoducho verí v rieku"
"and he believed in nothing else"
"a neveril v nič iné"
"He had noticed that the river spoke to him"
"Všimol si, že rieka k nemu prehovorila."
"he learned from the river"

"učil sa od rieky"
"the river educated and taught him"
"rieka ho vychovávala a učila"
"the river seemed to be a god to him"
"rieka sa mu zdala byť bohom"
"for many years he did not know that everything was as divine as the river"
"veľa rokov nevedel, že všetko je také božské ako rieka"
"the wind, every cloud, every bird, every beetle"
"vietor, každý oblak, každý vták, každý chrobák"
"they can teach just as much as the river"
"môžu naučiť rovnako ako rieka"
"But when this holy man went into the forests, he knew everything"
"Ale keď tento svätý muž odišiel do lesov, vedel všetko."
"he knew more than you and me, without teachers or books"
"Vedel viac ako ty a ja, bez učiteľov alebo kníh"
"he knew more than us only because he had believed in the river"
"Vedel viac ako my len preto, že veril v rieku"

Govinda still had doubts and questions
Govinda mal stále pochybnosti a otázky
"But is that what you call things actually something real?"
"Ale je to to, čo nazývate veci skutočne niečo skutočné?"
"do these things have existence?"
"existujú tieto veci?"
"Isn't it just a deception of the Maya"
"Nie je to len podvod Mayov?"
"aren't all these things an image and illusion?"
"Nie sú všetky tieto veci obrazom a ilúziou?"
"Your stone, your tree, your river"
"Tvoj kameň, tvoj strom, tvoja rieka"
"are they actually a reality?"
"Sú skutočne realitou?"

"This too," spoke Siddhartha, "I do not care very much about"

"Aj toto," povedal Siddhártha, "veľmi mi na tom nezáleží"

"Let the things be illusions or not"

"Nech sú veci ilúziami alebo nie"

"after all, I would then also be an illusion"

"Napokon, potom by som bol tiež ilúziou"

"and if these things are illusions then they are like me"

"a ak sú tieto veci ilúzie, potom sú ako ja"

"This is what makes them so dear and worthy of veneration for me"

"Toto ich robí takými drahými a hodnými úcty pre mňa"

"these things are like me and that is how I can love them"

"tieto veci sú ako ja a tak ich môžem milovať"

"this is a teaching you will laugh about"

"toto je učenie, na ktorom sa budete smiať"

"love, oh Govinda, seems to me to be the most important thing of all"

"Láska, ó Govinda, sa mi zdá byť najdôležitejšou vecou zo všetkých"

"to thoroughly understand the world may be what great thinkers do"

"dokonale porozumieť svetu môže byť to, čo robia veľkí myslitelia"

"they explain the world and despise it"

"vysvetľujú svet a pohŕdajú ním"

"But I'm only interested in being able to love the world"

"Ale mňa zaujíma len to, aby som mohol milovať svet"

"I am not interested in despising the world"

"Nemám záujem opovrhovať svetom"

"I don't want to hate the world"

"Nechcem nenávidieť svet"

"and I don't want the world to hate me"

"a nechcem, aby ma svet nenávidel"

"I want to be able to look upon the world and myself with love"

"Chcem byť schopný pozerať sa na svet a na seba s láskou"
"I want to look upon all beings with admiration"
"Chcem hľadieť na všetky bytosti s obdivom"
"I want to have a great respect for everything"
"Chcem mať pred všetkým veľký rešpekt"
"This I understand," spoke Govinda
"Tomu rozumiem," povedal Govinda
"But this very thing was discovered by the exalted one to be a deception"
"Ale práve táto vec bola objavená vznešeným ako podvod."
"He commands benevolence, clemency, sympathy, tolerance"
"Prikazuje zhovievavosť, zhovievavosť, súcit, toleranciu"
"but he does not command love"
"ale lásku nerozkazuje"
"he forbade us to tie our heart in love to earthly things"
"zakázal nám spájať si srdce láskou s pozemskými vecami"
"I know it, Govinda," said Siddhartha, and his smile shone golden
"Ja to viem, Govinda," povedal Siddhártha a jeho úsmev žiaril zlatom
"And behold, with this we are right in the thicket of opinions"
"A hľa, s týmto sme priamo v húštine názorov"
"now we are in the dispute about words"
"teraz sme v spore o slová"
"For I cannot deny, my words of love are a contradiction"
"Nemôžem poprieť, moje slová lásky sú protirečenie"
"they seem to be in contradiction with Gotama's words"
"Zdá sa, že sú v rozpore s Gotamovými slovami"
"For this very reason, I distrust words so much"
"Práve z tohto dôvodu veľmi nedôverujem slovám"
"because I know this contradiction is a deception"
"pretože viem, že tento rozpor je podvod"
"I know that I am in agreement with Gotama"
"Viem, že súhlasím s Gotamou"

"How could he not know love when he has discovered all elements of human existence"
"Ako by mohol nepoznať lásku, keď objavil všetky prvky ľudskej existencie?"
"he has discovered their transitoriness and their meaninglessness"
"objavil ich pominuteľnosť a nezmyselnosť"
"and yet he loved people very much"
"a predsa veľmi miloval ľudí"
"he used a long, laborious life only to help and teach them!"
"Používal dlhý, namáhavý život len na to, aby im pomáhal a učil!"
"Even with your great teacher, I prefer things over the words"
"Aj s tvojím skvelým učiteľom dávam prednosť veciam pred slovami."
"I place more importance on his acts and life than on his speeches"
"Prikladám väčšiu dôležitosť jeho činom a životu ako jeho prejavom"
"I value the gestures of his hand more than his opinions"
"Viac si cením gestá jeho ruky ako jeho názory"
"for me there was nothing in his speech and thoughts"
"pre mňa nebolo nič v jeho reči a myšlienkach"
"I see his greatness only in his actions and in his life"
"Jeho veľkosť vidím len v jeho činoch a v jeho živote"

For a long time, the two old men said nothing
Dvaja starci dlho nič nehovorili
Then Govinda spoke, while bowing for a farewell
Potom Govinda prehovoril, pričom sa na rozlúčku uklonil
"I thank you, Siddhartha, for telling me some of your thoughts"
"Ďakujem ti, Siddhártha, že si mi povedal pár svojich myšlienok."
"These thoughts are partially strange to me"

"Tieto myšlienky sú pre mňa čiastočne cudzie"
"not all of these thoughts have been instantly understandable to me"
"Nie všetky tieto myšlienky boli pre mňa okamžite pochopiteľné"
"This being as it may, I thank you"
"Je to akokoľvek, ďakujem ti"
"and I wish you to have calm days"
"A prajem ti pokojné dni"
But secretly he thought something else to himself
Ale tajne si o sebe myslel niečo iné
"This Siddhartha is a bizarre person"
"Tento Siddhártha je bizarná osoba"
"he expresses bizarre thoughts"
"vyjadruje bizarné myšlienky"
"his teachings sound foolish"
"jeho učenie znie hlúpo"
"the exalted one's pure teachings sound very different"
"čisté učenie vznešeného znejú veľmi odlišne"
"those teachings are clearer, purer, more comprehensible"
"tieto učenia sú jasnejšie, čistejšie, zrozumiteľnejšie"
"there is nothing strange, foolish, or silly in those teachings"
"Na týchto učeniach nie je nič zvláštne, hlúpe alebo hlúpe"
"But Siddhartha's hands seemed different from his thoughts"
"Ale Siddhárthove ruky sa zdali iné ako jeho myšlienky."
"his feet, his eyes, his forehead, his breath"
"jeho nohy, jeho oči, jeho čelo, jeho dych"
"his smile, his greeting, his walk"
"jeho úsmev, jeho pozdrav, jeho chôdza"
"I haven't met another man like him since Gotama became one with the Nirvana"
"Nestretol som iného muža, ako je on, odkedy sa Gotama zjednotil s Nirvánou."
"since then I haven't felt the presence of a holy man"
"Odvtedy som necítil prítomnosť svätého muža"

"I have only found Siddhartha, who is like this"
"Našiel som len Siddhártha, ktorý je takýto"
"his teachings may be strange and his words may sound foolish"
"jeho učenie môže byť zvláštne a jeho slová môžu znieť hlúpo"
"but purity shines out of his gaze and hand"
"ale čistota žiari z jeho pohľadu a ruky"
"his skin and his hair radiates purity"
"jeho pokožka a vlasy vyžarujú čistotu"
"purity shines out of every part of him"
"čistota žiari z každej jeho časti"
"a calmness, cheerfulness, mildness and holiness shines from him"
„svieti z neho pokoj, veselosť, miernosť a svätosť"
"something which I have seen in no other person"
"niečo, čo som u nikoho iného nevidel"
"I have not seen it since the final death of our exalted teacher"
"Nevidel som to od poslednej smrti nášho vznešeného učiteľa"
While Govinda thought like this, there was a conflict in his heart
Kým Govinda takto premýšľal, v jeho srdci bol konflikt
he once again bowed to Siddhartha
ešte raz sa poklonil Siddhárthovi
he felt he was drawn forward by love
cítil, že ho láska ťahá dopredu
he bowed deeply to him who was calmly sitting
hlboko sa uklonil tomu, ktorý pokojne sedel
"Siddhartha," he spoke, "we have become old men"
"Siddhártha," povedal, "stali sme sa starcami"
"It is unlikely for one of us to see the other again in this incarnation"
"Je nepravdepodobné, že by jeden z nás v tejto inkarnácii opäť videl toho druhého"
"I see, beloved, that you have found peace"
"Vidím, milovaný, že si našiel pokoj"

"I confess that I haven't found it"
"Priznám sa, že som to nenašiel"
"Tell me, oh honourable one, one more word"
"Povedz mi, vážený, ešte jedno slovo"
"give me something on my way which I can grasp"
"daj mi niečo na mojej ceste, čo môžem chytiť"
"give me something which I can understand!"
"Daj mi niečo, čomu rozumiem!"
"give me something I can take with me on my path"
"Daj mi niečo, čo si môžem vziať so sebou na svoju cestu"
"my path is often hard and dark, Siddhartha"
"Moja cesta je často ťažká a temná, Siddhártha"
Siddhartha said nothing and looked at him
Siddhártha nič nepovedal a pozrel na neho
he looked at him with his ever unchanged, quiet smile
pozrel na neho s jeho stále nezmeneným tichým úsmevom
Govinda stared at his face with fear
Govinda so strachom hľadel na jeho tvár
there was yearning and suffering in his eyes
v jeho očiach bola túžba a utrpenie
the eternal search was visible in his look
v jeho pohľade bolo vidieť večné hľadanie
you could see his eternal inability to find
mohli ste vidieť jeho večnú neschopnosť nájsť
Siddhartha saw it and smiled
Siddhártha to videl a usmial sa
"Bend down to me!" he whispered quietly in Govinda's ear
"Skloň sa ku mne!" potichu zašepkal Govindovi do ucha
"Like this, and come even closer!"
"Takto a poď ešte bližšie!"
"Kiss my forehead, Govinda!"
"Pobozkaj ma na čelo, Govinda!"
Govinda was astonished, but drawn on by great love and expectation
Govinda bol ohromený, ale priťahovaný veľkou láskou a očakávaním

he obeyed his words and bent down closely to him
poslúchol jeho slová a sklonil sa tesne k nemu
and he touched his forehead with his lips
a perami sa dotkol jeho čela
when he did this, something miraculous happened to him
keď to urobil, stalo sa mu niečo zázračné
his thoughts were still dwelling on Siddhartha's wondrous words
jeho myšlienky sa stále zaoberali Siddhárthovými úžasnými slovami
he was still reluctantly struggling to think away time
stále sa neochotne snažil premýšľať o čase
he was still trying to imagine Nirvana and Sansara as one
stále sa snažil predstaviť si Nirvánu a Sansaru ako jedno
there was still a certain contempt for the words of his friend
stále tam bolo isté pohŕdanie slovami jeho priateľa
those words were still fighting in him
tie slová v ňom stále bojovali
those words were still fighting against an immense love and veneration
tieto slová stále bojovali proti obrovskej láske a úcte
and during all these thoughts, something else happened to him
a počas všetkých týchto myšlienok sa mu stalo niečo iné
He no longer saw the face of his friend Siddhartha
Už nevidel tvár svojho priateľa Siddhártha
instead of Siddhartha's face, he saw other faces
namiesto Siddhárthovej tváre videl iné tváre
he saw a long sequence of faces
videl dlhý sled tvárí
he saw a flowing river of faces
videl tečúcu rieku tvárí
hundreds and thousands of faces, which all came and disappeared
stovky a tisíce tvárí, ktoré všetky prichádzali a mizli
and yet they all seemed to be there simultaneously

a predsa sa zdalo, že sú tam všetky súčasne
they constantly changed and renewed themselves
neustále sa menili a obnovovali
they were themselves and they were still all Siddhartha's face
boli sami sebou a stále boli tvárou Siddhártha
he saw the face of a fish with an infinitely painfully opened mouth
videl tvár ryby s nekonečne bolestivo otvorenými ústami
the face of a dying fish, with fading eyes
tvár umierajúcej ryby s vyblednutými očami
he saw the face of a new-born child, red and full of wrinkles
videl tvár novonarodeného dieťaťa, červenú a plnú vrások
it was distorted from crying
bolo to skreslené od plaču
he saw the face of a murderer
videl tvár vraha
he saw him plunging a knife into the body of another person
videl, ako vráža nôž do tela inej osoby
he saw, in the same moment, this criminal in bondage
v tom istom momente videl tohto zločinca v otroctve
he saw him kneeling before a crowd
videl ho kľačať pred zástupom
and he saw his head being chopped off by the executioner
a videl, ako mu kat odsekáva hlavu
he saw the bodies of men and women
videl telá mužov a žien
they were naked in positions and cramps of frenzied love
boli nahí v polohách a kŕčoch šialenej lásky
he saw corpses stretched out, motionless, cold, void
videl mŕtvoly natiahnuté, nehybné, studené, prázdne
he saw the heads of animals
videl hlavy zvierat
heads of boars, of crocodiles, and of elephants
hlavy kancov, krokodílov a slonov

he saw the heads of bulls and of birds
videl hlavy býkov a vtákov
he saw gods; Krishna and Agni
videl bohov; Krišna a Agni
he saw all of these figures and faces in a thousand relationships with one another
videl všetky tieto postavy a tváre v tisíckach vzájomných vzťahov
each figure was helping the other
každá postava si pomáhala
each figure was loving their relationship
každá postava milovala svoj vzťah
each figure was hating their relationship, destroying it
každá postava nenávidela svoj vzťah, ničila ho
and each figure was giving re-birth to their relationship
a každá postava znovuzrodila ich vzťah
each figure was a will to die
každá postava bola vôľa zomrieť
they were passionately painful confessions of transitoriness
boli to vášnivo bolestivé priznania pominuteľnosti
and yet none of them died, each one only transformed
a predsa nikto z nich nezomrel, každý sa len premenil
they were always reborn and received more and more new faces
vždy sa znovuzrodili a dostávali stále nové a nové tváre
no time passed between the one face and the other
medzi jednou a druhou tvárou neuplynul čas
all of these figures and faces rested
všetky tieto postavy a tváre odpočívali
they flowed and generated themselves
prúdili a vytvárali sa
they floated along and merged with each other
vznášali sa a splývali jedna s druhou
and they were all constantly covered by something thin
a všetky boli neustále zakryté niečím tenkým
they had no individuality of their own

nemali žiadnu vlastnú individualitu
but yet they were existing
ale predsa existovali
they were like a thin glass or ice
boli ako tenké sklo alebo ľad
they were like a transparent skin
boli ako priehľadná koža
they were like a shell or mould or mask of water
boli ako škrupina alebo pleseň alebo maska vody
and this mask was smiling
a táto maska sa usmievala
and this mask was Siddhartha's smiling face
a táto maska bola Siddhárthova usmievavá tvár
the mask which Govinda was touching with his lips
maska, ktorej sa Govinda dotýkal perami
And, Govinda saw it like this
A Govinda to videl takto
the smile of the mask
úsmev masky
the smile of oneness above the flowing forms
úsmev jednoty nad plynúcimi formami
the smile of simultaneousness above the thousand births and deaths
úsmev simultánnosti nad tisíckami narodení a úmrtí
the smile of Siddhartha's was precisely the same
Siddhárthov úsmev bol presne ten istý
Siddhartha's smile was the same as the quiet smile of Gotama, the Buddha
Siddhárthov úsmev bol rovnaký ako tichý úsmev Gotamu, Budhu
it was delicate and impenetrable smile
bol to jemný a nepreniknuteľný úsmev
perhaps it was benevolent and mocking, and wise
možno to bolo dobrotivé, posmešné a múdre
the thousand-fold smile of Gotama, the Buddha
tisícnásobný úsmev Gotamu, Budhu

as he had seen it himself with great respect a hundred times
ako to on sám s veľkou úctou stokrát videl
Like this, Govinda knew, the perfected ones are smiling
Govinda vedel, že takto dokonalí sa usmievajú
he did not know anymore whether time existed
už nevedel, či čas existuje
he did not know whether the vision had lasted a second or a hundred years
nevedel, či to videnie trvalo sekundu alebo sto rokov
he did not know whether a Siddhartha or a Gotama existed
nevedel, či existuje Siddhártha alebo Gotama
he did not know if a me or a you existed
nevedel, či existuje ja alebo ty
he felt in his as if he had been wounded by a divine arrow
cítil sa vo svojom, ako keby bol ranený božským šípom
the arrow pierced his innermost self
šíp prepichol jeho najvnútornejšie ja
the injury of the divine arrow tasted sweet
zranenie božským šípom chutilo sladko
Govinda was enchanted and dissolved in his innermost self
Govinda bol očarený a rozpustený vo svojom najhlbšom vnútri
he stood still for a little while
chvíľu stál na mieste
he bent over Siddhartha's quiet face, which he had just kissed
sklonil sa nad tichú tvár Siddhártha, ktorú práve pobozkal
the face in which he had just seen the scene of all manifestations
tvár, v ktorej práve videl scénu všetkých prejavov
the face of all transformations and all existence
tvárou všetkých premien a celej existencie
the face he was looking at was unchanged
tvár, na ktorú sa pozeral, sa nezmenila
under its surface, the depth of the thousand folds had closed up again

pod jeho povrchom sa opäť uzavrela hĺbka tisícich záhybov
he smiled silently, quietly, and softly
usmial sa ticho, ticho a jemne
perhaps he smiled very benevolently and mockingly
možno sa veľmi blahosklonne a posmešne usmial
precisely this was how the exalted one smiled
presne takto sa usmieval vznešený
Deeply, Govinda bowed to Siddhartha
Govinda sa hlboko poklonil Siddhárthovi
tears he knew nothing of ran down his old face
po jeho starej tvári stekali slzy, o ktorých nič nevedel
his tears burned like a fire of the most intimate love
jeho slzy horeli ako oheň najdôvernejšej lásky
he felt the humblest veneration in his heart
vo svojom srdci cítil tú najskromnejšiu úctu
Deeply, he bowed, touching the ground
Hlboko sa uklonil a dotkol sa zeme
he bowed before him who was sitting motionlessly
uklonil sa pred nehybne sediacim
his smile reminded him of everything he had ever loved in his life
jeho úsmev mu pripomenul všetko, čo kedy v živote miloval
his smile reminded him of everything in his life that he found valuable and holy
jeho úsmev mu pripomenul všetko, čo v živote považoval za cenné a sväté

www.tranzlaty.com

www.ingramcontent.com/pod-product-compliance
Lightning Source LLC
Chambersburg PA
CBHW012003090526
44590CB00026B/3847